汽车先进技术译丛　新能源汽车系列

插电式电动汽车及电网集成

Plug-in Electric Vehicle Grid Integration

［美］伊斯兰萨法克·拜勒姆（Islam Safak Bayram）　著
　　　阿里·泰杰（Ali Tajer）

熊永华　赵世佳　陈　坤　高巧明　译

机械工业出版社

本书对 PEV 与传统燃油车之间的优势和劣势进行了对比，介绍了不同类型 PEV 的历史背景，并对 PEV 关键技术进行了解读，主要包括电池技术、动力传动技术和电动汽车供电设备。基于将 PEV 集成到电网可能产生的影响，本书对 PEV 与电网的集成过程中的障碍和难点进行了阐述，还介绍了成本控制模型、容量规划、需求控制，以及充电效率控制相关的研究，并针对成本-价格模型的充电网络需求控制策略、充电网络的负载均衡架构等进行了理论分析和实例研究。本书还通过运用定位理论，对各种规模充电设施提供容量规划、优化布局的方案设计建议。为了弥补 PEV 充电对电网带来的负面影响，本书还提出将 PEV 车载电池与电网相连，实现相互补充，比如削峰填谷、存储、应急备份。基于此功能的应用，本书侧重对车-网、车-楼、车-车、车-家之间的能量传递和电网有效能量存储进行了阐述。同时，本书还对在设计和运营 PEV 充电网络时所涉及的社会因素进行了剖析。

本书适合电网规划人员、车辆设计工程师、电池设计开发人员、智能交通工程师、充放电设备供应商，以及大学汽车及电力相关专业师生阅读。

译者简介

熊永华，男，1980年11月出生，重庆垫江县人，现就职于菲亚特克莱斯勒动力科技研发（上海）有限公司新能源电力化动力总成部，高级经理，主要负责新能源汽车三电系统开发与集成工作。2010年1月毕业于北京航空航天大学车辆工程专业博士研究生，曾参与多项国家863科技攻关课题和校企合作项目，主要负责电动汽车整车动力学特性分析与研究、轻型载货汽车底盘动力学仿真与优化等方向，曾发表SCI、EI、中文核心期刊论文15篇，并担任ASME特约审稿人。

赵世佳，女，1985年3月出生，吉林长春人，博士，副研究员，在工业和信息化部装备工业发展中心从事汽车产业发展战略及政策研究、汽车企业准入等工作。曾参与工业和信息化部、发展改革委、科学技术部、中国工程院"制造强国战略研究"、"汽车强国战略研究"等重大战略研究项目，主持和参与省部级重大课题15余项。发表SCI、EI、CSSCI等学术论文50余篇，参与编著《汽车强国战略研究》《中国汽车产业发展报告（2016年）》等著作，曾荣获中国汽车工业科学技术奖二等奖。

陈坤，男，1970年9月出生，湖南永州蓝山县人，武汉理工大学硕士，工程师，广西科技大学讲师。1993年本科毕业于武汉学院汽车专业，2006年硕士毕业于武汉理工大学车辆工程专业。1993年大学毕业后进入东风公司柳州汽车厂从事技术工作，1996年调入广西科技大学，一直从事车辆工程专业的教学和科研工作。

高巧明，男，1975年4月出生，山东莒县人。北京航空航天大学博士、博士后，高级工程师，广西科技大学教师。中国农业机械学会理事，担任全国拖拉机标准化技术委员会委员，全国农业机械标准化技术委员会委员，广西工信委、科技厅、农业厅鉴定专家，柳州市博士联合会理事长，期间主持项目智能农机开发、速腾断轴、国家货运飞船浮动断接器、地面慢速目标模拟系统研制等30余项。

译者序

电动化、智能化、网联化、共享化成为全球汽车工业新的发展方向，电动化因当今环境问题而成为技术革新的关键技术，全球多个国家针对电动汽车也推出相应的福利和补贴政策以促进电动汽车快速发展。中国、美国、挪威、日本是全球电动汽车市场的领导者，中国和美国的电动汽车销量领先，挪威的电动汽车销量占比最高，日本则引领着以混合动力技术为主的发展方向。而随着电动汽车的普及，大规模的电动汽车接入电网进行充电将会对电网运行带来前所未有的挑战，特别是不受控的 PEV 充电会导致电网热负荷过高、谐波失真和配电系统损耗增加等问题，因而系统地分析电动汽车与电网的集成设计就成为必然。

本书从技术、经济、社会三个维度全面地阐述推广 PEV 所面临的机遇和挑战，深入浅出地介绍了插电式电动汽车的关键使能技术，包括电池技术、插电式电动汽车传动系统架构、电动汽车充电设施及相关标准。本书还利用 Doyle-Fuller-Newman 模型，采用进化算法来估计电池健康状况与电压、电流值之间的多项式关系，同时阐明了定价和电池退化如何决定 PEV 的充电效率控制。本书还提出通过电传交通理论应用于电信和数据网络的分析，主要包括统计分析和排队理论，并通过连续时间马尔可夫链模型来分析各种不同类型充电站的优化设计和容量规划。同时，本书还应用斯塔克尔伯格游戏规则介绍了一个基于定价机制的客户引导策略，通过调整不同的定价策略以影响客户决策，从而满足更多用户的需求。作者从电池本身的双向能量传输功能出发，给电网提供反向的辅助应用，即 V2X 系统，在确保电网稳定安全运行的同时，还能给 PEV 提供更为高效的充放电服务。最后，作者根据以往的创新技术应用经验，对 PEV 的推广应用提供了一些早期采用者的建议，如技术发烧友和梦想家，他们更容易接受新的技术与产品。

纵观全书脉络，从详实的电动汽车发展背景、关键使能技术，到对充电设施的优化布局、容量规划，以及 V2X 的电网集成，都可给予读者非常有价值的启发和收获，能够给予电网规划人员、PEV 开发人员、在校教师和大学生，以及相关的工程技术人员提供较为全面的参考。

参与本书翻译的人员有熊永华、赵世佳、陈坤、高巧明。由于译者水平所限，译著中定有不妥和错误之处，敬请各行业专家和读者朋友批评指正。

译者

2019 年 10 月

原书前言

美国国家工程院（The United States National Academy of Engineering）将电力系统和地面交通认定为20世纪最关键的两项工程技术成果。这两大领域在各自相对独立的发展过程中，分别构筑了社会最重要的基础设施，广泛地服务于社会并满足经济发展的各种需要，而它们之间的交互作用有限。在过去的十年间，我们见证了集这两大系统于一身的插电式电动汽车（Plug-in Electric Vehicle，PEV）获得了社会的广泛关注，这主要得益于PEV在经济和环境方面的诸多效益优势。具体而言，这种趋势的主要驱动因素包括因碳排放增加而引起的环境问题，对原油能源的过度依赖，因石油市场波动带来的不良影响，以及电网现代化和可再生能源一体化的转变。

将PEV整合到现有的电网系统中需要进行整体分析，这是由于PEV会在两个很复杂的系统——电力系统和交通系统之间产生更复杂的交互作用。为了形成各种调度和管理决策，需要使用跨学科的方法和决策机制。从电动汽车的角度来说，确保用户理想的续驶里程是最应优先考虑的因素，因此续驶里程这个因素极大地推动了车辆动力总成由传统内燃机向电动机转变。电动汽车有两个主要部件——车载电池和电力电子设备，车载电池用于存储所需能量，电力电子设备能够实现有效的能量转换。电动汽车和电网之间的相互作用由充电桩实现，而充电桩的设计应满足各种充电时间段的需求和PEV的技术要求。充电桩具备双向能量转换能力时，也可以允许车辆在某些特定情况下将车载电池内的电能注入电网。因此，由于这种双向充电功能，车载电池是PEV技术中颇为关键的使能组件，其中电池容量、各种节能措施以及电池成本是影响PEV销售和市场占有率的主要因素。

上述各种因素相结合反映了PEV的复杂性。对于含有大量PEV的交通系统，这些因素将进一步与其他多个资源管理相关的问题相结合。具体而言，车辆将由电网提供能源，而充电设施扮演着负责电网与车辆之间电力传输的角色，因此充电桩的设计、规划和操作显得尤其重要，如果设计不当，这些设施可能无法充分利用电网资源，甚至使电网处于过载状态。要解决这些问题，充电站需要配备辅助设备（例如能量存储单元）以保护电网，避免因客户集中用电引起过载，这又增加了设计的复杂性。同时，设计充电站网络还受到其他实际情况的约束，例如在不同区域中客户密度不均，网络运营商可能需要通过货币激励政策或改变其优先选择服务的位置来影响客户的选择。

关于 PEV，除了要考虑技术需求和经济效益外，还应认真考虑人为因素。例如，尽管 PEV 在经济上是可行的，但是许多用户若购买 PEV 后需要改变驾驶习惯，这很有可能会延迟或者降低主流人群对电动汽车的接纳程度。对 PEV 技术的补贴政策在早期可能会有所帮助，但是要获得主流客户的认可，就必须对经济、社会和技术进行综合研究。对此，本书将从下列三个维度全面描绘让大众人群能够接纳 PEV 所面临的挑战和机遇：①技术层面；②经济层面；③社会层面。本书的第 1、2、3、4、9 章阐述 PEV 在技术上遇到的各种困难和挑战。第 5、6、7、8、10、11、12 章侧重于阐述 PEV 在经济层面所面临的各类问题。第 13 章则着重对 PEV 在社会层面所面临的挑战进行讨论。值得注意的是，这三个层面在部分章节会有交叉，例如第 9 章通过对车载电池衰减的考量，进而优化经济效益和利润率。

第 1 章开篇引入插电式电动汽车的概念介绍，对 PEV 与传统燃油车之间的优势和劣势进行对比，提供了各种不同类型 PEV 的历史背景，并对当前 PEV 车型和市场发展趋势进行了整体的介绍。第 2 章致力于对 PEV 关键技术的解读，前半部分着重介绍电池技术，后半部分主要介绍动力传动技术和电动汽车供电设备。第 3 章侧重对 PEV 与电网的集成过程中的障碍和难点进行阐述，并简要分析 PEV 集成到电网可能产生的负面影响。第 4 章主要讲解 PEV 的成本控制模型（例如电池衰减模型和不同的价格机制）。

第 5 章是一个过渡，从技术层面过渡到经济层面，并提供了详实的容量规划、需求控制以及与充电效率控制相关的研究。第 6 章主要针对各种消费层级的客户在大规模充电设施基础上提供容量规划策略。第 7 章对快速充电站的容量和电能存储规模进行研究。第 8 章讨论了基于成本-价格模型的充电网络需求控制策略。第 9 章侧重在对快速充电站的充电使用率的控制优化。第 10 章描述了充电站网络的优化布局。第 11 章主要通过成本-价格机制搭建了充电网络的负载均衡架构。

PEV 车载电池可以与电网实现相互补充，例如削峰填谷、存储和应急备份。基于此功能的应用，第 12 章主要集中在对车-网、车-楼、车-车、车-家之间的能量传递进行阐述。第 13 章主要针对在设计和运营 PEV 网络时所涉及的社会因素进行剖析。

我们向所有帮助和支持我们完成这本书的同仁表示衷心的感谢！虽然无法一一列出他们的姓名，但我们心存感激。感谢 Artech House Inc. 和 Aileen Storry 的工作人员为本书出版所提供的帮助和支持。最后，感谢本书的匿名评审专家，他们提出的宝贵意见使本书更加完善！

目　录

译者序
原书前言

第1章　插电式电动汽车概述 ·· 1
1.1　概述 ·· 1
1.1.1　环境形势 ·· 1
1.1.2　成本节约 ·· 3
1.1.3　能源自主与安全 ·· 3
1.2　电动化交通发展历史 ·· 3
1.2.1　早期发展 ·· 3
1.2.2　电动汽车的衰落 ·· 4
1.3　电动汽车车型及规范 ·· 6
1.3.1　纯电动汽车 ··· 6
1.3.2　插电式混合动力汽车 ·· 7
1.3.3　混合动力汽车 ·· 7
1.3.4　燃料电池汽车 ·· 8
1.3.5　燃油效率及措施 ·· 8
1.3.6　碳排放比较 ··· 11
1.4　插电式电动汽车销量 ·· 13
1.5　本章小结 ·· 15
参考文献 ··· 16

第2章　使能技术 ··· 17
2.1　电池技术 ·· 17
2.1.1　锂离子电池 ··· 17
2.1.2　基础电池术语 ·· 18
2.1.3　设计准则 ·· 20

  2.1.4 电池管理系统 ·· 22
 2.2 插电式电动汽车动力传动系统架构 ································ 23
 2.3 电动汽车服务设备 ·· 25
  2.3.1 充电机技术 ·· 26
  2.3.2 充电速率与选择 ·· 27
  2.3.3 无线充电 ·· 30
  2.3.4 充电站布局 ·· 30
 2.4 本章小结 ·· 31
 参考文献 ·· 32

第3章 PEV 电网集成的障碍 ·· 33
 3.1 PEV 充电对电网的影响 ·· 34
  3.1.1 配电网 ·· 34
  3.1.2 对发电机组的影响 ·· 39
  3.1.3 输电网 ·· 40
 3.2 PEV 充电站网络 ·· 40
 3.3 高购置成本 ·· 41
 3.4 本章小结 ·· 43
 参考文献 ·· 44

第4章 PEV 成本模型 ·· 45
 4.1 电池衰减成本 ·· 45
  4.1.1 PEV 电池模型 ·· 46
  4.1.2 建模方法Ⅰ：NREL 模型 ·· 46
  4.1.3 建模方法Ⅱ ·· 49
  4.1.4 建模方法Ⅲ ·· 52
 4.2 电力成本 ·· 53
  4.2.1 综合费率 ·· 53
  4.2.2 使用时间费率 ·· 54
  4.2.3 临界峰值定价 ·· 54
  4.2.4 实时定价 ·· 55
  4.2.5 倾斜块率 ·· 56
 4.3 案例研究 ·· 56
 4.4 本章小结 ·· 58

参考文献 ……………………………………………………………………… 59

第5章 充电服务的经济性分析 …………………………………………… 60
5.1 概述 ……………………………………………………………………… 60
5.2 服务收费 ………………………………………………………………… 61
5.2.1 客户的视角 ……………………………………………………… 62
5.2.2 充电服务提供者的视角 ………………………………………… 63
5.2.3 社会最优定价 …………………………………………………… 63
5.3 其他定价约束 …………………………………………………………… 64
5.3.1 有限的容量 ……………………………………………………… 64
5.3.2 基于拍卖的价格 ………………………………………………… 65
5.3.3 不真实的行为 …………………………………………………… 65
5.4 电传交通理论 …………………………………………………………… 65
5.5 阻塞及其对定价的影响 ………………………………………………… 65
5.6 网络外部特性 …………………………………………………………… 67
5.7 需求预测 ………………………………………………………………… 67
5.8 本章小结 ………………………………………………………………… 68
参考文献 ……………………………………………………………………… 69

第6章 大型PEV充电站容量规划 ………………………………………… 70
6.1 概述 ……………………………………………………………………… 70
6.2 系统概念 ………………………………………………………………… 72
6.3 单级电动汽车的存储容量分析 ………………………………………… 73
6.3.1 储能装置接入动态 ……………………………………………… 73
6.3.2 分析分布 ………………………………………………………… 74
6.3.3 对单独一辆PEV充电的单充电器技术 ………………………… 76
6.3.4 用于多辆PEV的单充电器技术 ………………………………… 78
6.4 多级电动汽车的存储容量分析 ………………………………………… 78
6.5 数值模拟实例 …………………………………………………………… 80
6.5.1 单一种类的客户 ………………………………………………… 80
6.5.2 多层次的客户 …………………………………………………… 82
6.6 本章小结 ………………………………………………………………… 84
参考文献 ……………………………………………………………………… 84

第7章　小型电动汽车充电站容量规划 ………………………………………… 86
7.1　概述 …………………………………………………………………………… 86
7.2　系统结构 ……………………………………………………………………… 87
7.2.1　随机模型 ………………………………………………………………… 88
7.2.2　模拟案例 ………………………………………………………………… 90
7.3　盈利模型 ……………………………………………………………………… 91
7.4　绩效评估 ……………………………………………………………………… 92
7.5　具有竞争性储能技术的充电站 ……………………………………………… 95
7.6　系统元建模方法 ……………………………………………………………… 97
7.7　本章小结 ……………………………………………………………………… 98
参考文献 …………………………………………………………………………… 99

第8章　PEV的充电需求控制 ……………………………………………………… 100
8.1　概述 …………………………………………………………………………… 100
8.2　快速充电站的负荷管理与数值模拟评估 …………………………………… 101
8.2.1　快速充电站的负荷管理 ………………………………………………… 102
8.2.2　数值模拟评估 …………………………………………………………… 103
8.3　复合充电技术下的负荷管理 ………………………………………………… 105
8.3.1　系统模型 ………………………………………………………………… 106
8.3.2　问题公式化 ……………………………………………………………… 107
8.3.3　全局问题 ………………………………………………………………… 107
8.3.4　局部问题 ………………………………………………………………… 108
8.3.5　全局和局部问题之间的联系 …………………………………………… 108
8.3.6　计算 LoLP ……………………………………………………………… 109
8.3.7　数值评估 ………………………………………………………………… 112
8.4　本章小结 ……………………………………………………………………… 114
参考文献 …………………………………………………………………………… 114

第9章　最优服务速率 ……………………………………………………………… 115
9.1　概述 …………………………………………………………………………… 115
9.2　最佳单个电池充电 …………………………………………………………… 116
9.3　快速充电站的充电控制 ……………………………………………………… 121
9.3.1　充电站排队分析 ………………………………………………………… 124
9.3.2　充电站的盈利模式 ……………………………………………………… 125

9.3.3 数值评估 ·· 126
9.4 本章小结 ··· 128
参考文献 ·· 128

第 10 章 充电设施位置布局设计 ·· 130
10.1 概述 ··· 130
10.2 充电设施定位问题的分类 ··· 134
10.2.1 连续定位模型和离散网络模型 ··· 134
10.2.2 静态和动态问题 ·· 135
10.2.3 其他分类方法 ··· 136
10.3 慢速充电站布局设计 ·· 136
10.4 快速充电站布局设计 ·· 139
10.5 本章小结 ·· 144
参考文献 ·· 145

第 11 章 充电站网络的负载均衡 ··· 147
11.1 概述 ··· 147
11.2 快速充电站网络 ·· 148
11.2.1 PEV 进站控制 ·· 148
11.2.2 资源分配框架 ··· 152
11.3 充电站网络分散控制 ·· 153
11.3.1 博弈公式 ··· 153
11.3.2 PEV 用户（跟随者） ·· 154
11.3.3 充电网络运营商（主导者） ·· 156
11.4 数据结果 ·· 156
11.4.1 空间车辆分布 ··· 156
11.4.2 仿真设置 ··· 157
11.5 本章小结 ·· 159
参考文献 ·· 160

第 12 章 V2X 系统 ·· 161
12.1 概述 ··· 161
12.2 V2G ··· 161
12.3 电力系统辅助服务概述 ··· 164

  12.3.1 法规 … 165
  12.3.2 储备 … 167
  12.3.3 电动机起动 … 167
  12.3.4 PJM 和 CAISO 区域 V2G 示范 … 167
 12.4 客户端应用 … 169
  12.4.1 车-楼互联（V2B） … 170
  12.4.2 车-家互联（V2H） … 172
  12.4.3 车-车互联（V2V） … 173
 12.5 本章小结 … 174
 参考文献 … 174

第 13 章 超越技术的集成——社会和经济维度 … 176
 13.1 消费者对 PEV 的认识与实证研究 … 177
 13.2 PEV 推广的理论框架 … 180
  13.2.1 创新扩散 … 180
  13.2.2 计划行为理论与理性选择理论 … 182
 13.3 PEV 应用场景的案例研究 … 183
  13.3.1 受控排放的区域 … 183
  13.3.2 哥伦比亚波哥大的电动出租车 … 185
  13.3.3 菲律宾马尼拉的电动三轮车 … 185
  13.3.4 意大利罗马的绿色公共交通 … 185
  13.3.5 法国巴黎的汽车共享 … 185
  13.3.6 美国的工作场所充电设施部署行动 … 185
  13.3.7 美国的零排放车辆计划 … 186
 13.4 本章小结 … 186
 参考文献 … 187

附录 缩略语 … 189
关于作者 … 190

第 1 章

插电式电动汽车概述

1.1 概述

汽车已成为现代社会使用最广泛的交通工具,极大地改善了人类的生产和生活方式,在经济和社会发展中起到革命性的作用,在流动性增强创新的同时促进了从重工业到交通运输,再到医疗服务和教育系统等其他行业的变革。汽车的发明和大规模生产制造成为 20 世纪的主要技术成果,人们对汽车的依赖程度与日俱增。目前,美国、欧洲和澳大利亚的千人汽车保有量都在 600~800 辆之间,这足以说明汽车已经成为现代生活中不可缺少的重要组成部分,汽车的普及也有效地提高了交通运输系统的效率。

汽车工业实现大规模生产以来,原油作为城市交通的主要燃料来源,实现了全球范围生产并广泛使用,其高能量密度保证了交通成本的经济性。然而,随着时间的推移,由于原油价格的大幅上涨以及人们逐渐认识到使用化石燃料对环境造成的不利影响,其优势急剧下降。为了解决这些问题,推动交通系统向更经济和更环保的方向发展,电动化逐步成为一种具有吸引力且实际可行的解决方案。原油市场不稳定也促进了电动化方案的快速发展。

自 2010 年底首次推出插电式电动汽车以来,全球保有量已超过 80 万辆,未来几十年仍将延续电动化发展趋势。发展插电式电动汽车已经形成了广泛的共识,轻型车的能源动力系统将从燃油驱动转变为以电力驱动为主。值得注意的是,本书所讲的插电式电动汽车,即车辆配备了车载动力电池且可由外部能源(例如电网)充电,1.3 节将对不同车型进行详细的分析。

1.1.1 环境形势

交通领域的能源消耗量在全球的能源消耗总量占比近三分之一,也是温室气体排放的主要贡献者之一㊀。交通领域温室气体排放水平的年度变化如图 1-1a 所示,污染物气体排放量已经在不断增加,如果再不改善,将导致环境污染加剧。内燃机汽车的排放是温室气体的主要来源,其次是发电、输电和配电系统的排放。因此,交通系统的电气化即用电力驱动系统的汽车替代内燃机汽车,将显著地减少温室气体的排放量。文献研究表明,即使不改变欧洲当前的发电组合,电力运输将使全球变暖的概率降低 10% ~ 24%㊁。

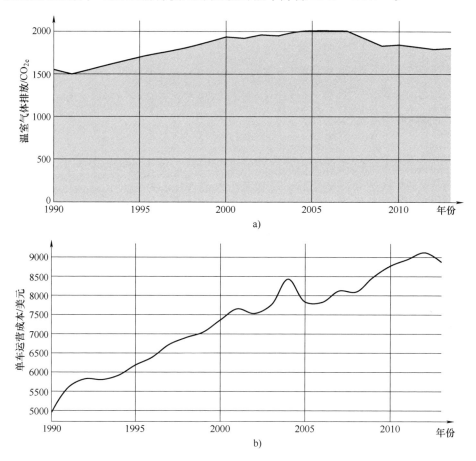

图 1-1 不断增加的温室气体排放和燃油成本成为交通领域电动化的主要推动因素
   a) 美国温室气体排放 (二氧化碳、甲烷、氮氧化合物以及含氟尾气)
  (数据来源: 美国环保署温室气体排放数据) b) 美国单车运营成本

㊀ 根据美国环保署 (EPA) 的数据,2004 年全球温室气体排放量中,交通领域的排放量占 13%,2009 年这一比例上升到 27%。

㊁ 美国环保署将全球变暖潜能 (GWP) 定义为一个相对的衡量标准,用来比较特定气体所吸收的热量与相同质量二氧化碳所吸收的热量。假设一辆插电式电动汽车的使用寿命是 15 万 km。

此外，通过合理地规划和设计插电式电动汽车的充电系统网络，还可以有效降低发电系统的排放。例如，与依靠化石燃料发电相比，用太阳能、风能等可再生能源为插电式电动汽车充电，排放水平会低很多。因此，智能充电系统也有助于减少温室气体排放。1.3.6 节将对温室气体排放进行更详细的分析。

1.1.2 成本节约

如图 1-1b 所示，自 1990 年以来，拥有燃油汽车的平均单车运营成本呈上升趋势。同时，燃油汽车的运营成本大大超过了电动汽车。这种运营成本差异的主要原因是电动机的效率很高，通常约为 90%，而内燃机的效率在 25%～30%之间。此外，汽油的价格一直波动很大，然而全球发电和输电的价格一直保持稳定。除了这些潜在的优势外，电动汽车可以有效地平抑电网波动、维持电网稳定并降低发电成本，1.3.5 节将详细讨论电力传输的经济性。

1.1.3 能源自主与安全

对大多数国家来说，能源自主和安全是交通部门改革的主要动力。美国、欧洲、中国和日本等国家和地区是全球石油市场的主要消费者。例如，美国消费了全球能源的四分之一，运输部门 94% 的消耗量需要依赖石油进口。依赖石油进口的国家也可能面临财政压力，石油市场的波动将加剧贸易逆差增加，石油市场往往还与其他地缘政治交织在一起。此外，全球自然资源正在以前所未有的速度耗尽，而全球对石油的需求，特别是发展中国家的石油需求正在不断增加。然而，由于国家的电力往往是利用国内的资源产生的，因此加快运输系统电动化是保障能源安全和独立性的重要途径。

1.2 电动化交通发展历史

1.2.1 早期发展

第一辆电力驱动汽车的历史可以追溯到 19 世纪 30 年代，苏格兰发明家罗伯特·安德森（Robert Anderson）设计了第一辆装有不可充电电池的汽车。随后几年，人们对电动汽车的兴趣不断增长。1859 年，法国物理学家加斯顿·普兰特（Gaston Plante）发明了第一款商用可充电电池，从而生产出第一代电动汽车。德国工程师安德烈亚斯·弗洛肯（Andreas Flocken）于 1888 年开发出第一台四轮电动车。3 年后，美国的威廉·莫里森（William Morrison）推出了美国首款电动汽车。在 19 世纪 90 年代，电动汽车的吸引力越来越大，工程师们制造了各种电动汽车样车。1897 年，美国康涅狄格州波普制造公司成为领先的大型电动汽车生产商，其产品实现了商业化并加入纽约市的出租车队。1899 年是电动汽车在历史长河中的重要转折点，一名比利时赛车手驾驶他的电动汽车 La Jamais Contente 创造了 106km/h 的最高车速纪录。

20 世纪初，美国电动汽车的市场占有率增至整个汽车市场的 28%。当时美国主要的生产企业包括电动车企业电动马车和旅行车（Electric Carriage and Wagon）、安东尼电气（Anthony Electric）、贝克（Baker）、哥伦比亚安德森（Columbia Anderson）、爱迪生（Edison）、里克（Riker）和史蒂倍克（Studebaker）。与燃油汽车相比，当时电动汽车的主要优点是电机噪声和振动更低，而且不需要换档，具有更舒适的驾驶体验。在这些优势的推动下，1912 年全球电动汽车销量达到 3 万辆的历史峰值。

1.2.2 电动汽车的衰落

20 世纪 20 年代，技术和经济的发展加速了内燃机汽车的进步，因此电动汽车的普及率开始下降。1908 年由亨利·福特（Henry Ford）发明的流水线生产方式使生产以汽油为动力来源的内燃机汽车的成本低于前几代车型。例如，一辆典型的电动汽车的价格是 1750 美元，而一辆内燃机汽车的价格是 650 美元。此外，1912 年，查尔斯·凯特林（Charles Kettering）发明了用于内燃机汽车的电起动装置，取消了手摇起动，进而使内燃机汽车更具吸引力。得克萨斯州发现原油后进一步降低了运输成本，从而内燃机汽车获得了广泛关注。除了这些发展之外，美国的道路系统也有了很大的发展，州际旅行对驾驶距离提出了更高的要求。由于公共充电设施发展缓慢，还没有广泛普及，而电池的能量密度又比较低，电池技术成为电动汽车发展的瓶颈。例如，一方面，早期铅酸蓄电池的能量密度为 30W·h/kg，即使是 90% 的高效电机也只能产生 27W·h/kg 的能量密度。另一方面，内燃机的能量密度比率是电动汽车的 30 倍。因此，尽管内燃机的效率低，通常约为 25%，但是可用的能量密度达到 2250W·h/kg，即为了行驶相同的距离，所需的电池重量比内燃机所需的汽油重 84 倍。

由于上述问题，电动汽车的发展在 20 世纪 30 年代中期几乎全部停滞，而内燃机汽车在竞争中占据了绝对优势。在随后的 30 年中，电动汽车变得微不足道。20 世纪 60 年代后期，人们对环境问题有了更深刻的认识并开始重新考量内燃机汽车，再次促成了电动交通的概念。福特和通用汽车等主要汽车制造商分别推出了两款新车型——Electrovair 和 Electrovan。与此同时，20 世纪 70

年代早期，石油市场的不稳定性引发了人们研究电动汽车的浓厚兴趣。1973年实施石油禁运的国家认为电力传输是减少对进口石油依赖的有效补救措施。尽管这些推动力不足以大幅度加快电动汽车的发展，但是有史以来第一次，美国国会在1976年通过了电动和混合动力汽车研究、开发和示范法案（#94-413），为推进电动汽车相关技术的研发提供资金支持。这些努力促使美国邮政部门逐步用电动汽车替代内燃机汽车。1973年，加利福尼亚州库比蒂诺邮局整个车队率先采用Harbilt电动汽车。

然而，人们对电动汽车的兴趣在20世纪80年代又停止了，直到加利福尼亚州颁布了零排放汽车政策后才再次激发。1996年，通用汽车推出的电动汽车EV1被认为是当今第一款大批量生产的电动汽车，然而EV1计划在2002年被取消了。1997年丰田推出了混合动力汽车普锐斯车型，它配备了一个小型电池包并可在加速过程中充电。这款车型虽然不能插电，但仍然成为电动汽车发展过程中的巨大飞跃。表1-1简单概述了电动汽车的发展历史。

表1-1 电动汽车发展历史概述

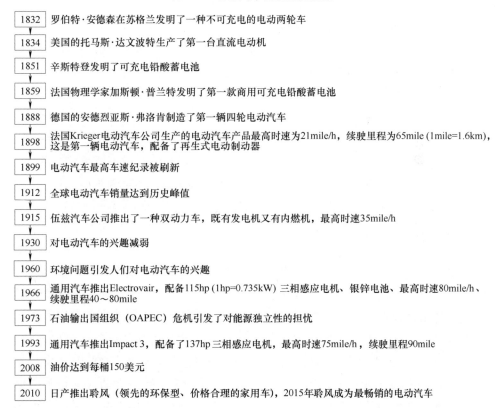

1.3 电动汽车车型及规范

电动汽车大致可分为 4 类——纯电动汽车（BEV）、插电式混合动力汽车（PHEV）、混合动力汽车（HEV）和燃料电池汽车（FCEV）。本节重点介绍纯电动汽车和插电式混合动力汽车，统称为插电式电动汽车（PEV），PEV 电池由电网供电，因此会影响电网的运行。另外，本节还简要介绍了 HEV 和 FCEV，并对 4 种车型进行了比较。

为了促进电动汽车的推广应用，一些国家的政策制定者通过实施项目为电动汽车推广提供更多支持。例如，美国北卡罗来纳州将插电式电动汽车描述为满足以下所有要求的四轮机动车：

1）汽车生产企业制造的用于公共街道、普通道路和高速公路行驶的车辆。
2）未修改原厂产品规格。
3）额定单车总质量不超过 8500lb（1lb = 0.454kg）。
4）最大速度至少为 65mile/h。
5）车辆的电池具有以下特征：
① 容量不少于 4kW·h。
② 能够使用外部电源充电。
③ 纳税人在 2010 年 10 月 1 日或之后获得。

在英国，低排放车辆办公室已经确定了 PEV 规范：

1）车辆二氧化碳排放标准必须低于 75g/km。
2）车辆在两次充电之间至少行驶 70mile，并且最小电动行驶距离为 10mile。
3）车辆必须能够达到 60mile/h 或更高的速度。

第 3 章将进一步介绍激励措施的细节。

1.3.1 纯电动汽车

BEV 由电动机提供动力，不使用内燃机。纯电动汽车的电池主要由电网供电，小部分通过再生制动能量回收充电。尽管在发电期间会产生环境污染，但是在使用过程中，纯电动汽车不排放尾气，因此也被称为零排放车辆。为了具有合理的续驶里程，与其他车型相比，纯电动汽车通常装有最大的电池包。电池包尺寸一般在 20~85kW·h 之间，满电续驶里程为 80~90mile，这主要是考虑到在美国有 90%的人每天行驶不超过 100mile。欧洲人的日常行驶距离更短，不同国家的行驶里程在 9~25mile 之间。因此，这种电池包可以为 1 天甚至几天的出行提供足够的动力来源。纯电动汽车概况见表1-2。

表1-2 纯电动汽车概况

车 型	纯电续驶里程 /mile	综合油耗 /MPGe	发动机功率 /kW	电池电量 /kW·h	5年节省成本 /美元
宝马i3	81	125	125	21	6000
雪佛兰Spark	82	119	104	19	6000
菲亚特500e	87	116	83	24	5750
福特Focus	76	104	107	23	5500
起亚Soul	93	105	50	16.4	5500
梅赛德斯B-Class	85	84	132	28	5000
三菱i-MiEV	62	112	49	16	5750
日产Leaf	84	114	80	24	5750
Smart Fortwo	68	107	55	17.6	5750
特斯拉Model S	265	95	300	60	5250
大众e-Golf	83	116	85	24.2	5750

1.3.2 插电式混合动力汽车

插电式混合动力汽车由电动机和内燃机驱动。通常，由于插电式混合动力汽车的续驶里程主要来自于内燃机，因此其电池小于纯电动汽车的电池，且综合续驶里程要高于纯电动汽车，主要优势是采用柴油机或汽油机，这有助于消除消费者的里程焦虑。例如，雪佛兰Volt纯电驱动可以行驶38mile，使用内燃机可以将行驶里程延长350mile。在混合动力汽车中，电动机主要用于城市环境中，在需要频繁停车场景中具有优势。而当高温制冷、高寒加热、急加速期间电池会加速耗尽，这时内燃机便会起动运转。插电式混合动力汽车概况见表1-3。混合动力技术为长途旅行提供了清洁且价格合理的出行选择，同时有效减少了碳排放。

1.3.3 混合动力汽车

混合动力汽车主要由内燃机提供动力，使用传统的化石能源，例如汽油或柴油。混合动力汽车配备电池包，通过再生制动能量回收系统充电进而提高车辆的燃油经济性。1997 年，丰田推出了第一代混合动力汽车普锐斯（Prius）。两年后，本田推出了 Insight 混合动力车型。由于油价较低，混合动力汽车的优势没有完全显现出来，然而能源价格在接下来的十年中飙升，混合动力汽车因为其明显的经济性而成为具有吸引力的选择。截至 2015 年中，全球已销售超过 1000 万辆混合动力汽车。根据混合动力汽车的构型设计，HEV 无可插电功能，因此对电网没有重大影响。

表 1-3 插电式混合动力汽车概况

车型	纯电续驶里程/mile	综合油耗/MPGe	发动机功率/kW	电池电量/kW·h	5 年节省成本/美元
凯迪拉克 ELR	37	82	111	17	3750
雪佛兰 Volt	38	98	118	17	4250
福特 C-Max	20	43	83	7.5	5500
福特 Fusion	20	88	68	7	4000
本田 Accord	13	115	124	7	4750
保时捷 Cayenne S	14	47	70	11	500
丰田 Prius	11	95	60	4	4750
保时捷 Panamera	16	50	70	9.4	750

1.3.4 燃料电池汽车

燃料电池汽车使用燃料电池（通常为氢气）为其车载电动机供电或为其储能单元充电。燃料电池汽车的动力系统比内燃机汽车更高效，且不排放任何污染物，可在 10 分钟内完成燃料加注，续驶 300mile。在过去几年中，许多汽车生产企业和政府部门都支持加快燃料电池技术的研发。与纯电动汽车和插电式混合动力汽车不同，燃料电池汽车不使用电网为其电池充电。此外，与 PEV 和 HEV 相比，燃料电池汽车的车载电池尺寸相当小。最早采用燃料电池技术的车型包括现代 Tucson、本田 Clarity 和丰田 Mirai。燃料电池汽车面临的主要问题是加氢基础设施不足，并且技术仍处于初期孵化阶段。

1.3.5 燃油效率及措施

燃油效率是插电式电动汽车最重要的参数之一，并且其考虑了单位行驶距离的能耗比率。对于内燃机汽车，燃油效率通常用每加仑英里数（MPG， mile/gal）或每升千米数（km/L）表示。MPGe 通常被用来评估 PEV 的有效效率。MPGe 表示每单位能量行驶的距离，计算方法如下：据美国环境保护署（EPA）称，1USgal 汽油的能量为 115000BTU，相当于 33.7kW·h 的电量。因此，1MPGe 大约相当于每 33.7kW·h 行驶 1mile 或 1kW·h 行驶 0.029674mile。美国 EPA 根据以下公式计算电池到车轮的 MPGe：

$$\text{MPGe} = \frac{E_G}{E_M \times E_E} = \frac{33705}{E_M} \tag{1-1}$$

式中，E_G 是每加仑燃料的能量含量；E_M 是行驶 1mile 从油井到车轮的耗电量（W·h/mile），由美国 EPA 确定，E_E 是 1W·h 的能量（BTU），E_E = 3.412。为了比较插电式电动汽车从电池到车轮和内燃机汽车从油箱到车轮燃油效率，本方法没有考虑从油井到车轮的全生命周期即发电和输电的路径损失。

表 1-2 和表 1-3 给出了不同纯电动汽车和插电式混合动力汽车的 MPGe。假设车辆的使用场景是 45% 的高速公路行驶和 55% 的城市行驶，例如，日产聆风（Leaf）在城市和高速公路上的燃油经济性分别为 126MPGe 和 101MPGe，其加权平均值为 114MPGe。在美国，所有的新车都必须发布此类信息，并在 EPA 编制的标签上标明，如图 1-2 所示，其中的重要元素将在下面进行讨论。

图 1-2　美国纯电动汽车厂商的标签样式

车辆类型（#1）：显示车辆技术和燃料类型，包括汽油车、柴油车、压缩天然气汽车、燃料电池汽车、纯电动汽车和插电式油电混合动力汽车。

燃油经济性（#2）：显示城市、高速公路和混合路段 MPG 或 MPGe。如前文所述，等效 MPGe 是采用城市道路（55%）和高速公路（45%）的加权平均值计算。值得注意的是，插电式电动汽车的城市道路 MPGe 超过了高速公路 MPGe，因为城市道路路况下会有更多的制动能量回收工况给电池充电。

燃油经济性比较（#3）：显示车辆类别以及在燃油经济性方面与所有其他车辆进行比较。例如，日产聆风是中型车中最省油的车型，大众 E-Golf 是紧凑型车中最省油的车型。EPA 每年都会编制一份不同品牌和型号燃油效率的综合清单。

五年燃油成本（#4）：这是标签中最重要的部分之一，显示车辆使用寿命前五年相对于新车的燃油节约成本。五年燃油成本计算假设车辆每年行驶 15000mile，并依据五年燃油预测价格进行计算。例如，在美国，平均使用价格是 12 美分/$kW·h$。

燃油消耗率（#5）：显示用于行驶 100mile 所需的能量，对于大多数插电式电动汽车，这是一个估计值，因为实际纯电行驶里程可能小于 100mile。

预计的每年成本（#6）：每年燃油成本估算假设车辆每年行驶 15000mile，并考虑预计的电价。对于图 1-2 中的纯电动汽车，假设车辆行驶 100mile 消耗 $34kW·h$ 的能量，则每年能量消耗总计为 $5.1MW·h$。将总能量消耗乘以单价，得到每年成本约为 600 美元。

燃油经济性和温室气体排放（GHG）（#7）：对车辆从 1 到 10 进行评级，表示从最差到最好的燃油经济性和温室气体排放按升序排列。插电式电动汽车使用过程中实现零排放，但由于电力来源不同而具有不同程度的排放。图 1-3 比较了 2015 年美国五大州插电式电动汽车最畅销的前五款车型。值得注意的是，特斯拉 Model S、日产 Leaf 和宝马 i3 都是纯电动汽车，其性能总是优于其他两款插电式混合动力车型（雪佛兰 Volt 和福特 Fusion）。另外一个值得注意的是在煤炭或污染能源发电地区（如得克萨斯州），行驶 1mile 相对应的碳排放水平高于其他地区。例如，加利福尼亚州萨克拉门托市通过水力发电厂（11%）、可再生资源（22%）和核能（22%）等清洁能源发电，从而降低了碳排放量。1.3.6 节将对温室气体排放进行更详细的分析。

烟雾等级（#8）：车辆尾气排放会导致空气污染，在美国标准中，以氮氧化物、一氧化碳、非甲烷有机气体、颗粒物和甲醛来确定烟雾等级。对于纯电动汽车，因为没有尾气排放，烟雾等级为 10。

续驶里程（#9）：表示使用充满电的电池可以行驶的距离。

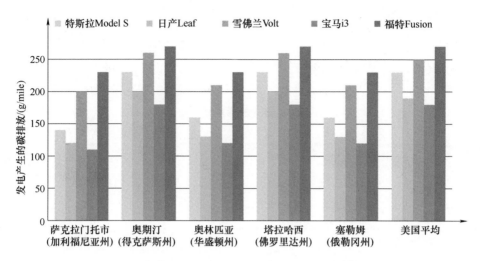

图 1-3　2015 年美国五大州插电式电动汽车最畅销的前五款车型
（数据来自美国环保署网站）

1.3.6　碳排放比较

　　交通运输业占总能耗的三分之一，汽车是碳排放的主要来源，交通电气化为减少碳排放提供了独特的潜力。本节对纯电动汽车、插电式混合动力汽车、混合动力汽车、内燃机汽车碳排放进行了比较分析。一般来说，汽车产生两种类型的排放，即空气污染物（如雾霾和烟雾）和温室气体（如甲烷和二氧化碳）。如前所述，插电式混合动力汽车（在燃油模式下运行）和混合动力汽车、内燃机汽车都会产生两种类型的排放。然而，纯电动汽车和插电式混合动力汽车（在纯电模式下运行）不产生直接排放。为此，需要对从油井到车轮全能量传递系统过程中的排放进行分析，包括在生产、传输、分配和燃料消耗的各个阶段产生的所有排放。

　　纯电动汽车的排放由发电方式决定，因为不同的燃料源导致不同的排放水平。例如，通过燃烧煤炭生产 1GW·h 电能约产生 900t 二氧化碳，而水力发电厂生产相同数量的电能仅产生 26t 二氧化碳。此外，即使是同一燃料类型的碳排放也可能存在差异，这是由于不同的能量强度水平、特定因素（如效率和发电厂的年限等）以及不同的处理技术。因此，大多数发电厂都有自己特定的排放率。基于专家学者的前期研究，表 1-4 给出了不同发电方式的温室气体排放统计数据。阿贡国家实验室设计了温室气体、规范排放和能量使用的交通模型（GREET），这是一个软件平台用来通过使用有关不同发电方案的最新数据准确计算气体排放。具体来说，GREET 使用了由阿贡国家实验室开发的动力系统分析工具包（PSAT），进行车辆的燃油经济性和油井到轮端的耗电量分析。为了比较不同的模型，我们使用 GREET 模型分析两个具有代表性的案例。

表 1-4 不同发电方式的温室气体排放统计数据

（单位：$CO_2e/GW \cdot h$）

排放水平	煤炭	石油	天然气	太阳能	核电	水力发电	风能
低	756	733	362	13	2	2	6
中	888	547	499	85	29	26	26
高	1310	935	891	731	237	237	24

注：数据来源于世界核协会。

在第一种情况下，我们选择并比较俄勒冈州的排放量，俄勒冈州有一半的电力来自水力发电，而煤炭发电只占发电量的不到三分之一。如图 1-4 所示，插电式电动汽车产生的排放量约为内燃机的三分之一。因此，可将插电式电动汽车视为一种环境友好的交通出行选择。在第二种情况下，我们分析了伊利诺伊州，煤炭是伊利诺伊州主要的发电来源。如图 1-5 所示，由于煤炭使用率较高，插电式混合动力汽车和纯电动汽车的保有量比俄勒冈州少。值得注意的是，根据每种燃料的加权平均值来计算的排放量代表了平均水平。由于能量分配在一天时间中有变化，这意味着精确的排放水平取决于一天中车辆充电的时间。例如，高峰时段使用燃气轮机发电而夜间主要使用核发电机发电，因此在夜间给车辆充电造成的污染比在高峰时段给车辆充电造成的污染小。通过这两个实例的比较，清洁发电方案应与电动汽车充电系统有效结合，以更多地享受插电式电动汽车带来的环境效益。

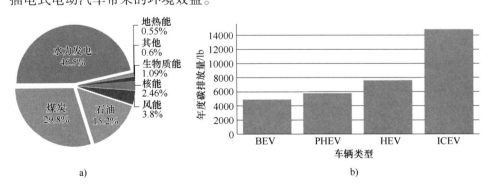

图 1-4 俄勒冈州从油井到车轮不同车型碳排放比较
a）发电组合 b）从油井到车轮排放

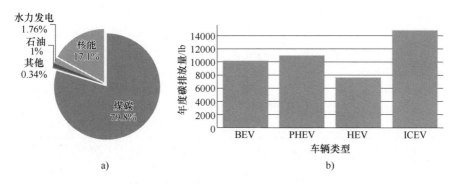

图 1-5 伊利诺伊州斯普林菲尔德从油井到车轮不同车型碳排放比较

a）发电组合　b）从油井到车轮排放

1.4 插电式电动汽车销量

各大汽车制造企业推出并大量生产各种 PEV 车型，极大地扩大了消费者的选择范围，并带来更多的公众关注。随着监管机构和政府对 PEV 推广提供越来越多的激励措施，预计 PEV 渗透率有望进一步提升。同时，公众对具有可持续发展的交通系统也充满了期待。全球 PEV 的渗透率受多种因素影响差异很大，如汽油价格、平均行驶里程、环境问题、政府激励和消费者的关注等。例如，在欧洲 1UKgal 汽油的价格在 6~7 美元之间，而美国的价格仅为其一半。此外，与美国相比，欧洲和亚洲的交通成本占家庭平均收入的比例更高。

截至 2016 年 12 月，全球已销售 200 多万辆 PEV（包括电动货车）。PEV 市场以中国、美国和欧洲为主，市场占有率每年略有变化。例如，2015 年，美国市场占有率为 41%，日本市场占有率为 15%，中国市场占有率为 12%。图 1-6 显示了美国 2010 年 12 月至 2016 年 12 月期间的 PEV 销售情况。2015 年的销量大大超过了 2014 年 13 万辆 PEV 的销量，预计未来几年仍将保持同样的发展趋势。

除了总销量统计数据外，人均销售额和新车销售额的百分比也提供了更多维度的观察角度。例如，挪威是全球电动汽车市场的领导者，电动汽车新车销量占比超过五分之一。2015 年第一季度的详细数据见表 1-5。根据统计数据，欧洲 PEV 推广应用方面处于领先地位，全球 PEV 普及率最高的八个国家有五个国家来自欧洲。此外，大多数消费者倾向于国内或本地生产企业的产品。例

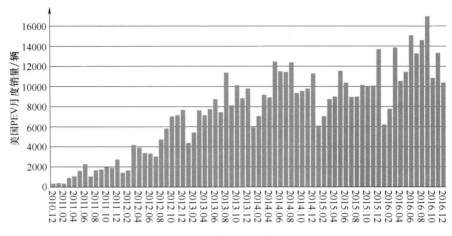

图1-6 美国PEV销量

如,大众是德国、挪威和荷兰最畅销的汽车品牌,而特斯拉Model S是美国市场最畅销的车型,在法国、日本和中国也表现出相同的特征。

表1-5 PEV销量占新车市场份额排名

国　家	最畅销车型	销量/辆		市场份额
		2014年1季度	2015年1季度	
挪威	大众 e-Golf	5775	8112	22.9%
荷兰	大众 e-Golf PHEV	3306	5760	5.2%
英国	三菱 Outlander PHEV	1764	8684	1.2%
美国	特斯拉 Model S	14799	14832	0.8%
法国	雷诺 ZOE EV	1801	3626	0.8%
德国	大众 e-Golf PHEV	2286	4520	0.6%
日本	日产聆风 EV	9626	7750	0.6%
中国	比亚迪秦 PHEV	1486	12555	0.3%

尽管对PEV的市场预测有所不同,但人们普遍认为,在未来十年,电动汽车将占新车销售的很大一部分。例如,研究机构Navigant Research预测,到2023年,全球PEV销量将达到580万~700万辆。综合来看,未来PEV的渗透率仍将受到很多不确定因素的影响。具体来说,消费者对PEV的接受度在很大程度上取决于节约的成本和投资回报期,这也意味着将受到汽油价格和国际地缘政治的不利影响,特别是当油价波动时。同时,环境法规和激励措施都将促进PEV的推广应用。例如,截至2015年,美国有8个州——加利福尼亚

州、纽约州、俄勒冈州、马里兰州、佛蒙特州、罗得岛州、康涅狄格州和马萨诸塞州——计划推广330万辆PEV来替代传统燃油汽车。

1.5 本章小结

1) 环境问题、不稳定的能源市场和能源安全是汽车产业电动化发展的主要驱动因素。

2) 电动汽车发明于19世纪，但由于续驶里程有限、充电基础设施不足以及高昂的电池成本，没有获得大众认可。

3) 电动汽车可分为四类：纯电动汽车（BEV）、插电式混合动力汽车（PHEV）、混合动力汽车（HEV）和燃料电池汽车（FCEV）。其中，只有纯电动汽车和插电式混合动力汽车是可以插电的，统称为插电式电动汽车（PEV）。

① 从技术成熟度看，混合动力汽车比插电式混合动力汽车和纯电动汽车更占优势，其次才是燃料电池汽车。

② 从纯电续驶里程看，从高到低依次是燃料电池汽车、纯电动汽车、插电式混合动力汽车，混合动力汽车纯电续驶里程是零。

③ 从电池尺寸看，从大到小依次是纯电动汽车、插电式混合动力汽车、混合动力汽车、燃料电池汽车。

④ 从节油效果看，从好到差依次是纯电动汽车、插电式混合动力汽车、混合动力汽车、燃料电池汽车。

4) 在本书中，我们考虑的是可插电的车辆（即BEV和PHEV），并将其统称为插电式电动汽车（PEV）。插电式电动汽车相对于内燃机汽车的优势列举如下：

① 插电式电动汽车排放更少。

② 电机几乎没有噪声。

③ 电机需要的定期维护不多。

④ 电动汽车的效率比内燃机汽车高。

⑤ 电动汽车中的驱动系统和传动系统的设计比较简单，因为纯电动汽车不需要变速器、离合器、火花塞和起动机等特定部件。

⑥ 虽然纯电动汽车在使用过程中是零排放，但是从发电的全周期来看仍然会导致排放。

⑦ 与煤炭和柴油等化石能源发电方式相比，使用清洁的发电组合（如水电、风电和核电）为车辆充电会降低排放量。

⑧ 美国在插电式电动汽车市场销量方面处于领先地位，而挪威的插电式电动汽车销量在新车占比中最高。

参 考 文 献

[1] *Greatest Achievements of the 20th Century*, National Academy of Engineering, http://www.greatachievements.org/.

[2] Boulanger, Albert G., et al., "Vehicle electrification: status and issues", *Proceedings of the IEEE*, Vol. 99, No. 6 2011, pp. 1116-1138.

[3] Chan, C. C. "The Rise & Fall Of Electric Vehicles In 1828-1930: Lessons Learned", *Proceedings of the IEEE*, Vol. 101, No. 1, 2013, pp. 206-212.

[4] Hawkings, T., et al., "Comparative Environmental Life Cycle Assessment of Conventional and Electric Vehicles", *Journal of Industrial Ecology*, Vol. 17, issue 1, Feb. 2013, pp. 53-64.

[5] Wakefield, E., *History of the Electric Automobile*, SAE International, 1993.

[6] Chan, By CC. "The state of the art of electric, hybrid, and fuel cell vehicles." *Proceedings of the IEEE*, Vol. 95, No. 4, 2007, pp. 704-718.

[7] Husain, Iqbal. *Electric and Hybrid Vehicles: Design Fundamentals*, CRC Press, 2011.

[8] Larminie, James, and John Lowry, *Electric Vehicle Technology Explained*, John Wiley & Sons, 2004.

[9] Rajakaruna, Sumedha, et al., *Plug In Electric Vehicles in Smart Grids*, Springer Verlag, 2015.

[10] Garcia-Valle, Rodrigo, and Joao A. Pecas Lopes. *Electric Vehicle Integration into Modern Power Networks*. Vol. 2. Springer Science & Business Media, 2012.

[11] United States Environmental Protection Agency, *Greenhouse Gas (GHG) Emissions for Electric and Plug-in Hybrid Electric Vehicles*, http://www.fueleconomy.gov/feg/Find.do?action=bt2.

[12] Argonne National Laboratories, Energy Systems Division, *The Greenhouse Gases, Regulated Emissions, and Energy Use in Transportation Model*, greet.es.anl.gov.

[13] World Nuclear Association, *Comparison of Lifecycle Greenhouse Gas Emissions of Various Electricity Generation Sources*, 2011.

[14] United States Environmental Protection Agency, *Fuel Economy Guide* www.epa.gov/fueleconomy/data.htm.

第 2 章

使能技术

插电式电动汽车的成功推广应用在很大程度上取决于其性能以及能够满足用户的需求、期望和偏好。分析当前电池存储、动力系统和充电桩技术与所需目标性能的差距，有助于促进插电式电动汽车的进一步推广应用。本章概述了插电式电动汽车所涉及的主要现有技术。

2.1 电池技术

电池是促进插电式电动汽车推广的关键技术，影响车辆性能（如使用成本）、续驶里程和可靠性等。小型电池具有成熟的技术，能够充分满足各种电子设备的需求，这些电子设备的设计寿命约为 3 年。然而，这种小型电池缺乏足够的容量支撑插电式电动汽车。尽管大容量电池是插电式电动汽车的合适替代品，但是大规模商用仍面临若干技术和运营挑战。具体来说，大规模大容量电池的部署的初衷是协助电网中的某些关键任务，如应急备份和可再生能源利用，所以开发目的更多的是考虑静止状态。而随着车辆的逐步推广，还要考虑高度移动性带来的挑战。此外，电池还受到过量放电、短路、振动等恶劣条件的影响。除了这些挑战外，电池的尺寸和重量还需要进一步优化，以满足与理想的电动汽车性能指标（如加速度、最高车速、制动距离和续驶里程）相关的物理特性要求。本节将详细讨论当前电动汽车蓄电池技术和需要面临的相关挑战。

2.1.1 锂离子电池

锂离子电池技术是目前市场上使用最多的电池技术（表 2-1）。在锂离子电池中，电能是通过电化学氧化还原反应产生的。锂离子电池的基本部件是单体电池（电芯），每个电芯都有五个基本部件来完成能量转换过程。第一个部件是正极，它将电子释放到外部电路（例如电动机）并在反应过程中被氧化。第二个部件是负极，它接受来自外部电路的电子。第三个部分是电解液，为电池内离子传递提供介质。第四个部分是隔膜，防止正极和负极之间的内部短路。最后一个部件是容器，主要考虑安全因素。

材料科学和技术在推动电池技术进步中起着举足轻重的作用。在典型的蓄电池中，正极由锂和其他金属材料组成，而石墨作为负极材料被广泛应用。正负极组合包括石墨-$LiMn_2O_4$（锰酸锂）、石墨-$LiMn_2O_4$和石墨-$LiFePO_4$（磷酸铁锂，LFP）。在充电阶段，锂离子从正极移动，穿过电解液并插入石墨层之间。在放电阶段，发生了相反的过程，释放的能量用来驱动电动机。

此外，人们对开发具有更高能量密度和更低成本的新电池技术越来越感兴趣。最近，动力电池的前沿研发技术一直集中在新的纳米材料，以开发锂硫电池，如果成功应用，可将插电式电动汽车的纯电续驶里程范围提高三倍。虽然这一研究领域越来越有前途，但仍处于起步阶段。

表 2-1 当前 PEV 电池供应商

车型	年份	类型	电池类型	供应商
宝马 i3	2014	BEV	Li-ion	三星 SDI
凯迪拉克 ELR	2015	PHEV	Li-ion	LG 化学
雪佛兰 Spark	2015	BEV	Li-ion	LG 化学
雪佛兰 Volt	2015	PHEV	Li-ion	LG 化学
福特 Fusion Energi	2014	PHEV	Li-ion	松下
福特 Focus	2015	BEV	Li-ion	LG 化学
本田 Fit	2014	BEV	Li-ion	东芝
本田 Accord	2014	PHEV	Li-ion	Blue Energy
起亚 Soul	2015	BEV	Li-ion Polymer	SK Innovation
日产 Leaf	2015	BEV	Li-Ion	远景能源
特斯拉 Model S	2014	BEV	Li-ion	松下
大众 e-Golf	2015	BEV	Li-ion	大众-松下

2.1.2 基础电池术语

汽车动力电池有一些专门的定义和测量方法，在本节中，我们将介绍一些最广泛使用的定义，这将为本书后续讨论提供参考。

1)电芯、模组和电池包是插电式电动汽车电池的核心物理组成部分。电芯是包含电极、隔膜和电解液的最小电池单元。典型电池的输出电压在 1~6V 之间。模组由多个电芯以串联或并联的方式组成。电池包由多个电池模组组成。

2)用于衡量电池容量的最常用的额定值是安时(A·h)容量。安时容量指在 1 小时内 1A 电流所传输的电荷量。类似地,电池的 C-速率或额定 C-速率表示 1 小时内电池的充电速率(单位为 A)。例如,2.5A·h 电池的 C-速率为 2.5A。E-速率用于测量在 1 小时内耗尽电池所需的电量。同时,额定 A·h 是指制造商规定的新电池在一定工作条件(例如温度、C-速率)下的额定容量。另一个常用的容量术语是额定瓦时容量 W·h,它是额定安时容量和额定电池电压的乘积。显然,电池容量越大,续驶里程越长,充电时间也越长。

3)荷电状态(SOC, State Of Charge)是电池随时间变化剩余电量的一个指标,与工作环境相关。准确地测量 SOC 对于电池管理系统至关重要。SOC 是当前电池容量相对于最大电池容量的比率,计算公式如下:

$$SOC = \frac{当前电量}{总体可用电量} \tag{2-1}$$

4)放电深度(Depth Of Discharge, DOD)表示放电容量的百分比。因此,深度循环电池通常放电至 80% 或更高。

$$DOD = 1 - SOC \tag{2-2}$$

5)健康状态(State Of Health, SOH)表示最大充电容量与其理想条件充电容量的比率。SOH 表明了电池性能的衰减程度,与电池寿命息息相关。

6)循环寿命(cycle life)是指电池在特定性能区间内的充放电循环次数。循环寿命是由放电深度决定的,通常为 80%。值得注意的是,循环寿命是根据常规充放电条件计算的。因此,由于温度和湿度等条件不同,电池的实际寿命可能会缩短。

7)日历寿命(calendar life)是电池预期寿命的年数,它取决于 SOC 和工作温度。

8)比能量(specific energy)代表单位质量中可储存的能量,通常由单位质量电池给出的能量,单位是瓦时每千克(W·h/kg)。表示如下:

$$比能量 = \frac{额定容量 \times 额定电池电压}{电池质量} \tag{2-3}$$

比能量,也被称为质量能量密度,是电池化学的重要指标,它决定了电池理想的纯电续驶里程需要增加的质量,也是评估插电式电动汽车性能最重要的指标之一。

9）比功率（specific power）是单位质量最大可用功率的度量，通常单位是瓦每千克（W/kg），有时也称为质量功率密度，表示如下：

$$比功率 = \frac{额定峰值功率}{电池质量} \tag{2-4}$$

比功率决定了特定插电式电动汽车性能指标（例如加速和再生制动）的电池质量。

10）能量密度（energy density）是单位体积的能量，单位是瓦时每升（W·h/L）。能量密度或体积能量密度决定了实现特定性能目标（如续驶里程）所需的物理空间。同样，功率密度是电池单位体积的最大可用功率，单位是瓦每升（W/L）。

11）最大持续放电电流是指电池不间断放电时的峰值电流。该参数可作为防止过大的放电率的阈值，从而保护电池寿命。此外，最大持续放电电流与电动机的规格决定了插电式电动汽车的最高车速和加速度。

12）最大30s放电脉冲电流是电池以高达30s的脉冲放电的最大电流。此限制由制造商确定，以保护电池的使用寿命。与之前的性能测量类似，它会影响车辆的加速性能。

13）浮充电压是电池充电达到100% SOC后，为补偿自放电损耗的稳态电压水平。

14）终止电压（cut-off voltage）是指电池的最小允许电压，它描述了电池的终止状态，由制造商决定。

15）内阻（internal resistance）是电池的等效电阻，在充电和放电操作中是不同的。

16）电量保持（Charge Sustaining，CS）模式指的是荷电状态（SOC）水平，通常在25%～30%之间，在该水平下，车辆耗尽了其所有电能，并仅由汽油提供燃料。因此，这种模式只存在于PHEV中。

17）电荷放电（Charge Depleting，CD）模式是指PEV用于产生牵引力的SOC范围。CD由两个子模式组成：混合模式，仅适用于PHEV，是PHEV低速运行的阶段；纯电模式，消耗存储的电能。对于BEV，SOC范围为20%～80%，对于PHEV，SOC范围为30%～100%。CD和CS模式如图2-1所示。

2.1.3 设计准则

如果电池设计不当，无法满足必要的性能要求，电池技术将成为PEV早

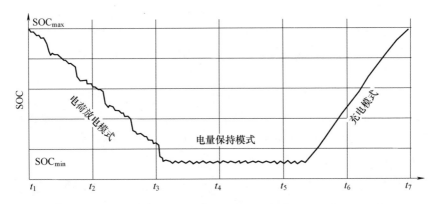

图 2-1 PEV 运行模式——电荷放电模式、电量保持模式和充电模式

期应用阶段的瓶颈。为了建立一套统一的行业标准,美国先进电池联盟有限责任公司(USABC)⊖ 提出了一套电池性能目标,见表 2-2。基于这些目标,PEV 应用中应仔细考虑以下关键性能参数:

表 2-2 USABC 针对 PEV 提出的电池目标

电池寿命结束特征(30℃)	目标	相关车辆性能
峰值放电功率密度,30s 脉冲/(W/L)	1000	加速性和尺寸
峰值比放电功率,30s 脉冲/(W/kg)	470	加速性和重量
C/3 放电率下的可用能量密度/(W·h/L)	500	纯电续驶里程和尺寸
C/3 放电率下的可用比能量/(W·h/kg)	235	纯电续驶里程和质量
C/3 放电率下的可用能量/(kW·h)	45	纯电续驶里程和成本
日历寿命/年	15	全生命周期成本
循环寿命/次	1000	全生命周期成本
1kW·h 10 万套售价/美元	125	采购成本
操作环境/℃	-30~52	电池寿命
慢充时间/h	<7, J1772	电池尺寸和成本
快充时间/min	15(至 80% SOC)	电池尺寸和成本
最大工作电压/V	420	电池健康程度
最小工作电压/V	220	电池健康程度
峰值电流(30s)/A	400	加速性
最大自放电(每月)(%)	<1	纯电续驶里程

⊖ USABC 由三个行业合作伙伴——通用汽车、福特和克莱斯勒,以及几个国家实验室组成。

1）因为电池的成本仍然很高，电池寿命成为与内燃机汽车竞争的一个重要性能指标，测量电池寿命的主要指标有两个即日历寿命和循环寿命。以这些指标为基础，USABC 的目标是大规模生产具有 15 年日历寿命和 1000 次循环寿命的纯电动汽车。

2）PEV 车辆性能应与内燃机汽车相当或更优，以确保获得客户的认可。PEV 在极端天气条件（如极热或极冷）地区面临更大的挑战，主要由于电池通常为在温和天气条件下工作而设计的。温度对电池寿命的影响在文献 [2] 中有详细阐述，文中得出的结论是电池寿命对温度极为敏感。此外，太阳能热辐射也会导致电池进一步发热，从而缩短电池寿命。因此，USABC 的目标是开发一种电池制造技术，可以在 $-30 \sim 52^{\circ}\text{C}$ 范围内正常工作而不会出现严重退化。

3）电池的比能量和比功率特性会影响各种性能指标，例如车辆的续驶里程和重量。当前的电芯的能量密度一般在 $140 \sim 180 \text{W} \cdot \text{h/kg}$ 范围内，而汽油的能量密度为 $13000 \text{W} \cdot \text{h/kg}$。USABC 的目标是从目前的水平提高到 $235 \text{W} \cdot \text{h/kg}$。同时，当前电池技术在比功率方面已经成熟，在车辆加速过程中，PEV 电池可以在短时间内放电。因此，目前的比功率水平可以充分满足需求。

4）由于车辆可能在恶劣的环境地形和条件下工作，包括暴露在极端温度、剧烈振动和高充电和放电率下，因此安全对 PEV 电池至关重要。此外，由于熵变，锂离子电池在过充时会被点燃。美国国家可再生能源实验室（National Renewable Energy Laboratory，NREL）规定了电池安全指南，以减少电池故障并采取补救措施，减少火灾和爆炸等事故。

2.1.4 电池管理系统

电池管理系统（Battery Management System，BMS）连接电池与车辆，通过保护电池的健康、最小化功耗，从而最大限度地提高车辆的性能。为了实现这些目标，BMS 应通过与电池通信，实时监视、控制电池。因此，BMS 的主要功能包括如下：

1）欠压和过电压保护。
2）短路保护。
3）热保护。
4）电芯均衡。
5）控制电池的充放电。

6）确定电池 SOC 和 SOH。

7）安全保护。

图 2-2 展示了一般的 BMS 架构及其主要功能。为了执行相应的功能，传感器从电池收集电压、温度等信息，以通信形式传递给管理单元和均衡单元。均衡单元的作用是确保电芯电压在允许的范围内工作。电压、电流和温度读数用于确定电池的 SOC 水平。确定 SOC 值是一项具有挑战性的任务，因为电池老化时间和制造条件等其他因素也会影响 SOC 测量的准确性。目前有几种提高 SOC 测量精度的方法，其中最有效的方法有电流积分法、阻抗频谱法、直流电阻法和卡尔曼滤波法。

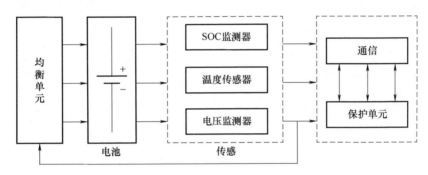

图 2-2 BMS 架构框图

电池均衡是电池管理系统的重要组成部分。在典型的 PEV 电池中，多个电芯并联作为一个模块以满足高容量要求，而多个电芯串联以满足高电压要求。同时，由于化学偏移每个电芯可以有不同的性能。因此，电芯可能具有不同的电压水平，这可能会降低电池寿命甚至导致电芯失效。必须通过电芯平衡来平衡电芯电压，以有效防止这些不必要的后果。主要的应用技术包括应用耗散电阻、降压分流器、多绕组变压器和开关电容器。

2.2 插电式电动汽车动力传动系统架构

传动系统和动力总成这两个术语用于定义变速器和动力系统的组合。在纯电动汽车中，由于不涉及离合器，在某些结构中也不涉及变速器，动力总成的设计比内燃机汽车要简单。如第 1 章所述，纯电动汽车完全由电动机驱动，而 PHEV 可以由电动机或内燃机驱动。因此，PHEV 的架构比 BEV 更为复杂。BEV 的动力系统设计更简单，牵引力仅由存储在电池中的电能转换而来，而且 BEV 不使用内燃机和变速器。对于 PHEV，有两种主要的动力系统结构——

串联和混联结构，如图 2-3b、c 所示。

在 PHEV 串联结构中，车辆完全由电力驱动，直流电能来自电池和内燃机的能量组合。因此，内燃机与传动机构无关联，不能直接驱动车辆。在混联结构中，机械和电力耦合共同发挥作用，车辆可以由电动机或内燃机驱动，如图 2-3c 所示，这种体系结构更加复杂和昂贵。

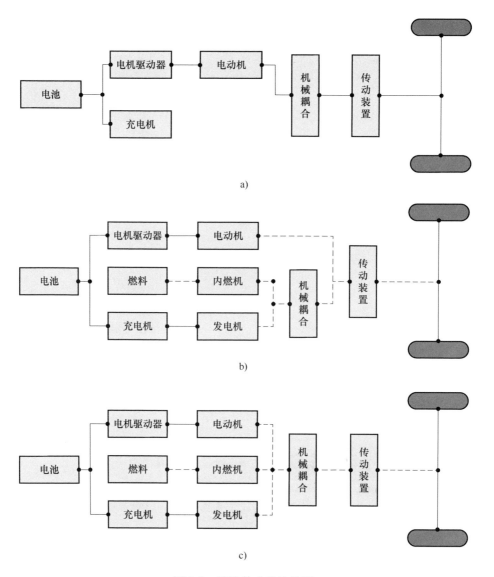

图 2-3 PEV 传动系统构型
a）BEV 构型 b）PHEV 串联式构型 c）PHEV 混联式构型

PHEV 构型也可以根据混合度 HF 进行分类。HF（Hybridization Factor）表示电动机功率与车辆总功率的相对值，计算如下：

$$HF = \frac{P_{EM}}{P_{EM} + P_{ICE}} \tag{2-5}$$

式中，P_{EM} 是电动机的峰值功率；P_{ICE} 是内燃机的峰值功率。对于内燃机汽车，HF=0，BEV 的 HF 为 1，PHEV 的 HF 在 0~1 之间。

2.3 电动汽车服务设备

电动汽车服务设备（Electric Vehicle Service Equipment，EVSE）是指为电动汽车电池充电所需的设施，通常称为充电器。充电设施的发展对于加速电动汽车的普及至关重要，因为可以有效地缓解里程焦虑。电动汽车充电设备的物理部件包括控制箱、连接器和电源线。电动汽车充电设施通常与电网相连，为车辆提供能量传输。电动汽车充电设备的容量会有很大的变化，它与车载充电机的功率共同决定了充电时间。

电动汽车的连接器将车辆与充电设施进行物理连接，连接器的类型决定了车辆与充电设施的兼容性。例如，特斯拉使用超级充电桩，SAE 制定了 SAE J1772，日本标准 CHAdeMO 则适用于快充充电站。在车辆端，有两个重要的部件与充电设备相关：一是充电接口便于接入充电枪进行充电，一些 PEV 车型还配备了多个充电接口；二是车载充电机，它能将交流（AC）电源转换为直流（DC）电源，以便将其存储在蓄电池中。如果连接的是直流充电桩，则充电机可以直接将 DC 电源引入电池为其充电。图 2-4 为常规的充电设施示意图。充电设施标准化是一个必不可少的过程，以减少长途旅行因为充电器适配不同而带来的不便。下面将详细分析充电技术、充电标准和相关联的充电设施。

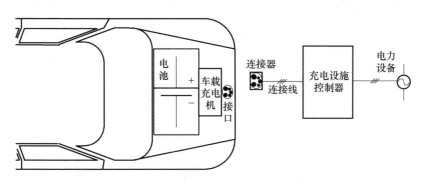

图 2-4　插电式电动汽车充电设施

2.3.1 充电机技术

充电机通过将交流电转换成直流电来为电池充电。电池充电技术是 PEV 的关键技术，它将直接影响充电时间和电池寿命。充电技术可以分为车载和非车载充电，并且还可以进一步分为单向充电技术和双向充电技术。

车载充电机位于插电式电动汽车上，充电功率较小，通常小于 10kW。因此，通过车载充电机充电不会导致电池发热，从而保护电池的健康，主要应用于用户居住场所或公共停车场，这些地方没有布置足够的非车载充电机。然而，由于重量、成本和空间的要求，车载充电机可能成为推广插电式电动汽车的瓶颈。非车载充电机设计用于更高的充电速率（即 10~80kW），因此需要更精细的电力电子架构。为了支持高功率充电，需要如储能装置或三相线路等额外的设备。大多数公共直流充电站都采用非车载充电机，由于它们不在车辆上，因此不受其物理尺寸和重量的限制影响。非车载充电机的劣势在于，高压能量传输对电池寿命会有一定的影响。

车载和非车载充电机都可以提供单向或双向电源流。通常，单向充电机具有更简单的硬件结构，并且只允许电网为电池充电，在 PEV 大规模推广应用时，可能会对电网有所影响，这时单向充电机将更容易控制。单向充电机主要包括二极管桥、滤波器和 DC/DC 变换器，结构拓扑如图 2-5 所示。双向充电机使车辆能够向电网输送电力，从而使电动汽车能够充当移动存储单元。通过双向充电机可以实现如电压控制、频率控制和应急储备等辅助功能。然而，频繁的充电和放电将会显著降低电池的寿命。辅助电网服务（优势）和降低电池寿命（劣势）的综合效应决定着双向充电是否优于单向充电。例如，在文献 [4] 中的研究考察了用于电网存储的 PHEV 电池的经济效益，结果表明，双向充电的年效益⊖在 140~250 美元之间，如果考虑电池衰减成本，有效收益减少到 10~120 美元，具体金额取决于税率。

显然，车辆和电网互动的收益会随着电池成本的下降而增加。除了这些成本效益分析外，双向充电机的成本也比单向充电机要高，这些挑战使得双向充电技术的吸引力变小。比如，充电机通过调整低失真电流和高功率因数来调节电能质量，以最大限度地提高可用的实际功率。因此，为了实现双向功率流，充电机应符合如 IEEE 1547、SAE-J2894 和 IEC 1000-3-2 等标准，这些标准规范了电网中允许的谐波和直流输入电网等规定。

⊖ 该研究完成于 2009 年，基于 A123 的 $LiFePO_4$/Graphite 电芯，16kW·h 的电池包，换件成本是 5000 美元。

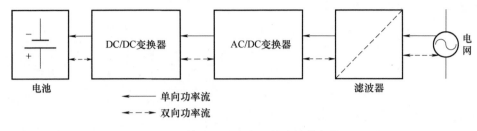

图 2-5 单向和双向充电技术结构拓扑

2.3.2 充电速率与选择

为了促进电动汽车的推广应用，在不同地点提供具有多种充电速率的充电服务以满足用户的需求至关重要。充电基础设施的普及可以有效地缓解因为当前充电时间远远大于传统汽车加一次油的时间而带来的里程焦虑。尽管可以通过驾驶行为部分解决里程焦虑问题（例如，在电网中有储备容量的情况下，在夜间对停在车库的车辆充电），但这并不能适用所有 PEV 车主（例如居住在密集都市区的车主）。因此，人们对于长距离驾驶的需求就对充电基础设施提出了更高的要求。在工作日，PEV 车主可以在不同地点（例如工作场所、学校和购物中心）停放几个小时，因此可以通过停车场充电服务以扩大行驶里程。

上述充电设施可以按照充电速率进行分类，例如利用美国标准的交流 Level 1 充电器充电 1h 可以提供 2~5mile 的行驶里程，而利用 Level 2 充电器充电相同时间可以提供 10~20mile 的行驶里程。直流快速充电桩通常使用较高的充电功率，充电 20min 可以提供 50~70mile 的行驶里程。Level 1 的交流充电器是用于提供基本客户充电需求，主要适用于家庭和车库充电。而 Level 2 交流充电使用更高的功率，主要位于大型综合设施，如医疗中心、大学、机场、购物中心和工业园区，我们常说的停车充电和购物充电就是描述的这种充电场景。直流快速充电站在短时间内提供充电服务，以与加油站进行竞争。Level 2 交流充电器和直流快速充电站通常被视为公共充电基础设施，主要设计为服务于无法使用车库充电的城市和多户家庭环境中的用户。Level 2 充电模式推广范围宽泛，能够为大量用户提供服务，而直流快速站由于要提供大功率充电只有少数充电站具备这种能力。

不同国家和地区的充电速率和持续时间不同，主要是因为它们的电力系统标准不同。在接下来的几节中，我们将概述不同地区采用的一些主要标准。

2.3.2.1 欧洲充电标准 IEC 61851

欧洲标准由国际电工委员会（IEC）制定，IEC TC69 技术委员会及其相关工作组对 IEC 61851 标准进行了描述。该工作组的主要目标是制定国际上认可的兼容性、安全性以及与性能相关的标准。从兼容性的角度来看，部署相同的充电插头和插座有助于使电动汽车能够在任何地方获得充电服务，而从安全性的角度来看，旨在降低与电动汽车充电相关的风险，尤其非专业的用户也可以安全地使用充电设施。从性能的角度来看，涉及优化、调节电网与电动汽车之间的能量流。IEC 充电标准包括如下 5 个方面：

1）IEC 61851-1：2010 规定了电动车辆传导充电系统，用于车载和非车载充电，最高交流电压为 1000V，最高直流电压为 1500V。

2）IEC 61851-21：2001 规定了电动汽车与交/直流电源的连接要求。

3）IEC 61851-22：2001 规定了配备电源电压的交流充电要求，最高输出电压达 690V。

4）IEC 61851-23：2014 规定了直流充电电压最高 1500V 的要求。

5）IEC 61851-24：2014 规定了直流充电站与 PEV 之间的数字通信要求，以控制功率流。

此外，直流快速充电已被 IEC 认可为国际直流充电标准。IEC 61851-23 标准规定了直流充电机的要求，并提出了充电机和插电式电动汽车之间的通信要求。除了日本 CHAdeMO，中国的 GB/T、美国的 COMBO1 和德国的 COMBO 都被国际电工委员会认定为快速充电标准。

在 IEC 61851 标准中，IEC 定义了四种充电模式：模式 1 是非专用插座充电，模式 2 是带电缆保护装置的非专用插座充电，模式 3 是专用插座充电，模式 4 是直流充电。此外，还定义了充电功率水平。表 2-3 概述了欧洲充电模式。

表 2-3 欧洲充电模式

种 类	连 接 形 式	功率/kW	最大电流/A
交流 Level 1	单相	3.7	10~16
交流 Level 2	单相或三相	3.7~22	16~32
交流 Level 3	三相	>22	>32
直流快充	直流	>22	>32

2.3.2.2 北美充电标准 SAE J1772

美国汽车工程师学会（SAE）一直在制定电动汽车充电的 J1772 标准，该标准涵盖了结构、电气、通信协议和电动汽车充电的性能要求。与 IEC 标准类似，SAE 定义了三种充电等级：交流 Level 1、交流 Level 2 和直流快充（详细概述见表 2-4）。交流 Level 1 充电器包含一个标准三相插头和一个连接器。

表 2-4 北美充电模式

种 类	连 接 形 式	最大电流/A	分支电路/A
交流 Level 1	120VAC，单相	12	15
交流 Level 2	208～240VAC，单相	32	40
直流快充	600VDC	400	根据需要

J1772 是业内第一个获得共识的电动汽车充电标准，规定了车辆插孔和连接器的电气和结构特性。除了 SAE 快速充电标准外，特斯拉还开发了特斯拉超级充电桩，专门为特斯拉充电使用。因此，在美国，存在三个竞争性的直流快速充电标准：CHAdeMO、SAE COMBO 和特斯拉。尽管有差异，也存在符合所有三个标准的充电技术，以便不同车型可以通过公共充电站进行充电。此外，SAE 为电动汽车与电网之间的通信定义了 SAE J2847-1 标准，为电动汽车与公用设施之间的通信定义了 SAE J2836-1 标准，表 2-5 为美国充电标准概览。

表 2-5 美国充电标准概览

标 准	内 容
SAE J1772	规定了北美 PEV 传导系统和连接器的一般要求
SAE J2836-1	规定了 PEV 与电网之间能量传输所需的通信要求
SAE J2836-2	规定了 PEV 与充电基础设施之间能量传输所需的通信要求
SAE J2836-3	规定了 PEV 与电网之间反向能量传输的通信要求
SAE J2836-4	规定了 PEV 诊断通信要求
SAE J2836-5	规定了 PEV 和用户之间的用例
SAE J2836-6	规定了无线充电用例
SAE J2847-1	规定了 PEV 与公用电网之间的通信要求
SAE J2847-2	规定了从电网到 PEV 的直流能量传输标准
SAE J2847-3	规定了从 PEV 向电网直流能量传输标准
SAE J2847-4	规定了 PEV 和充电设施之间诊断的通信要求
SAE J2847-5	规定了 PEV 和用户之间的通信要求
SAE J2847-6	规定了无线充电的通信要求

2.3.3 无线充电

无线充电或电感能量传输是一种新兴技术,充电设施通过非接触方式给电池充电。最近,由于无线充电可以在车辆行驶时在电网和车辆之间进行能量传输而受到关注。基于这种充电技术,PEV 可以不需要额外的充电时间为电池充电以增加行驶里程,同时电池尺寸也可以进一步减小。对于用户而言,无线充电可以减少电线和电火花带来的相关危险。

然而,无线充电仍面临一些问题。首先是安全问题,PEV 充电需要发射线圈和接收线圈之间的高频磁场。一般而言,发射线圈内置在停车位,接收线圈固定在车身底部。发射线圈和接收线圈之间的漏磁可能会带来人员的健康风险。其次,无线充电的效率低于有线充电,充电速率通常也比有线充电慢。测试表明,当车辆与充电线圈之间的距离为 0.2m 时,充电功率可达 3.6kW。最后,无线充电设施的成本更高,并且对车辆定位的敏感度要求更高,这些都是无线充电的不利因素。文献 [14] 中的研究表明,当使用固定频率且车辆定位不完善时,传输功率会大幅降低。为了解决这个问题,功率传输频率需要基于两个线圈的相对位置而进行调整。自 2012 年以来,包括高通、Witricity 和 Plugless Power 在内的几家公司推出了电动汽车无线充电的商用产品。

2.3.4 充电站布局

全球充电站市场预计将从 2014 年的 100 多万台增长到 2020 年的 1200 多万台(图 2-6),主要分为私人充电站和公共充电站。私人充电站(包括 Level 1 和 Level 2)的数量明显高于公共充电站的数量,因为早期的 PEV 用户更倾向

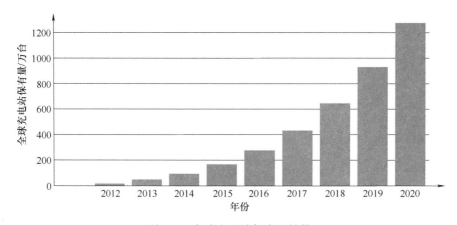

图 2-6 全球充电站保有量趋势

(来源:IHS Automotive)

于配备私人充电站。随着充电基础设施商业化程度不断提高，PEV 用户可以更好地享受规模化应用带来的充电价格下降。近年来，充电技术正在不断进步，公共充电站已经具有多种商业硬件和软件解决方案。

很明显，PEV 销量的增加加速了充电站的部署。例如，日本充电站的数量已经超过了加油站的数量。与 PEV 销量类似，美国充电基础设施的数量全球领先，到 2015 年 10 月，美国 27000 多个充电站分布在 1 万多个地点，图 2-7 描述了美国各州充电站的概况。

图 2-7　美国各州充电站数量

（来源：美国能源部可替代燃料数据中心，截至 2016 年 12 月）

2.4　本章小结

本章重点介绍了插电式电动汽车的关键使能技术。讨论的关键技术包括电池技术、插电式电动汽车传动系统架构、电动汽车充电设施和相关行业标准。锂离子电池是当前电动汽车市场上使用最广泛的类型，因此电池技术的介绍主要聚焦在锂离子电池，对电池术语和相关术语进行了全面的介绍，提供了对电动汽车的复杂技术更多深入的了解。电池管理系统（BMS）是 PEV 的重要组成部分，旨在优化电池性能、延长电池寿命和确保电池安全。我们还介绍了不同的 PEV 传动系统，以及 BEV 和 PHEV 的混合动力系统参数。本章的最后一部分是对电动汽车充电设施的介绍，包括电流转换技术、充电机技术及相关标准。根据充电速率和连接类型，全球充电机类型有所不同，标准主要是由美国、欧洲和日本制定的。

参 考 文 献

[1] Liang, X., et al., "A highly efficient polysulfide mediator for lithium-sulfur batteries," *Nature Communications*, Vol. 6, No. 5682, Jan. 2015.

[2] Pesaran, A., Smith, K., and Marke, T.,"Impact of the 3Cs of batteries on PHEV value proposition: Cost, calendar life, and cycle life," *Proc. Advanced Automotive Battery and EC Capacitor Conference*, Long Beach, CA, June 10-12, 2009, pp. 8-12.

[3] Doughty, D. and Pesaran, A., *Vehicle Battery Safety Roadmap Guidance*, National Renewable Energy Laboratory, Oct 2012.

[4] Peterson, S., Whitacre J.F., Apt, J., "The economics of using plug-in hybrid electric vehicle battery packs for grid storage," *Journal of Power Sources*, Vol. 195, No. 8, 2010, pp. 2377-2384.

[5] Yilmaz, M. and Krein, P. "Review of battery charger topologies, charging power levels, and infrastructure for plug-in electric and hybrid vehicles," *IEEE Transactions on Power Electronics*, Vol. 28, No. 5, 2012, pp. 2151-2169.

[6] Bayram, I.S., et al., F. "Local energy storage sizing in plug-in Hybrid electric vehicle charging stations under blocking probability constraints," *Proc. IEEE International Conference on Smart Grid Communications*, Brussels, Belgium, Oct., 2011, pp. 78-83.

[7] Bayram, I.S., et al., "Strategies for competing energy storage technologies for in DC fast charging stations," *Proc. IEEE International Conference on Smart Grid Communications*, Tainan City, Taiwan, Oct., 2012, pp. 1-6.

[8] Bayram, I.S., Michailidis, G., and Devetsikiotis, M., "Electric power resource provisioning for large scale public EV charging facilities," *Proc. IEEE International Conference on Smart Grid Communications*, Vancouver, Canada, Nov., 2013, pp.133-138.

[9] Bayram, I.S., et al., "Electric power allocation in a network of fast charging stations," *IEEE Journal on Selected Areas in Communications*, Vol. 31, No. 7, 2013, pp.1235-1246,

[10] www.afdc.energy.gov.

[11] Lukic, S. and Pantic Z. "Cutting the cord: Static and dynamic inductive wireless charging of electric vehicles." *IEEE Electrification Magazine*, Vol. 1, No. 1, 2013, pp. 57-64.

[12] Li, S. and Chunting, C. "Wireless power transfer for electric vehicle applications," *IEEE Journal of Emerging and Selected Topics in Power Electronics*, Vol. 3, No. 1, 2015, pp. 4-17.

[13] https://www.fraunhofer.de/en/press/research-news/2015/august/Wireless-charging-and-discharging-for-electric-vehicles.html.

[14] Krishnan, S. et al., "Frequency agile resonance-based wireless charging system for electric vehicles," *Proc. IEEE International Electric Vehicle Conference*, Greenville, SC, Mar., 2012, pp. 1-4.

[15] https://www.qualcomm.com/products/halo.

[16] http://witricity.com/applications/automotive/.

[17] https://www.pluglesspower.com/.

第3章

PEV电网集成的障碍

内燃机技术经过一个世纪的发展已经相对成熟，而 PEV 的大规模应用仍面临一些挑战。目前，内燃机汽车具有完善的基础设施服务网络，用户已经习惯于依赖这种便利性。这也会影响消费者对于 PEV 这项新技术的接受程度，从而影响 PEV 的渗透率。根据美国国家研究委员会（NRC）的研究，考虑到用户接受度，推广 PEV 存在下列障碍：①PEV 车型的种类有限；②里程焦虑；③缺乏充分的关于耗电量、燃料成本比较的分析以及充电基础设施；④缺乏足够的环境效益评估信息。

除了这些障碍之外，家庭的购买力也是一个决定性因素，由于消费者倾向于作出保守决定，并选择不确定性较小的选项，与此同时，这些因素是经济、可靠和安全的。行为经济学家对新产品的客户接受度进行了广泛的研究，并有充分的文献证明，PEV 技术必须提供足够的效益才能弥补现有内燃机技术的成本与其所涉及的高压风险和不确定性之间的差距。创新扩散理论分析了各种新产品的市场渗透率⊖，以及影响客户决策的因素。基于这些分析，即便是成本更低、更具代表性的产品，例如消费电子产品和电器，要获得主流认可（50%以上的渗透率）需要十多年的时间。而对于 PEV 而言，预计这种主流认可预计将需要几十年的时间。此外，根据文献 [3]，PEV 推广还存在三大发展障碍：①电池成本；②道路救援和维护服务设施条件；③充电基础设施的普及。

尽管 PEV 已经在全国市场中占据一定的份额，但其市场占有率仍落后于 2010 年的预测。从上述分析看，PEV 推广面临的主要是经济和社会方面的挑战，技术方面也存在一些问题有待解决。在所有这些挑战中，最突出的是：

⊖ 创新扩散模型在第13章进行阐述。

①PEV充电负荷对电网的影响；②充电设施的设计布局和运行管理；③购置成本。本章的其余部分着重于对这些挑战进行详细分析。

3.1 PEV充电对电网的影响

PEV与电网集成的主要瓶颈是电网是否准备好适应其引入的额外负载。由于目前的电网大部分都是几十年前建设的，并没有按照能源消耗增长的速度进行现代化改造，这带来不小的挑战。此外，电网升级改造是资本密集型的过程，因此对PEV的推广量应进行系统的管理，并应与现有可用资源保持一致。

3.1.1 配电网

PEV充电和相关基础设施要求会影响电网的各种运行，这将对配电网的运行造成严重的影响，具体对电网的影响包括：①热负荷；②谐波失真；③配电系统损耗；④系统不平衡。在本节中，我们将讨论PEV充电对其潜在的影响。

3.1.1.1 热负荷

配电变压器具有热操作范围，这是基于提高配电变压器安全性和寿命的角度来考量的。受消费者偏好、经济激励和使用方式等方面的影响，PEV的普及可能会分几个阶段。而PEV客户可以基于这些因素而聚集为特定的组，每个组都对PEV不同阶段的技术革新产生兴趣。PEV大规模推广后接入电网充电会导致配电网的热负荷。变压器的寿命损失或老化加速系数由负载、环境温度和特定变压器温度所决定，PEV充电需求的峰值可以迅速增加该区域变压器的负荷和工作温度。为了量化PEV充电需求对变压器的影响，我们定义了变压器的工作温度，也称为最热点温度，即

$$T_{HS} \triangleq T_A + \Delta T_{TO} + \Delta T_G \tag{3-1}$$

式中，T_{HS}是绕组最热点温度；T_A是平均环境温度；ΔT_{TO}是高于环境温度T_A的顶层油温；ΔT_G是高于顶层油温的绕组最热点温度。为了计算寿命损失，我们按下式定义老化加速因子F_{AA}（每15min），

$$F_{AA} \triangleq \exp\left(\frac{15000}{383} - \frac{15000}{T_{HS}+273}\right) \tag{3-2}$$

其中常数由《矿物油浸式变压器加载指南》确定。因此，每月的等效老化系数可通过以下公式计算：

$$F_{EQ} \triangleq \frac{\sum_{n=1}^{N} F_{AA,n} \Delta t_n}{\sum_{n=1}^{N} \Delta t_n} \qquad (3\text{-}3)$$

式中，n 是时间间隔的指数；Δt_n 是第 n 个时间段的持续时间；$F_{AA,n}$ 是第 n 个时间间隔内温度的老化加速系数；N 是时间间隔总数。因此，总寿命损失（以小时为单位）可通过将 F_{EQ} 乘以 $t^{\ominus}$ 进行归一化，然后除以正常绝缘寿命来计算$^{\ominus}$，即

$$Loss\ of\ life = \frac{F_{EQ} t}{Normal\ insulation\ life} \times 100\% \qquad (3\text{-}4)$$

根据这一定义，在 110℃ 下运行的变压器，IEEE 规定的正常寿命为 180000h，则损耗寿命的分数为 0.0133。基于这种寿命损耗的概念，PEV 充电相当于对变压器施加了额外的应力，其影响可以用寿命损耗系数来量化。因此，这为设计充电策略提供了指导，以满足变压器的物理约束条件。此外，地理位置和气候对决定变压器寿命方面也有明显的影响。具体来说，在高温环境（如炎热的夏季午后）下给车辆充电比在冬季给车辆充电带来更多的不利影响。例如，在文献 [5] 中的分析比较了 PEV 充电对一台 25kV·A 配电变压器的影响，该变压器为 12 个房间里的 6 辆 PEV 供电。分析表明，中等水平的充电需求（例如 50% 的渗透率）可能不会对环境温度较低的伯灵顿市的电网运营产生严重影响。然而，如果同样的负载施加到位于较暖和位置的变压器上，例如美国亚利桑那州的凤凰城，变压器寿命会迅速衰减。

3.1.1.2 谐波失真

在电力系统中，每一个非线性负载，如计算机、不间断电源（UPS）、荧光灯和 PEV，都会导致电流波形的谐波失真，从而导致电力系统中的谐波流动。谐波描述了电压或电流波形的失真，每个谐波分量以基频的整数倍出现，通过傅里叶变换，稳态波形可以写成

$$f(t) = \sum_{n=1}^{\infty} I_n \sin\left(\frac{n\pi t}{T}\right) \qquad (3\text{-}5)$$

式中，$f(t)$ 是时域函数；n 是谐波数；I_n 是第 n 个谐波的量级；T 是周期持续时间 s。此外，文献中常用的电流总谐波畸变 THD_I 和电压总谐波畸变 THD_V 计算公式如下：

⊖ 通常 t 选为 24h。
⊖ 这是因为变压器老化高度依赖于内部绝缘材料的状态。

$$THD_I \triangleq \frac{1}{I_1} \sqrt{\sum_{n=2}^{N} I_n^2} \qquad (3-6)$$

$$THD_V \triangleq \frac{1}{V_1} \sqrt{\sum_{n=2}^{N} V_n^2} \qquad (3-7)$$

式中，I_1 和 V_1 是对应于主频率分量的均方根（RMS）值；I_n 和 V_n 是第 n 谐波分量的均方根值；N 是观测谐波的最高指数。在 PEV 充电的情况下，谐波与充电设施的拓扑结构和潜在的电力电子电路有关。在大多数情况下，公共电源的规定决定了允许的谐波失真范围。例如，欧洲标准 EN 50160 对低压电源设定了 8% 的限值；在马来西亚，11kV 和 33kV 系统的 THD_V 限值分别设定为 3% 和 4%。因此，这种对谐波畸变的约束对充电站的设计提出了一定的限制。有些经验研究进一步评估了这个问题，文献 [8] 中的研究分析了因 PEV 充电而产生的谐波，结果表明，总谐波畸变率为 $THD_I = 11.6\%$，$THD_V = 1.5\%$。另一项研究表明，对于带有 3kW 充电器的 19kW·h 锂离子电池，THD_I 的波动范围在 4.3% ~ 4.6% 之间。

谐波失真的破坏性影响包括功率损耗、电缆和变压器等电力系统设备的发热以及保护继电器故障等。在美国，配电网的主要部分由老化的设备组成，且该系统当初的设计也不是为了满足 PEV 的充电需求。然而，尽管对设备现代化更新存在迫切需求，但资本密集型设备更新可能需要几十年时间。例如，美国的配电网设计为每台变压器提供 3 ~ 5 间房屋用电需求，通常情况下，一个 37.5kV·A 变压器为 5 间房屋供电使用。在这种典型的设置中，如果两个 level 2 级充电器在高峰时段同时连接到电网，本地变压器很快就会过载。此外，由于 PEV 充电所引入的谐波，配电变压器将会有额外的绕组和铁心能量损耗。

3.1.1.3 配电系统损耗

配电系统损耗定义为输入和输出配电网的电量之差。磁滞、涡流、介质损耗、线路电阻和电流等因素导致配电网的功率损耗。由于系统损耗将直接导致经济损失，最终是客户利益受损，因此控制损失就势在必行。最近的一些研究表明，不受控制的 PEV 入网负载将增加配电系统的损失。因此，应仔细考虑 PEV 负载和配电系统损耗之间的关系，这一关系可以用布勒公式和伍德罗公式描述如下：

$$LSF = (1 - C)(LF)^2 + C(LF) \qquad (3-8)$$

其中涉及的参数为：

1) LSF 是定义在 [0，1] 范围的损失系数。

2）LF 是定义在 [0，1] 范围的载荷系数。

3）C 是在 0.15~0.30 之间的常数。

之前提到 LF 是在给定时期内平均负荷与峰值负荷的比值，由于负载与电流成正比，所以 LF 可以写为

$$LF = \frac{I_{average}}{I_{peak}} \tag{3-9}$$

式中，$I_{average}$ 和 I_{peak} 分别是平均电流和峰值电流。

为了计算总损失能量，我们定义 L_{max} 为，

$$L_{max} = KI_{peak}^2 \tag{3-10}$$

式中，K 是与基础分布线相关的正常数。

时间间隔 T 的总能量损失可计算如下：

$$L_{tot} = LSF \times L_{max} \times T \tag{3-11}$$

因此，将峰值电流最小化可降低损耗因数和总能量损失。基于此公式，充电策略应旨在最大化负载系数，以最大限度地减少能量损失。

3.1.1.4 系统不平衡

当负载不均匀地分布在馈线上时，通常会发生系统不平衡。考虑到非线性 PEV 电池的尺寸，PEV 的入网负载将使三相系统不平衡，这意味着其中一相线路的电压和电流将与其他两相线路不同。在这种情况下，相位差偏离标准 120°。系统不平衡会给电力系统组件带来额外的损耗和热量。在三相系统中，不平衡可以表现为正、负和零电压序列的总和。电气和电子工程师协会（IEEE）、国家电气制造商协会（NEMA）、国际电工委员会（IEC）和国际电力系统委员会（CIGRE）等组织已经明确描述了电压不平衡。

1. IEEE 定义

根据 IEEE 推荐的电能质量监测规程，相电压不平衡率（PVUR）按百分比计算为

$$\text{PVUR} = \left| \frac{V_{phase}^{max}}{V_{phase}^{avg}} \right| \times 100\% \tag{3-12}$$

式中，V_{phase}^{max} 是平均相电压幅值的最大电压偏差；V_{phase}^{avg} 是平均相电压幅值。

2. NEMA 定义

与 IEEE 定义类似，NEMA 电压定义使用电压幅值测量来计算线电压不平衡率（LVUR），由以下公式计算：

$$\text{LVUR} = \left| \frac{V_{line}^{max}}{V_{line}^{avg}} \right| \times 100\% \tag{3-13}$$

式中，V_{line}^{max} 是平均线电压幅值的最大电压偏差；V_{line}^{avg} 是平均线电压幅值。值得注意的是，与 IEEE 定义的唯一区别是，NEMA 使用线电压，而 IEEE 使用相电压。

3. IEC 定义

IEC 定义通常用于欧洲标准，电压不平衡因子（VUF）计算公式如下：

$$\text{VUF} = \frac{V_2}{V_1} \times 100\% \tag{3-14}$$

式中，V_1 和 V_2 用相位指数 a、b、c 定义如下：

$$V_1 = \frac{V_{ab} + aV_{bc} + a^2 V_{ca}}{3} \tag{3-15}$$

$$V_2 = \frac{V_{ab} + a^2 V_{bc} + a^2 V_{ac}}{3} \tag{3-16}$$

4. CIGRA 定义

CIGRA 为 VUF 提供了一个简单的代数定义：

$$\text{VUF} = \sqrt{\frac{1 - \sqrt{3 - 6\alpha}}{1 + \sqrt{3 - 6\alpha}}} \times 100\% \tag{3-17}$$

式中，

$$\alpha = \frac{V_{ab}^4 + V_{bc}^4 + V_{ca}^4}{(V_{ab}^2 + V_{bc}^2 + V_{ca}^2)^2} \tag{3-18}$$

3.1.1.5 电压分布的案例研究

我们给出了一个不受控制的 PEV 充电案例的研究，以说明对配电网的影响，研究详情见文献[14]。假设车辆最大电池容量选择为 11kW·h，它能随机连接在 IEEE 34 结点测试的输电线上。此外，假设充电技术在整个配电网中是统一的，其最大充电功率为 4kW⊖。

案例研究考虑了三个不同的充电周期：①晚上 9 点—早上 6 点；②下午 6 点—晚上 9 点；③上午 10 点—下午 4 点。本案例研究是在比利时的配电网中通过合并来自同一地区的负荷曲线进行的。因此，其他国家的结果可能会有所不同。仿真方法如下：根据三种不同的渗透率情况，在每个结点随机分布 0%、10%、20% 和 30% 的 PEV，并采用后向扫描方法进行电力流分析。模拟重复 1000 次，以达到电压偏差和功率损失的稳态平均值。

图 3-1 和图 3-2 所示的模拟结果显示了不受控充电对电压偏差和功率损失的影响。值得注意的是，如果充电桩的额定功率更高（例如 6.6kW 或更高的

⊖ 单相 230V 插座的最大充电功率为 4.6kW，因此 4kW 是一个合理的额定值。

Level 2 充电桩），影响会更严重。结果表明，高峰时段的损失很高，这可以通过提高电价来引导用户更加合理充电㊀。

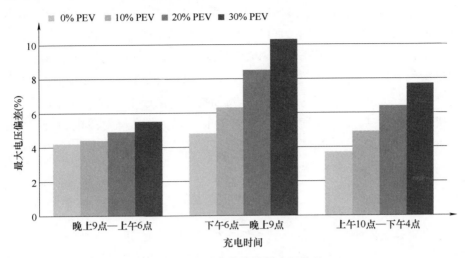

图 3-1　冬季负荷曲线的电压偏差

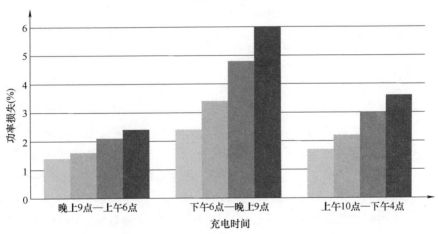

图 3-2　冬季负荷曲线的功率损失与最大功率之比

3.1.2　对发电机组的影响

PEV 的充电需求对发电机组的影响包括需求高峰、储备容量减少和电价上涨，而这些影响又取决于 PEV 的渗透率、充电技术和充电时间。文献［15］

㊀ 第 4 章将详细分析通用电价。

中的研究表明，如果在高峰时段为 PEV 充电，那么将增加发电量和电价，显然真正的影响也取决于 PEV 渗透率。例如，如果所有 PEV（假定市场占有率为 25%）同时使用 Level 2 充电桩充电，到 2030 年需求将增加 160GW。该研究还分析了美国得克萨斯州电力可靠性委员会（ERCOT）、东南电力可靠性委员会（SERC）和西南电力联营（SPP）等地区的需求增长情况，预计需求增长率可达 4.7%。总之，不可控的 PEV 充电需求会降低核能、水电等低成本资源的利用率，可能会增加平均负荷率，从而提高发电成本。因此，有必要建立智能机制，在非高峰时段调度 PEV 充电需求，以防止高峰时段电力需求的上升。PEV 在非高峰时段充电还有助于提高低成本发电机的利用率，进而降低发电成本。

3.1.3 输电网

输电网是电网中最先进的部分，然而在需求旺盛时期，输电线路经常出现阻塞。例如，美国能源部的统计数据表明，至少有 17% 的西部交互网络会在至少 10% 的时间内出现阻塞。而需求的增加可能导致输电网更加拥挤，因此需要建立控制和调度 PEV 需求的机制以避免对输电网造成不良影响。

3.2　PEV 充电站网络

PEV 的推广应用在很大程度上取决于充电网络的便利性以应对一系列挑战，包括驾驶人的里程焦虑。此外，充电基础设施的短缺导致的充电等待、延迟等问题也影响消费者的购买意愿。这些问题的核心是需要对充电基础设施进行网络设计以平衡需求和响应，并合理优化充电资源，最大限度地满足消费者充电需求。如第 2 章所述，充电网络包括三种主要的充电模式——Level 1（如车库）、Level 2 在工作场所、医院或商场充电，以及直流快速充电站。这些充电模式与当前的加油站相对应。车库充电主要适用于拥有私人停车场的用户，然而在大城市生活的 PEV 车主可能无法方便地选择该选项。作为补救措施，在工作日，PEV 可以利用停车时间使用公共场所提供的 Level 2 充电服务，这种模式的主要优点是，PEV 车主可以选择在静止或停驻模式下为车辆充电，并可以根据需要选择充电时间。这些充电站如果是可再生资源供电，PEV 全生命周期将更加环保。第三种充电模式是直流快速充电站，可以在 20～30min 内为常规的 PEV 充满电，快速充电站对 PEV 的重要程度就如同加油站对燃油汽车的重要度。此外，直流快速充电站使用户能够享受长途旅行却不会因需要长时间充电而感到不适。

图 3-3 给出了具有代表性的三层充电网络图示。在模型中，在典型的 12kV 公共耦合点（PCC）处部署了一个大型的 MW·h 额定存储单元。在第二层，将 Level 2 充电设施并入电网，可以为大学校园、机场和购物中心等大型综合设施为客户提供电能。存储单元的典型规格约为 100~250kW·h。在第三层是利用慢充充电桩给客户提供充电服务，从图 3-3 中可以看出，充电网络的设计和运行是一个非常复杂的问题。

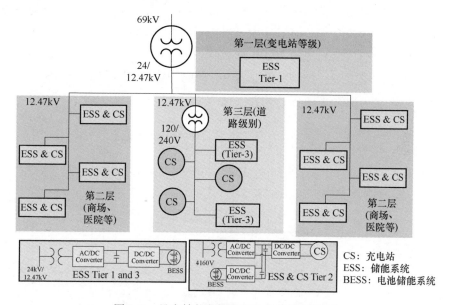

图 3-3 具有储能装置的充电站网络示意图

除多层结构外，电网设计中还应考虑以下问题：

1）不断变化的时空需求与有限的电网资源之间的动态匹配。

2）通过配备储能装置以及可再生发电机来提高单个充电站的运行效率。

3）最优控制、调度和优化框架可以进一步形成闭环系统，从而挖掘可用资源空间，以引导客户到达率，满足用户需求。

4）前瞻性规划应考虑容量规划和负载预测。

5）充电站之间的负载平衡和用户路径引导策略以减轻不平衡需求的影响。

3.3 高购置成本

从成本的角度看，PEV 具有更低的使用成本，但是由于电池和相关技术的成本较高，因此 PEV 的购置成本相对较高。对不同车型的投资回报率（Return On Investment，ROI）进行综合分析，主要取决于几个关键因素——驾驶模式、发电成本和油价。

尽管对这些技术的相对成本没有形成公认的评估价格，但人们普遍认为 PEV 的购置成本平均比燃油汽车高 5000～8000 美元，这个差异主要是由于电池成本导致的。尽管电池成本在不断下降，如图 3-4 所示，但这项技术仍需要重大突破，以增加纯电续驶里程并降低初始的购置成本。与此同时，全球各地的一些政府也正在出台相关激励措施，以加快 PEV 的推广，主要可分为三类：

1) 直接激励，在购买时以一次性补贴或折扣的形式提供。
2) 财政激励，以减免税费的形式提供。
3) 其他激励措施，如排放测试豁免、免费停车、降低许可证费用、多乘员车道即 HOV 车道准予通行、免费充电等。

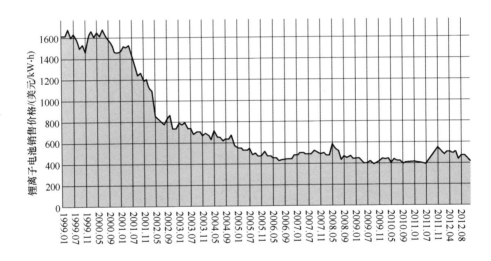

图 3-4　1999—2012 年锂离子电池的成本

例如，美国 2009 年通过的《美国复苏和再投资法案》提出，联邦政府根据电池的尺寸提供 2500～7500 美元的税收抵免政策，州政府还提供激励措施以促进 PEV 的普及。表 3-1 概述了全球 PEV 激励政策。欧盟/北欧国家也提出了相应的激励措施，重点在文献 [16] 中介绍，这些激励措施分为三类：

1) 领先的国家是丹麦、挪威和比利时。奖励总额从 10000～28000 欧元不等。
2) 跟随国包括荷兰、西班牙、英国、法国、瑞士和奥地利。奖励总额从

4000~9000 欧元不等。

3）落后国家包括爱尔兰、希腊、意大利、德国、瑞典、波兰和芬兰。奖励总额约为 3000 欧元。

表 3-1 全球 PEV 激励政策

国　家	激　励　政　策
奥地利	免除燃料税和每月车辆税
比利时	免除注册税，从企业所得税中扣除
中国	补贴约为 2200~7200 欧元
德国	免除年度流转税
丹麦	免除注册税
法国	根据排放水平提供从 2000~6300 欧元的补贴
意大利	免除年度流转税
日本	补贴高达 6300 欧元
荷兰	免缴注册税
挪威	免征增值税和购置税的费用可能高达成本的 50%
瑞典	前五年免税
英国	补贴高达 5000 英镑，免除流转税
美国	补贴高达 7500 美元，各州提供其他奖励

3.4　本章小结

在本章中，我们介绍了影响 PEV 推广应用的障碍。首先是要处理电动汽车接入电网带来的额外需求，前面讨论了 PEV 充电带来的影响，特别是对配电网的影响，因为在配电水平上，负面影响最为明显。不受控的 PEV 充电会导致电网热负荷过高、谐波失真和配电系统损耗增加等问题。此外，还讨论了对发电和输电网的影响。另外，充电站网络建设和高昂的购置成本也是 PEV 推广面临的重要挑战，关于充电站网络建设本章做了简单介绍，后面章节将更详尽地阐述如何设计充电站网络。最后，为了降低高购置成本，还概述了不同国家的激励政策。

参 考 文 献

[1] National Research Council on the National Academies, *Overcoming Barriers to Deployment of Plug-in Electric Vehicles*, Washington, DC: The National Academies Press, 2015.

[2] Kahneman, Daniel. *Thinking, Fast and Slow*, New York: Farrar, Straus and Giroux, 2011.

[3] Adner, Ron, "Match your innovation strategy to your innovation ecosystem", *Harvard Business Review*,Vol. 84, No. 4, 2006, pp. 98-107.

[4] *IEEE Guide for Loading Mineral-Oil-Immersed Transformers and Step-Voltage Regulators - Redline*, in IEEE Std C57.91-2011 (Revision of IEEE Std C57.91-1995) - Redline, Mar., 2012, pp.1-172.

[5] Hilshey, A.D. et al., "Estimating the impact of electric vehicle smart charging on distribution transformer aging," *IEEE Transactions on Smart Grid*, Vol. 4, No. 2, 2014, pp. 905-913.

[6] IEEE Power and Energy Society, *IEEE Recommended Practice and Requirements for Harmonic Control in Electric Power Systems*, IEEE-SA Standards Board, Mar. 2014.

[7] Kutt, L. et al., "A review of the harmonic and unbalance effects in electrical distribution networks due to EV charging," *Proc. IEEE International Conference on Environment and Electrical Engineering*, Wroclaw, Poland, May 2013, pp. 556-561.

[8] Wanik, MohdZamriChe, et al. "Harmonic measurement and analysis during electric vehicle charging," *Engineering*, Vol. 5, No. 1, 2013, pp. 215-220.

[9] Wenge, C. et al., "Power quality measurements of electric vehicles in the low voltage power grid," *Proc. International Conference on Electrical Power Quality and Utilisation*, Oct. 2011, pp.1-5.

[10] Moses, P.S., Masoum, M.A.S., and Smedley, K.M., "Harmonic losses and stresses of nonlinear three-phase distribution transformers serving plug-in electric vehicle charging stations," *Proc. IEEE Innovative Smart Grid Technologies*, Washington, DC, Jan., 2011, pp.1-6.

[11] Sortomme, E. et al., "Coordinated charging of plug-in hybrid electric vehicles to minimize distribution system losses," *IEEE Transactions on Smart Grid*, Vol. 2, No. 1, 2011, pp.198-205.

[12] Singh, Asheesh K., G. K. Singh, and R. Mitra. "Some observations on definitions of voltage unbalance," *Proc. 39th IEEE North American Power Symposium*, Las Cruces, New Mexico, Oct., 2007, pp. 473-479.

[13] IEEE Recommended Practice for Monitoring Electric Power Quality in *IEEE Std 1159-2009 (Revision of IEEE Std 1159-1995)* , June 26, 2009.

[14] Clement-Nyns, Kristien, Edwin Haesen, and Johan Driesen. "The impact of charging plug-in hybrid electric vehicles on a residential distribution grid," *IEEE Transactions on Power Systems*, Vol. 25, No. 1, 2010, pp. 371-380.

[15] Hadley, Stanton W., and Alexandra A. Tsvetkova. "Potential impacts of plug-in hybrid electric vehicles on regional power generation," *The Electricity Journal*, Vol. 22, No. 10, 2009, pp. 56-68.

[16] Wu, Qiuwei. *Grid Integration of Electric Vehicles in Open Electricity Markets*, Chester, UK: John Wiley & Sons, 2013.

第 4 章

PEV成本模型

在第 3 章中,我们概述了 PEV 不受控制的入网充电会对电网运行和效率产生不利的影响。尽管控制 PEV 集成可以解决这些不利影响,但又带来了其他挑战。为了解决这些挑战,其主要目标是在控制对电网影响的同时,尽可能地降低服务成本,为此我们引入了两个重要的参数——电池退化和电力成本。这两个参数有助于描述 PEV 充电控制和优化框架。电池退化成本主要取决于充电功率、放电深度和温度。电力成本通常由公用事业公司的定价方案决定。

4.1 电池衰减成本

本节旨在详细分析锂离子电池衰减机理,并阐述电池衰减成本的数学模型。

锂离子电池的化学性质决定了其复杂的系统,电池老化是由各种相互交织的因素造成的,这些因素会影响阳极、阴极和电解质的物理特性,这就使衰减模型的研究变得特别复杂。因此,我们将研究电池衰减的主要因素和根本原因,以及文献中常见的数学模型。总体而言,电池衰减多发生在能量存储的过程(例如自放电和阻抗上升)以及充放电过程(例如金属电镀和机械降解),这些都在电池热力学管理范畴。电池在存储期间的衰减会降低日历寿命,在使用期间的性能下降会降低循环寿命。

电池衰减体现在容量衰减或功率衰减。容量衰减是指存储能量的能力降低,导致 PEV 的满电续驶里程减小。功率衰减将降低电池的输出功率,影响车辆的加速性能和最高速度,功率衰减的内在原因是电池阻抗随着时间的推移而增加,性能降低后进而限制了输出电流。

4.1.1 PEV 电池模型

在实际驾驶情况下，利用数学模型来分析和了解影响电池性能的因素具有极其重要的意义。目前，为了满足能量和功率需求，电池包的尺寸明显过大。下面将阐述广泛采用的三种锂离子电池衰减成本模型。

4.1.2 建模方法 I：NREL 模型

针对电池衰减建立的第一个模型估算了锂离子电池的容量衰减和功率衰减，包括三个主要驱动因素：①温度；②充电状态曲线；③每日充电深度。该模型主要是根据美国国家可再生能源实验室的数据构建的。

此外，在每个周期中，电池寿命会缩短 L^- 单位。因此，电池衰减成本 $C_{\deg}$ 可以表示为

$$C_{\deg} = C \frac{L^-}{L} \tag{4-1}$$

式中，C 是购买新电池的成本；L 是由制造商给出的电池寿命；$\frac{L^-}{L}$ 表示在每个周期内寿命衰减的比率。

值得注意的是，衰减计算是基于寿命终止（End Of Life，EOL）的概念，用 B_{EOL} 表示，根据第 2 章的论述，B_{EOL} 通常设置初始电池容量 B_0 的 80%，即 $B_{EOL} = 0.8 B_0$。由于在低充电状态水平（例如，SOC = 20%）下的功率要求需要使用昂贵的材料，因此 EOL 功率要求通常在能量需求方面冗余设置。因此，EOL 功率 P 设定为 $P = 0.7 P_0$，其中 P_0 是电池包的初始最大功率。

4.1.2.1 功率衰减和内阻

作为开始，建立随时间变化的功率衰减过程的模型，定义为 $P_{fade}(t)$，如 NREL 的研究。该模型基于美国爱达荷州国家实验室发布的电池测试手册，并根据内阻值进行计算。假设 $V_{\min}$ 和 $V_{\max}$ 代表制造商规定的最小和最大电池电压（详见第 2 章）。最大时变功率在充电和放电时通常是不同的，分别由 $P_{\max}^{ch}(t)$ 和 $P_{\max}^{disch}(t)$ 表示。开路电压用 V_{OC} 表示，V_{OC} 随 SOC 而变化。内阻用 R 表示，根据电路理论，$P_{\max}^{ch}(t)$ 和 $P_{\max}^{disch}(t)$ 可以分别表示为

$$P_{\max}^{ch}(t) = V_{\max} \frac{V_{\max} - V_{OC}^{ch}}{R_{ch}(t)} \tag{4-2}$$

$$P_{\max}^{disch}(t) = V_{\min} \frac{V_{OC}^{disch} - V_{\min}}{R_{disch}(t)} \tag{4-3}$$

因此，时变功率衰减过程可近似为

$$P_{fade}^{ch}(t) \approx \frac{P_{max}^{ch}(t)}{P_0} \approx \frac{R_0^{ch}}{R(t)} \qquad (4\text{-}4)$$

$$P_{fade}^{disch}(t) \approx \frac{P_{max}^{disch}(t)}{P_0} \approx \frac{R_0^{disch}}{R(t)} \qquad (4\text{-}5)$$

式中，P_0 和 R_0 是电池的初始功率和内阻。式（4-4）表明，随着内阻的增加，功率衰减增加，电池性能下降。

下面我们分析工作温度、开路电压和放电深度对功率衰减和容量衰减的影响，这些都受电池内阻增加的影响。

4.1.2.2 温度导致电池性能衰减

阿伦尼斯（Arrhenius）模型

$$\gamma = A\exp\left(-\frac{E_\alpha}{kT}\right)$$

阿伦尼斯模型一直是描述电池中温度引起的衰减效应的主要模型。在阿伦尼斯模型中，γ 表示反应速率，E_α 代表活化反应能，k 是玻尔兹曼常数，T 是工作温度，kT 表示平均动能，A 是由电池试验确定的常数。电池寿命和工作温度间的关系如图4-1所示。电池寿命以及功率衰减和容量衰减与反应速率 γ 成反比，因此，温度 T 下的功率衰减的寿命损失为

$$L_P(T) \triangleq a_P\exp(b_P/T) \qquad (4\text{-}6)$$

容量衰减寿命损失为

$$L_q(T) \triangleq a_q\exp(b_q/T) \qquad (4\text{-}7)$$

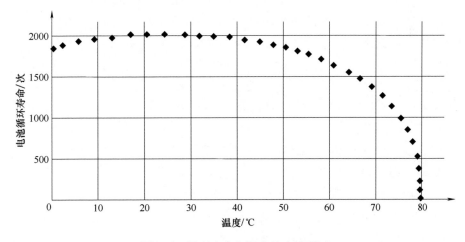

图4-1 循环寿命与温度的实验测试

通常通过数据拟合方法确定和校准参数 $\{a_P, a_q, b_P, b_q\}$，在给定的时间段内计算电池衰减需要结合精确的工作温度。值得注意的是，在式（4-1）中用于定义电池衰减成本的电池寿命 L 是根据制造商提供的充电情景确定的。通常根据 $P_{\min}^{ch}$ 最小充电功率来描述该情景。接下来，我们描述三种可能发生电池衰减的情况。

1) 电池在高于 $P_{\min}$ 功率下充电，工作温度为 $T_1 = T_{amb} + R(t)P(t)$，其中 T_{amb} 是环境温度，$R(t)$ 是内阻，$P(t)$ 是充电功率。

2) 电池在充电枪插入但未充电状态，插入时间 t_{plug} 和充电持续时间 t_{ch} 之间的关系 $t_{ch} \leqslant t_{plug}$，工作温度为 $T_2 = T_{amb}$。

3) 电池可在最低允许功率下充电，也可作为基准条件，工作温度为 $T_3 = T_{amb} + R(t)P_{\min}$。

因此，由于一年内的温度（即 $h_{tot} \triangleq 8760$）有变化，额外的功率衰减为

$$C_{\deg,T,p} = C\left\{\int_{t_{ch}} \frac{1}{h_{tot}} L_P(T_1)\,\mathrm{d}t + \frac{t_{plug} - t_{ch}}{h_{tot} L_P(T_2)} - \frac{t_{plug}}{h_{tot} L_P(T_3)}\right\} \quad (4-8)$$

由于温度的变化，容量衰减为

$$C_{\deg,T,q} = C\left\{\int_{t_{ch}} \frac{1}{h_{tot}} L_q(T_1)\,\mathrm{d}t + \frac{t_{plug} - t_{ch}}{h_{tot} L_q(T_2)} - \frac{t_{plug}}{h_{tot} L_q(T_3)}\right\} \quad (4-9)$$

4.1.2.3 SOC 导致电池性能衰减

用 $C_{\deg,\mathrm{SOC},q}$ 表示与荷电状态（SOC）相关的电池退化，只影响电池容量。当电池 SOC 接近其下限和上限值时，内部电阻增大，因此电池容量随时间而减小。然而，如第 2 章所述，准确估计与 SOC 相关的衰减是困难的，通常利用历史实验数据来近似估计。基于 NREL 的数据，电池衰减可以表示为

$$C_{\deg,\mathrm{SOC},q} = C\frac{a\mathrm{SOC}_{avg} - d}{QF_{\max} y h_{tot}} \quad (4-10)$$

式中，a 和 d 是线性拟合参数；$QF_{\max}$ 是 EOL 的容量衰减（例如 20%）；y 是以年为单位的时间。

$C_{\deg,\mathrm{SOC},q}$ 和 SOC_{avg} 的线性关系如图 4-2 所示。

4.1.2.4 DoD 导致电池性能衰减

由于放电深度引起的电池衰减是 NREL 模型的第三部分，由 $C_{\deg,\mathrm{DOD},q}$ 表示。与 SOC 情况类似，由于 DOD 引起的主要是容量衰减，DOD 是指 SOC 波动导致的容量损失。例如，在 60%~100% 的荷电状态下对电池充电所导致的电池衰减量与在 50%~90% 的荷电状态下对同一电池充电所导致的电池衰减量

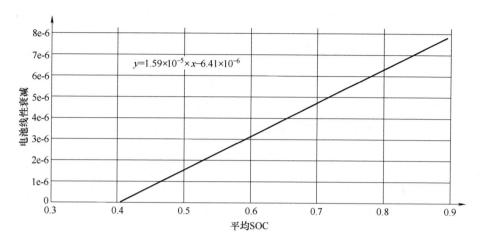

图 4-2 基于 NREL 模型数据的 SOC 相关电池衰减

不同。DOD 对电池寿命周期的影响可以表述为

$$N(\text{DOD}) \triangleq \left(\frac{\text{DOD}}{145.71}\right)^{-1/0.6844} \tag{4-11}$$

文献 [8] 中提供的 NREL 数据可以验证上述公式，其中 $N(\text{DOD})$ 是根据周期测量电池的寿命。为了计算电池容量的衰减水平，需要计算电池在最佳 SOC 摆动下运行时的能量输出下降。E_{TL} 表示电池的寿命能量吞吐㊀。平均 DOD_{mean} 的 E_{TL} 可写为 $E_{TL} = N(\text{DOD}_{mean})\text{DOD}_{mean}C$。同样的，在 DOD_{base} 下输出的总能量 E_{base}，可以表示为 $E_{base} = N(\text{DOD}_{base})\text{DOD}_{base} \cdot C$。用 E_{used} 表示特定循环 DOD_i 后能量吞吐量的总变化。由 DOD_{mean} 变化至 $\text{DOD}_{mean,i}$，在这个特定循环中使用的总能量等于 $E_{used} = N(\text{DOD}_i)\text{DOD}_{mean,i} \times C + \text{DOD}_i \cdot C$。最终，电池衰减可以写为

$$C_{\text{DOD},q} = C\left(\frac{E_{used} - E_{base}}{E_{TL}}\right) \tag{4-12}$$

可通过结合温度、SOC 和 DOD 引起的衰减贡献来计算总衰减量，即

$$C_{\text{deg}} = C_{\text{deg},T,q} + C_{\text{deg},\text{SOC},q} + C_{\text{DOD},q} \tag{4-13}$$

4.1.3 建模方法 II

4.1.2.4 节讨论的模型提供了电池寿命的分析工具，虽然该模型对于理解潜在的复杂动力学是有帮助的，但它严重依赖于 NREL 提供的实验数据，缺乏足够的通用性，无法应用于不同的电池技术。此外，对不同的电池技术进行类

㊀ 寿命能量吞吐量是电池在其寿命期内可提供的总能量，单位是 W·h。

似实验的成本高昂,因此需要更通用的建模方法。

第二个模型使用从电池制造商获取的 DOD 可实现循环计数(Achievable Cycle Count,ACC)的数据,这种方法的优势在于 DOD-ACC 数据由制造商提供,不依赖于外部额外实验或数据。该模型的基本思想是建立一个退化密度函数(Degradation Density Function,DDF),根据给定的 DOD-ACC 信息计算电池的总衰减成本。但该模型的缺点是假定电池在低充电功率下充电(例如,Level 1 家庭充电)时,它会忽略环境温度的影响。

如图 4-3 所示,给出了一个典型的 PEV 锂离子电池的 DOD-ACC 图。分析的第一步是将此图转换为平均退化成本(Average Degradation Cost,ADC)。显然,ADC 取决于 DOD、电池成本 C、电池尺寸 B_0 和 DOD 的效率,用 ε 表示。

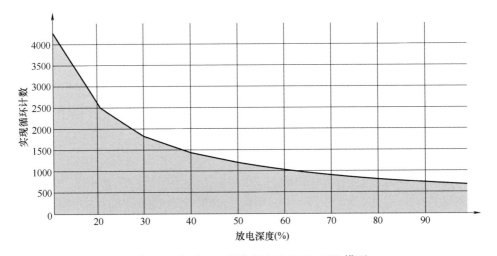

图 4-3 典型 PEV 锂离子电池 DOD-ACC 模型

具体来说,ADC(DOD)通过传输 1kW·h 以提高 DOD 的 SOC 水平来测量电池退化成本。例如,ADC(30)表示将 1kW·h 从 70% SOC 传输到 100% SOC 的电池退化成本。ADC(DOD)的计算如下:

$$ADC(\mathrm{DOD}) = \frac{C}{2ACC(\mathrm{DOD})B_0\mathrm{DOD}\varepsilon^2} \qquad (4\text{-}14)$$

在上式中,每个循环中 ADC 受到由充电和放电过程引起的因素的影响。此外,假设充放电效率相同,得到 ε^2。图 4-4 显示了 16kW·h 电池的平均衰减成本,该电池成本为 10000 美元,效率为 95%,使用图 4-3 中描述的 ACC-DOD 关系进行计算。回顾上一节的研究结果,由于 SOC 两端的内阻较高,因此 DOD 最佳周期为 70%。

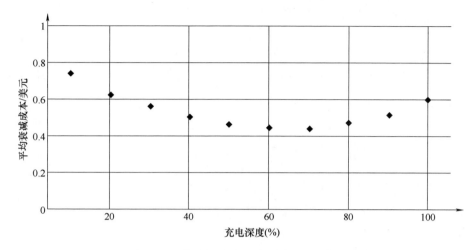

图 4-4 典型锂离子电池 DOD-SOC 模型

$ADC(\text{DOD})$ 的缺点是始终假设周期从 100% SOC 开始,但是现实并不与之完全相匹配。作为补偿措施,引入衰减密度函数 $DDF(\text{SOC})$,以获得所有 SOC 水平的衰减成本。基于这种密度函数,将 $ADC(\text{DOD})$ 修改为

$$ADC(\text{DOD}) = \frac{1}{\text{DOD}} \int_{1-\text{DOD}}^{1} DDF(\text{SOC}) \text{d}(\text{SOC}) \quad (4\text{-}15)$$

对 DOD 同时微分,得到

$$DDF(1-\text{DOD}) = -\frac{C}{2B_0 \varepsilon^2 (ACC(\text{DOD}))^2} \frac{\partial ACC(\text{DOD})}{\partial \text{DOD}} \quad (4\text{-}16)$$

在这种通用形式下,通过适当的曲线拟合,可以得到精确的 ACC-DOD 关系。例如,图 4-3 中选择 $ADC(\text{DOD}) = \frac{x}{\text{DOD}^y}$ 形式,式 (4-16) 可以写成

$$DDF(\text{SOC}) = \frac{C}{2B_0 \varepsilon^2} \frac{y(1-\text{SOC})^{y-1}}{x} \quad (4\text{-}17)$$

式中,x 和 y 分别是 694 和 0.795,代入式 (4-16) 中,可以得出

$$DDF(\text{SOC}) = 0.322 \left(\frac{1}{1-\text{SOC}} \right)^{0.205} \quad (4\text{-}18)$$

分析的最后一步是推导在任意 SOC 水平下的总电池衰减成本表达式,即

$$C_{\text{deg}} = B_0 \int_0^T DDF(\text{SOC}(t)) \frac{\text{dSOC}(t)}{\text{d}t} \text{d}t \quad (4\text{-}19)$$

式中,t 是时间指数;T 是充电范围;$\frac{\text{dSOC}(t)}{\text{d}t}$ 是充电模式(功率轨迹)。为了

简单起见,我们假设 PEV 由恒定功率 P_C 充电,即

$$\frac{\mathrm{dSOC}(t)}{\mathrm{d}t} = \frac{1}{B_0}P_C \tag{4-20}$$

通过定义 $\mathrm{SOC}_{arb} \triangleq \mathrm{SOC}(0)$,任意 SOC_{arb} 总电池衰减

$$C_{\mathrm{deg}} = \left(-\frac{0.322 P_C^2}{0.795 B_0}\right)\left(\left(1 - \mathrm{SOC}_{arb} - \frac{P_C}{B_0}\mathcal{T}\right)^{0.795} - (1 - \mathrm{SOC}_{arb})^{0.795}\right) \tag{4-21}$$

4.1.4 建模方法Ⅲ

第三种建模方法是电池特定方法,旨在描述充电功率对不同类型的电池衰减的影响,因此更适合应用于快速充电。这种模型主要基于目前 PEV 上广泛使用[○]的 $\mathrm{LiFePO_4}$ 电池[○]。在这种方法中,目标是为了模拟 $\mathrm{LiFePO_4}$ 电压和电流,并构建电池健康模型。利用 Doyle-Fuller-Newman 模型,采用进化算法来估计电池健康状况与电压、电流值之间的多项式关系。主要思路是模拟和多次重复实验,以便获得尽可能多的信息,从而得出的多项式精确地近似于基础物理结构(见文献[10-12])。用 $H_{\mathrm{cell}}(I,V)$ 表示的电池健康状况与电压和电流之间的多项式关系如下:

$$H_{\mathrm{cell}}(I,V) = \alpha_1 + \alpha_2 I + \alpha_3 V + \alpha_4 I^2 + \alpha_5 V^2 + \alpha_6 IV + \alpha_7 V^3 \tag{4-22}$$

上述参考文献参数选择为 $\alpha_1 = -0.1148 \times 10^{-8}$,$\alpha_2 = 3.9984 \times 10^{-8}$,$\alpha_3 = 0.13158 \times 10^{-8}$,$\alpha_4 = 554.87 \times 10^{-8}$,$\alpha_5 = -4.968 \times 10^{-8}$,$\alpha_6 = -1.1166 \times 10^{-8}$,$\alpha_7 = 61.675 \times 10^{-8}$。进一步假设 SOC 在 20%~100% 的范围内变化,充电电压 V 与额定电压 V_{nom} 保持相同,即 $V = V_{\mathrm{nom}}$。因此,充电功率 P_{cell} 可写为 $P_{\mathrm{cell}} = V_{\mathrm{norm}} I$,式(4-22)可写为

$$H_{\mathrm{cell}}(P_{\mathrm{cell}}) = \beta_1 P_{\mathrm{cell}}^2 + \beta_2 P_{\mathrm{cell}} + \beta_3 \tag{4-23}$$

式中,$\beta_1 = \alpha_4/V_{\mathrm{norm}}^2$;$\beta_2 = \alpha_2/V_{\mathrm{norm}} + \alpha_6$;$\beta_3 = \alpha_1 + \alpha_3/V_{\mathrm{norm}} + \alpha_5 V_{\mathrm{norm}}^2 + \alpha_7 V_{\mathrm{norm}}^3$。

为了将健康衰减成本转化为货币成本,令 M 代表电芯数量,$g_{\mathrm{cell}}(P_{\mathrm{cell}})$ 代表一个单体的货币退化成本。那么 $g_{\mathrm{cell}}(P_{\mathrm{cell}})$ 可以写为

$$g_{\mathrm{cell}}(P_{\mathrm{cell}}) = \frac{C}{M}V_{\mathrm{norm}}H_{\mathrm{cell}}(P_{\mathrm{cell}})\Delta\mathcal{T} \tag{4-24}$$

其中 $\Delta\mathcal{T}$ 为充电持续时间。该模型假设所有单体的 SOC 水平相同,尽管这种假设并不一定总是有效的,尤其是当电池老化时。然而,即使是简化模型得出的结论,也有助于深入了解电池在不同的充电速率下是如何衰减的。最后,

---

○ 一些著名的例子是雪佛兰 Spark、日产 Leaf 和雷诺 Clio。
○ 26650 结构电芯,连续 30C 放电,额定电压是 3.3V,工作电压是 2~3.6V。

针对整个电池尺寸校准模型，t 时的总电池衰减是

$$g_{\text{cell}}[P(t)] = \gamma_1[P(t)]^2 + \gamma_2[P(t)] + \gamma_3 \quad (4\text{-}25)$$

其中，

$$\gamma_1 = \frac{C\Delta T\alpha_4}{M^2} \quad (4\text{-}26)$$

$$\gamma_2 = V_{\text{norm}}\Delta T \frac{C}{M}\left(\frac{\alpha_2}{V_{\text{norm}}} + \alpha_6\right) \quad (4\text{-}27)$$

$$\gamma_3 = V_{\text{norm}}\Delta TC\beta_3 \quad (4\text{-}28)$$

4.2 电力成本

在过去十年里，差异化定价方案是普遍的定价方法。在这类方案中，公用事业部门采用时变电价，根据一天中不同时段动态计算，目的是优化消费者的用电需求状况。智能定价方案比较如图 4-5 所示。

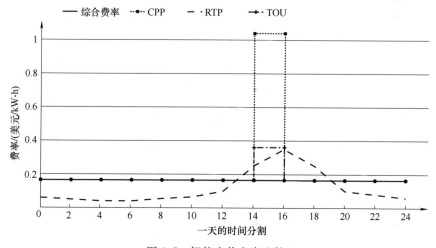

图 4-5 智能定价方案比较

4.2.1 综合费率

综合费率（All-In-Rate，AIR）是最基本的定价机制，指一天中保持不变的静态电价。在这种定价机制中，公用事业部门通过不同消耗水平的电力成本以及与这些消耗水平相关的时间间隔来计算每天的加权平均成本，并将这些平均成本转换为电力输送成本和其他基本附加费。例如，美国加利福尼亚州有五个定价阶梯，根据消耗量与基准电力消耗水平之比进行分类。在具体操作中，通过对

比确定实际消耗量与基准消耗量的比率属于下面哪一个等级而定义阶梯：

{(0~100)%，(101~130)%，(131~200)%，(201~300)%，(301~)%}

上式中每 kW·h 的单位成本分别为 {0.045，0.065，0.151，0.186，0.221} 美元。根据文献 [13] 中的计算，每天的平均成本为 0.092 美元/kW·h。该成本根据平均使用成本（0.072 美元/kW·h）和基本费用（0.02 美元/天）进行调整，得到夏季居民用电成本为 0.165 美元/kW·h。商业和工业用户电价设计比居民的更为复杂，主要是因为需要将高峰消费的数量和持续时间结合起来。

基于这些模型，美国小型商业和工业客户的平均夏季和冬季需求充电为 15 和 8 美元/kW·月，而对于大型商业和工业客户，夏季和冬季的需求充电分别为 12 和 8 美元/kW·月。

4.2.2 使用时间费率

在使用时间（Time-Of-Use，TOU）定价方案中，通常将每天划分为几个时段（例如高峰和中高峰），并计算每个时段的费率。时段的划分和价格设计取决于季节（例如夏季与冬季）和一周中的某一天（例如周末与工作日）。根据发电成本，高峰时期电价更高，其余时间相对较低。分时电价在每个时段都保持不变，因此不属于动态电价。设计 TOU 电价的第一步是将非高峰电价设定为公用事业的边际成本，通过考虑平均住宅负荷曲线，将高峰费率引入来中和综合费率。在美国加利福尼亚州，夏季非高峰和高峰小时电价分别为 12.6 美分/kW·h 和 36.1 美分/kW·h，文献 [14] 介绍了美国其他州的费率情况。

4.2.3 临界峰值定价

在临界负荷期间的临界峰值定价（Critical-Peak Pricing，CPP）方案中，客户支付的额外峰值费率高于其他费率。在其他时间中，CPP 与 TOU 的定价方案相似。不同的是，峰值定价可能会根据需求和电网条件而变化，旨在反映真实的发电成本。此外，终端用户可以通过遵循 CPP 费率来节省消费成本，因为非高峰费率设置低于综合费率 AIR。CPP 在电网压力达到最大极限的情况（例如炎热的夏季）下实施特别有效。

CPP 定价方案涉及三种定价率——临界峰值、非峰值和峰值费率。为了计算住宅临界峰值价格，公用事业部门考虑典型燃气轮机成本并将该成本降低 30%，因为存在与调度时间和费率可用性不确定相关的成本，可将减额成本除以临界负载小时数，再将结果加到现有的综合费率 AIR 上。例如，加利福尼亚州内燃机的典型成本是 75 美元/kW·年，夏季 AIR 总成本是 16.5 美分/kW·h。考虑典型夏季 100h 的临界负荷，相应的临界峰值费率为 $\frac{75 \times 0.7}{100}$ 美元 + 0.165 美元 = 0.69 美元/kW·h。然而，非高峰时段电价大致设定为边际发电成本（例如 0.012 美元/kW·h）。然后，根据客户负载情况，引入峰值费率计算以保持收入中性。

4.2.4 实时定价

实时定价（Real-Time Pricing，RTP）是指以小时为基础计算的电价，这些信息可以提前一小时或提前一天告知最终用户。因此，RTP 电价最接近实际发电成本。例如，在美国伊利诺伊州，两个公用事业公司采用了这种方案，电力公司 Ameren Illinois 指定了电力智能定价计划，参加了该计划的伊利诺伊州用户，会在前一天晚上收到实时的定价信息，从而相应地调整使用方案。四个不同日期的实时价格如图 4-6 所示。同时，另一家位于伊利诺伊州的公用事业公司联邦爱迪生（Commonwealth Edison，ComEd），提供实时定价 RTP 方案，并在实施前一小时广播价格。ComEd 的 RTP 费率根据如下公式计算：$p_d(h) = P_{DA} + C_D - PI$，其中 $p_d(h)$ 为 d 日 h 小时的电价，P_{DA} 为提前发布的批发市场价格，C_D 为配电成本（5 美分/kW·h），PI 为参与激励（1.4 美分/kW·h）。ComEd 公司的实时定价价格如图 4-7 所示。

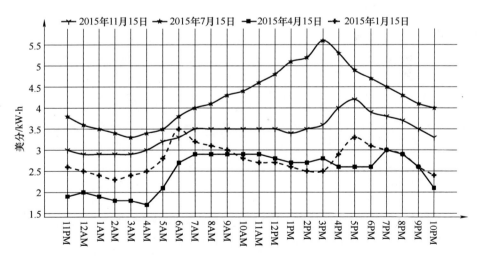

图 4-6　美国伊利诺伊州实时定价

(https://www.powersmartpricing.org/prices)

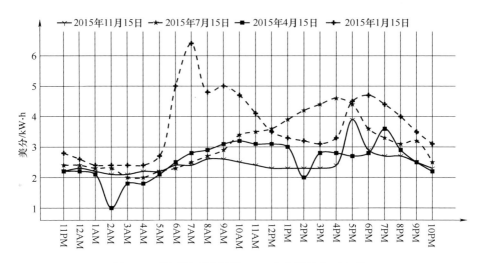

图 4-7　美国伊利诺伊州 ComEd 公司的实时定价
(https://hourlypricing.comed.com/live-prices)

RTP 是最强大的动态定价方案之一,如图 4-6 和图 4-7 所示,与其他定价制度相比,客户享受相对较低的价格。例如,ComEd 客户的平均电价在 0.025 ~ 0.045 美元/kW·h 范围内变化,而美国的平均电价超过 0.10 美元/kW·h。因此,通过分析这些定价机制,PEV 的充电规划应仔细考虑不同的定价方式。

4.2.5　倾斜块率

倾斜块率(Inclining Block Rate,IBR)是避免高峰需求的有效定价机制。根据这一定价政策,单位电价随几百 kW·h 电量使用的增加而增长,这相当于提供了随时间分配使用的激励。在南非,电力价格 {0.0469,0.0502,0.0621,0.0717} 所对应的消费块分别为 {(0 ~ 50),(52 ~ 350),(351 ~ 600),(600 ~)}。但是,这种方法在电力部门中并没有得到广泛的应用。

4.3　案例研究

本节中,以定量评估与电池衰减和电价相关的成本如何影响电池充电模式的案例进行研究。基于 4.1 节⊖第一个电池衰减模型,对于这两个成本组成部分,我们可以得到式(4-13)定义的电池衰减成本,由 C_{deg} 和 C_{serv} 表示。向公

⊖ 原文是 8.2 节,根据实际电池衰减模型内容应为 4.1 节。——译者注

用事业公司支付的充电服务费总额，可以按照下式计算：

$$C_{\text{serv}} = \int_{t_{\text{ch}}} C_{\text{elec}}(t) P(t) \, \mathrm{d}t \qquad (4\text{-}29)$$

式中，C_{elec} 是每 kW·h 的电力成本；t_{ch} 是充电持续时间；$P(t)$ 是充电功率。

C_{elec} 是公用事业公司给出的外生变量，可以遵循定价关税，总成本即变成

$$C_{\text{tot}} = C_{\text{serv}} + C_{\text{deg}} \qquad (4\text{-}30)$$

本案例研究代表了一种潜在的车库充电情景，其中车辆处于静止状态，目的是找到最佳充电模式以将式（4-30）中成本降至最低。

上述优化还受到与可用充电功率、持续时间和充电状态相关的限制。特别是充电功率受到限制以满足最大和最小充电功率范围，根据

$$0 \leqslant P(t_k) \leqslant P_{\max} \qquad (4\text{-}31)$$

值得注意的是，如果车辆输入电网（Vehicle-to-Grid，V2G）模式下使用车辆，$P(t)$ 也可以是负值。此外，充电时间也在预先规定的范围内（例如 24h），从而

$$0 \leqslant t_{\text{ch}} \leqslant 24 \qquad (4\text{-}32)$$

为了保护电池的使用寿命，SOC 也被限制在 0.9t，即

$$0.2 \leqslant \text{SOC} \leqslant 0.9 \qquad (4\text{-}33)$$

所以，优化问题可以写成如下形式

$$\begin{aligned} & \text{最小化 } C_{\text{tot}} \\ & \text{使得 } 0 \leqslant P(t_k) \leqslant P_{\max} \\ & \quad\quad\; 0 \leqslant t_{\text{ch}} \leqslant 24 \\ & \quad\quad\; 0.2 \leqslant \text{SOC} \leqslant 0.9 \end{aligned} \qquad (4\text{-}34)$$

针对具有初始 SOC 水平分别为 35%、30% 和 20% 的 PEV 进行评估，假设每辆 PEV 都有一个 30kW·h 的电池包，最大充电功率为 6.6kW，环境温度为 25℃，热阻设置为 0.002℃/W。我们采用基于 TOU 的定价方法，如图 4-8 所示。在这个定价方案中，为了激励客户夜间为 PEV 充电，电力单价在夜间会降低。

当电价较高时（如下午），车辆不充电，充电功率设为 0。当非高峰电价为客户提供了更低的价格，促使充电主要发生在午夜之后。这种设定又引入了一些新的研究问题，我们将在第 5 章中进行研究。目标可以包括更多的成本组成部分（例如与客户的不便有关的成本，又如因服务延迟或服务质量低而造成的不便）。此外，还可能对服务完成的最后时间段施加额外的限制。例如，在本案例研究中，EV3 的服务在上午 9 点完成，这可能不能很好地满足某些需

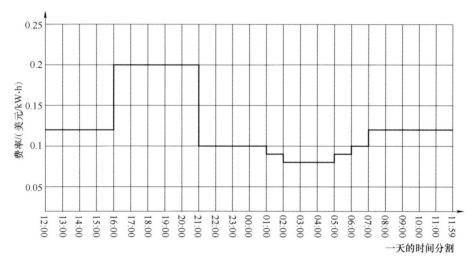

图 4-8 使用时间定价

求。也就是说,舒适性和成本之间存在着权衡。另一个限制可能是共享充电电源的使用,其中技术限制(如配电变压器)可能不允许多辆车同时充电。此外,目标函数和约束条件都可以包含随机变量,如每小时变化的价格或可再生能源发电,这将提高优化模型的复杂性。

4.4 本章小结

本章主要讨论了 PEV 的成本模型。电池的最佳充电有三个主要组成部分——电网运行和限制、锂离子电池特性和电价。第 3 章讨论了电网的局限性,并特别关注了配电网并最大限度地预计对电网的负面影响。本章的重点是 PEV 电池衰减和不同的充电费率。如第 2 章所述,PEV 电池占 PEV 拥有成本的很大一部分,对其衰减模型需要认真对待。

本章介绍了文献中使用的三种主要衰减模型。第一个模型是由 NREL 开发,根据测试数据中的环境温度、充电状态和放电深度来估计电池容量和功率衰减。第二个模型是一种分析方法,利用放电深度和可实现的循环计数来检测电池的寿命。最后一个模型是快速充电电池应用的特定方法。在本章的第二部分中,讨论了各种电价定价机制(如使用时间、动态定价和临界峰值定价)。本章最后一部分的案例研究,阐明了定价和电池退化如何影响 PEV 的充电速率控制。

参 考 文 献

[1] Vetter, J., et al. "Ageing mechanisms in Li-ion batteries," *Journal of Power Sources*, Vol. 147, No. 1, 2005, pp. 269-281.

[2] Smith, K., Markel, T., Kim, G. H., and Pesaran, A. (2010, October). "Design of electric drive vehicle batteries for long life and low cost." In *Workshop on Accelerated Stress Testing and Reliability*.

[3] Hoke, A., et al., "Accounting for lithium-ion battery degradation in electric vehicle charging optimization," *IEEE Journal of Emerging and Selected Topics in Power Electronics*, Vol. 2, No. 3, 2014, pp. 691-700.

[4] Hoke, A. et al., "Electric vehicle charge optimization including effects of Li-ion battery degradation," *Proc. IEEE Vehicle Power and Propulsion Conference*, Chicago, IL, Sep. 2011, pp. 1-8.

[5] Belt, Jeffrey R. *Battery Test Manual for Plug-in Hybrid Electric Vehicles*, No. INL/EXT-07-12536, Idaho National Laboratory (INL), 2010.

[6] Zhou, C., et al., "Modeling of the cost of EV battery wear due to V2G application in power systems," *IEEE Transactions on Energy Conversion*, Vol. 26, No. 4, 2011, pp. 1041-1050.

[7] Millner, A., "Modeling lithium ion battery degradation in electric vehicles," *Proc. IEEE Innovative Technologies for an Efficient and Reliable Electricity Supply Conference*, Waltham, MA, Sep. 2010, pp. 349-356.

[8] Rosenkranz, C.,"Deep-cycle batteries for plug-In hybrid application," *EVS-20 International Electric Vehicle Symposium and Exhibition*, Long Beach, CA, Nov. 2003.

[9] Han, S., Han S., and Aki H.. "A practical battery wear model for electric vehicle charging applications," *Applied Energy*, Vol. 113, 2014, pp. 1100-1108.

[10] Forman, J., Stein, J., and Fathy, H."Optimization of dynamic battery parameter characterization experiments via differential evolution", *Proc. IEEE American Control Conference*, Washington, DC, Jun. 2013, pp. 867-874.

[11] Ma, Z., Shichang Z., and Liu, X."A distributed charging coordination for large-scale plug-in electric vehicles considering battery degradation cost," *IEEE Transactions on Control Systems Technology*, Vol. 23, No. 5, 2015, pp. 2044-2052.

[12] Prosini, P. P., "Modeling the voltage profile for LiFePO4," *Journal of the Electrochemical Society*, Vol. 152, No. 10, 2005, pp. 1925-1929.

[13] Faruqui, A., Hledik, R., and Tsoukalis, J., "The power of dynamic pricing," *The Electricity Journal*, Vol. 22, No. 3, 2009, pp. 42-56.

[14] Rastler, D. M. "Electricity energy storage technology options: a white paper primer on applications, costs and benefits," *Electric Power Research Institute*, 2010.

[15] Allcott, H. "Real time pricing and electricity markets," Harvard University (2009).

第 5 章

充电服务的经济性分析

5.1 概述

对充电设备的经济性研究，为设计和运营充电站提供了一个思路，这样研究有两个益处。首先，它提供了一种分散控制服务需求的机制，在这种机制中，客户请求服务和调整其需求比率的行为主要是由激励因素而不是严格的规章制度来控制的。其次，在优化经济效益的同时，还将增加其他更多的方法，例如服务的灵活性和适应客户的特殊需求。

在本章中，我们会讨论几个经济问题，这些问题对电动汽车充电站的控制和定价都有帮助。本章的讨论总体上阐明了下列四个主要问题，它们是充电服务的经济性长期规划的核心。

供应过剩与控制：尽管充电服务的需求预计将在未来增长，但这种需求的程度存在许多不确定性。任何仅基于预测模型的决策都很容易导致低估或高估需求。一般来说，有两个模型来解决这个问题，一种解决方案是需求的超量供应，根据这种情况，基于最激进的预测，将电网设计得结构简单但容量很大。这样的解决方案导致高估了需求，但也确保了电网永远不会拥挤。另一个解决方案是通过采用复杂的控制算法来协调服务请求率和客户进入充电站的许可，从而降低容量，进而降低基础设施成本。充电站和客户服务接入的整体设计通常会采用两种解决方案，并在过度预估和控制相关的成本之间找到平衡。这个观点特别重要，因为传统的电网设计倾向于过度配置电网资源，以满足在非常短的时间内以非常高的成本应对出现的峰值需求。

作为控制信号的定价：动态定价在控制服务请求率方面起到关键作用。原则上，提高服务速率可以减少服务需求，减少服务阻塞，从而减少或消除服务中断。在较短的时间范围内，动态定价支持灵活的控制机制，在较长的时间范围内，动态定价支持稳定流量控制和整个电网的操作。

互联的充电站：充电站通过互联骨干电网联网，不仅有利于用户，还有利于系统的整体性能。这种相互联系促进了所有充电站之间的信息交流和协调决策。具体地说，从较小的网络中组建较大的网络可以平衡不同站点提供的服务水平，这可以避免一个站点由于接受频繁的充电服务请求而过度使用，而其他站点却没有得到充分利用的情况。这就要求充电站不断地调整其信号和动态价格，从而控制服务费率并将不同的客户分配给不同的充电站。

充电服务可以看作是电网提供电能的商品，其中最关键的是充电基础设施。

在第 6 章，我们将提供一些基本的经济概念，这些概念对于正式确定充电站的价格动态至关重要。

1）定义。在后面的章节中，我们使用电费作为服务的账单金额。我们所说的服务是指与服务单位相关联的货币价值，用于计算费用。此外，价目表是指价格和收费的结构。

2）收费模式。一般来说，计算服务费的依据有两种类型的价目表——固定费率和使用驱动费率。在前者中，费率是固定的，每项服务向客户收取固定的费率，而在后者中，价格会根据服务的优先级、服务时间、服务持续时间以及根据客户偏好和可用网络资源的其他因素而变化。统一费率收费虽然结构简单，而且对客户来说是可以预测的，但缺乏通用性，无法应付电网因频繁的充电服务请求而拥挤的情况。

5.2 服务收费

服务收费和收费结构取决于需求（服务请求）和供应（收费能力）的动态以及管理它们的市场机制（监管机构）。顾客对服务的需求是由他们对收费需求的重视程度和他们愿意支付的价格所决定的。另一方面，收费能力取决于电网供应商对其提供的充电服务预期收费多少以及基础设施成本，而基础设施成本能否在控制和过度供应之间取得适当的平衡又取决于电网的效率。

在价格和费率结构的基础上，服务收费涉及一些基本的原理。第一个原理是来自一个直观的事实，即价格是根据可用的技术能力、电能的供应成本和客户对他们所接受的服务的价值来确定的。基于这一原理，如果价格太高，充电站可能供过于求或需求不足，而设置价格过低会导致对供应商的激励不足，而且部分需求仍然得不到满足。第二个基本原理与多个竞争服务提供者的竞争动态有关。在这种情况下，不同的收费服务提供商一方面需要平衡其供求动态和相关的经济动态，另一方面需要保护自己在市场上的竞争优势。第三个基本原理与充电服务提供者希望执行的控制操作有关。具体来说，大多数拥堵控制和随后的稳定措施不能直接强加于客户。作为补救措施，供应商可以利用定价的变化来间接影响客户请求服务的速率和动态。

5.2.1 客户的视角

在本节中，我们将从客户的角度来研究经济结构。在这个结构中，假设一个由 n 个客户组成的充电网络，其中每个客户可以请求 k 种类型的服务（例如基于充电技术和持续时间）。用 $\mathcal{N}=\{1,\cdots,n\}$ 表示一个客户群，客户 $i \in \mathcal{N}$ 可以要求接受 x_j 项服务 ($j \in \{1,\cdots,k\}$)，得到服务 $\boldsymbol{x}=[x_1,\cdots,x_k]$ 用于支付 $p(\boldsymbol{x})$，假设 $p(\boldsymbol{x})=\boldsymbol{p}^T\boldsymbol{x}=\sum_{j=1}^{k}p_jx_j$ 为给定的价格 $\boldsymbol{p}$，当所要求的服务是无限的时候（有限的容量限制将在 5.3.1 节讨论），客户的数量可以由公式求出

$$\boldsymbol{x}^i(\boldsymbol{p}) = \mathop{\mathrm{argmax}}_{\boldsymbol{x}}[u_i(\boldsymbol{x}) - \boldsymbol{p}^T\boldsymbol{x}] \tag{5-1}$$

在式 (5-1) 中 u_i 获取客户 i 的实际数，可以理解为客户 i 愿意为接收数量为 $\boldsymbol{x}$ 的 k 项服务支付的价格，通常我们假设函数 u_i 的所有参数都是严格递增和严格递减的，这就确保了价格随着需求的增加而降低，并且对于式 (5-1) 存在一个唯一的最大值。这些假设通常用于设计价格动态。但是，当它们的组合适合特定的设置时，就可以放宽其幅度。

在式 (5-1) 中最大的函数值称为顾客净收益或顾客盈余等，即

$$\text{顾客的收益} = \max_{\boldsymbol{x}}[\mu_i(\boldsymbol{x}) - \boldsymbol{p}^T\boldsymbol{x}] \tag{5-2}$$

这是客户获得的净收益，它是 $\boldsymbol{x}$ 的函数，减去客户为获得 $\boldsymbol{x}$ 所支付的金额，式 (5-1) 中的数量 $\boldsymbol{x}^i(\boldsymbol{p})$ 也称为客户 $i \in \mathcal{N}$ 的需求函数。

对于一个单客户电网，该电网决定了客户获得的服务数量只能是一种服务 j，如果客户的效用函数 u 是递减的，且在 x_j 中是二次可微分的，当它相对于 x_j 值是定值时，它的净收益最大。因此，只需要一种服务的客户的净收益可以由下式得出：

$$\text{当价格为 } p_j \text{ 时客户的净收益} = \int_0^{x_j(p_j)} p_j(\boldsymbol{x})\mathrm{d}\boldsymbol{x} - p_j x_j(p_j)$$

我们注意到式 (5-1) 中使用的模型依赖于假设：同样的服务有同样的价格。然而，还有更普遍的定价机制，即不同的服务按不同的费率收费。函数 u_i 的凹性确保这两个函数 $\boldsymbol{x}(\boldsymbol{p})$ 和 $\boldsymbol{p}(\boldsymbol{x})$ 的参数都是单调递减的，根据这些参数，需求随着价格的增加而减少，这种比率的下降可以用指数来量化。

$$\epsilon_j = \frac{\partial x_j(\boldsymbol{p})/\partial p_j}{x_j/p_j} \tag{5-3}$$

这叫作需求的价格弹性。弹性是指需求的变化按价格的变化率进行标准化。在某些情况下，对一种服务的需求会影响其他服务的价格。当服务是替代品（例如一个服务站提供充电服务来替代一个竞争的服务站）或补充（例如多个充电站协调它们的服务计划）时，就会发生这种情况。在这种情况下，定义需求交叉弹性的概念是为了获得服务需求的变化率，该变化率由另一个服务的价格变化来标准化。具体来说，对于服务 i 和 j 的交叉弹性 ϵ_{ij} 定义为

$$\epsilon_{ij} = \frac{\partial x_i(\boldsymbol{p})/\partial p_j}{x_i/p_j} \tag{5-4}$$

5.2.2 充电服务提供者的视角

为了补充上一节的讨论，在这里，我们从充电服务提供者的角度考虑定价和经济结构。在这个结构中，考虑一个充电站（或充电站网络作为一个实体），它提供 k 种不同的充电服务。定义 $\boldsymbol{y} = [y_1,\cdots,y_k]$ 表示这些 k 个服务的数量。这些数量必须属于已知的集合，这些集合由物理和容量约束决定。供应商的利润是通过向客户收取费用而获得的收入 $r(\boldsymbol{y})$ 与为提供服务而消耗的基础设施和其他资源的成本 $c(\boldsymbol{y})$ 之间的差额。因此，利润最大化可以被转换为

$$\text{Profit} = \max_{\boldsymbol{y}}[r(\boldsymbol{y}) - c(\boldsymbol{y})] \tag{5-5}$$

有三种用于优化充电服务提供者利益的策略。在一种极端策略中，服务提供者是垄断性的，即在一个不受监管的市场里只有唯一的服务供应商。在这种策略中，服务提供者可以自由地设置价格，但必须认识到提高价格会导致客户需求下降这一内在事实。在另一个极端策略中，与现有服务提供者相比，服务提供者是一个小的利益相关方。在这种情况下，供应商的决定只会对需求-响应动态产生微弱的影响，而且价格通常会随着服务单元的变化而线性变化。在第三种策略中，服务提供者可以对价格产生不可忽视的局部影响，它是主要提供者之一，其控制策略影响其他提供者的决策。

5.2.3 社会最优定价

在为客户和服务提供商开发的利润模型基础上，我们接下来提供了一个结构框架，在这个结构框架中，个人利润总和被优化，从而导致一个最优的费率结构。为了形成最优的费率结构，可以对利润进行不同的加权，从而使期望的

重点放在不同参与者对总利润的贡献上。例如，更多地关注顾客的权重强调了顾客偏好优先级的重要性。在对服务提供者和客户所采用的效用函数进行适当假设的情况下，利润最大化导致客户使用定价机制来调整其服务请求率和期限。这种社会最优策略的一个重要意义是，它们服从分布式的实现，其中客户的行为通过定价信号进行协调。

为了更形象地说明总利润和相关结构框架的关系，我们假设一个充电站和一组客户组成的网络 $\mathcal{N} = \{1, \cdots, n\}$。我们用 x_i 表示客户 $i \in \mathcal{N}$ 请求的 k 个服务的数量，用 $x_T = \sum_{i=1}^{n} x_i$ 表示总需求。我们把 $c(x)$ 定义为充电站用于产生 x 的成本。因此，总（社会）利润为所有客户消费的服务总费用减去生产这些服务的成本，即

$$\text{总利润} = \sum_{i=1}^{n} u_i(x^i) - c(x) \tag{5-6}$$

因此，获得社会最优的定价结构可以作为解决这一问题的方法。

$$\text{社会最优利润} = \begin{cases} \text{maximize}_x & \left[\sum_{i=1}^{n} u_i(x^i) - c(x)\right] \\ \text{s.t.} & x = \sum_{i=1}^{n} x^i \end{cases} \tag{5-7}$$

5.3 其他定价约束

之前描述的定价模型和相关的优化问题依赖于几个简单的假设，这些假设没有考虑到微妙的物理约束。在本节中，我们将回顾其中一些约束条件，这些约束条件需要避免一些简化假设。

5.3.1 有限的容量

服务提供商的容量有限，这严格地限制了可以同时服务的客户数量。各种充电方式的容量是在基础设施设计和建设时确定的，并在很长一段时间内保持固定，直到基础设施能够升级为止。通过调用有限容量约束，我们假设充电站在任何时候只能提供 C_j 的电能（$j \in \{1, \cdots, k\}$）。这立即导致了以下附加约束

$$\sum_{i=1}^{n} x_j^i \leq C_j, \quad \forall j \in \{1, \cdots, k\} \tag{5-8}$$

将这部分额外收益纳入式（5-7），可以得到社会最优利润作为解决方案。

$$\text{社会最优利润} = \begin{cases} \text{maximize}_x & \left[\sum_{i=1}^{n} u_i(x^i) - c(x)\right] \\ \text{s.t} & x = \sum_{i=1}^{n} x^i \\ \sum_{i=1}^{n} x_j^i \leq C_j, & \forall j \in \{1, \cdots, k\} \end{cases} \tag{5-9}$$

5.3.2 基于拍卖的价格

寻找最优定价结构的解决方案有时需要使用迭代算法（例如基于拍卖的定价）。在这种情况下，保证迭代收敛到社会最优解是至关重要的。在这种情况下，当需求曲线对价格敏感时，任何偏离真实最优价格值的微小偏差都可能转化为需求和客户行为与其社会最优值的显著偏离。这一问题也叫试错过程的收敛性。

5.3.3 不真实的行为

在前面的讨论中，我们假设任何一个客户的充电需求与整个网络的充电容量以及所有客户的充电总需求相比都是微不足道的。然而，在较小的网络中，一个用户的充电需求可能会影响整个网络的运行状态。在这种情况下，如果一个客户的充电需求不可靠，就会影响网络的运行。这种潜在情况的存在，需要设计一种机制，使网络运行能够有力地应付客户不可靠的充电需求。

5.4 电传交通理论

电传交通理论的目的是借鉴交通流量的理论，主要包括统计分析和排队理论，并将其应用于电信和数据网络的分析。最近的研究一直在争论数据网络和电网之间的一些等价性。具体地说，电网服务于终端用户的多路复用电力需求，类似于承载来自数据源的多路复用通信量的数据网络。此外，与互联网流量类似，电力需求是可变的，并在多个时间尺度上表现出突发性。这允许利用经过充分研究的概念和理论，从电信理论解决电力工程中的某些随机和调度问题（例如在存储系统中的电池规模）。在过去的三十年中，电传交通理论已经发展到对数据网络（例如异步传输模式网络）进行建模和分析，以保证一定水平的服务质量。这些技术可用于评估电网中的资产规模。文献［1］中的研究建立了一个等价定理，该定理将配电网的一个分支建模为一个简单的排队系统。电传交通理论在原则上致力于描述系统规模（维度）、用户服务质量需求和系统流量（需求）之间的相互作用。

5.5 阻塞及其对定价的影响

在前面的小节中，我们假设每个客户的效用（利润）只取决于接收到的服务数量和与服务相关的参数。然而，这种假设依赖的前提条件是网络没有出现任何阻塞。具体来说，一旦我们了解了消费者的需求函数、系统的成本函数和他们的技术能力，利润（消费者的利润、系统的利润或社会利润）就可以得到优化，利用价格将充电服务分配给最重视服务质量的消费者。对于静态定义的保证在充电期间不会发生变化的服务，这些假设都是正确的。

然而，在许多实际操作过程当中，经常会发生由于系统无法提供过多的充电服务需求而导致某些消费者面临服务中断的情况。这种情况尤其发生在服务的参数（例如速率）在服务的生命周期内可以动态更改时，并且没有对最低充电性能的严格保证。在这些假设中，消费者倾向于从网络中请求尽可能高的服务级别。

式（5-1）和式（5-2）中的模型如果没有实现限制最大拥堵水平的措施，就不能获得任意阻塞水平的影响。为了解决这个问题，可以修改这些模型，以便在存在一个供消费者共享的公共资源时，任何用户 i 都可以获得净收益，并取决于其他用户需要的服务数量。因此，用户 i 的净收益为

$$u_i(\boldsymbol{x}^i, \boldsymbol{y}) - \boldsymbol{p}^T \boldsymbol{x}^i \tag{5-10}$$

式中，$\boldsymbol{y} = \frac{1}{k} \sum_{i=1}^{n} \boldsymbol{x}^i$

常数 k 由资源容量控制。如果用户 i 请求的服务数量与所有用户的请求总量相比很小，那么对于不同的 $\boldsymbol{x}^i$ 值 $\boldsymbol{y}$ 的波动将不明显，将式（5-10）的极大值问题简化为式（5-2）的极大值问题，同时将 $\boldsymbol{y}$ 作为一个固定参数。然而，在本节中，我们假设 $\boldsymbol{y}$ 不是固定的，并考虑确定 p 的问题，这样当市场处于均衡时，我们就可以使一些衡量指标取得极大值，如社会福利或服务提供者的利润。

接下来，我们提出了一个简单的交通拥堵定价模型。我们考虑用单个动态参数量化单个服务的情况。我们考虑 n 个消费者，每个消费者都请求不同数量的此服务。服务提供者可以提供 ℓ 单位服务成本 $c(\ell)$。首先设定固定的优化社会福利可以看作

$$\max_{x_i \geq 0, \forall i} \sum_{j=1}^{n} u_j(x_j, y) - c(\ell) \tag{5-11}$$

式中，$y = \frac{1}{\ell} \sum_{j=1}^{n} x_j$，实用函数 u_i 在 x_j 中假设是凹型的，并且在 y 中严格递减且是凸的，因此最大值出现在固定点

$$\frac{\partial u_j(x_j, y)}{\partial x_j} + \frac{1}{\ell} \sum_{j=1}^{n} \frac{\partial u(x_j, y)}{\partial y} = 0, \quad \forall j \in \{1, \cdots, n\} \tag{5-12}$$

求解这组方程得到社会最优需求，记为 $\{x^*, \cdots, x^*\}$。基于这些最优值，

当向用户 i 报价时，

$$p_E = -\frac{1}{\ell}\sum_{j=1}^{n}\frac{\partial u_j(x_j^*,y)}{\partial y} \tag{5-13}$$

其值肯定是正的，因为 u_j 在 y 中是递减的，基于这个价格，消费者 i 试图来优化

$$\max_{x_i\geq 0}\left[\mu_j(x_j,y)-p_E x_i\right] \tag{5-14}$$

这将得到

$$\frac{\partial \mu_j}{\partial x_j}+\frac{1}{\ell}\frac{\partial \mu_j}{\partial y}-p_E=\frac{\partial \mu_j}{\partial x_j}+\frac{1}{\ell}\frac{\partial \mu_j}{\partial y}+\frac{1}{\ell}\sum_{j=1}^{n}\frac{\partial u_j(x_j^*,y)}{\partial y}=0 \tag{5-15}$$

当 n 足够大时，则有

$$\left|\frac{1}{\ell}\frac{\partial \mu_j}{\partial y}\right|\ll \left|\frac{1}{\ell}\sum_{j=1}^{n}\frac{\partial \mu_j(x_j,y)}{\partial y}\right| \tag{5-16}$$

因此，式（5-15）的解将与式（5-12）的解很接近。

5.6 网络外部特性

人们通常认为消费者的利润（公用设施）取决于他们得到的服务多少，然而随着越来越多的消费者使用这些服务，这种假设可能会被打破。例如，考虑一个由 n 个消费者组成的网络，其中消费者 i 愿意支付 $u_i(j)=ji$（单一服务单元），此时 j 个消费者也将收到该服务。因此，如果消费者 i 认为没有其他消费者将接收到此服务，那么它将把该服务的值设为 0。

分析这些模型下的利润表明，具有强大网络效应的服务市场可能仍然有限，永远不会真正达到社会期望的高渗透点。这种类型的市场可能会发生崩溃，除非某些激励措施将市场的操作达到理想的最优水平。也有可能会失败，要么是因为足够多的客户最初对最终的市场规模抱有很高的期望（例如成功的营销），要么是因为某个社会实体补贴了服务的成本，从而导致发布的价格较低。这些情况在各种服务市场中经常遇到，在这些市场中，服务的广泛渗透迫使接入服务的价格降低。然而，一旦对这些服务有足够的需求，价格就会降得很低，在提供这些服务方面吸引更多的竞争，以促使成本效益更高的接入技术的进一步发展和使用。

5.7 需求预测

电网中可靠的负荷预测对电力企业的高效运行、控制和管理具有重要意

义。负荷预测主要负责描述在不同的地理位置、不同的时间范围内所输送的能量。从广义上讲，负荷预测分为两类，一类是短期预测（每小时、每天、每周和每月），另一类是长期预测（每年）。

长期负荷预测涉及每年预测需求，受多种因素控制，包括网络的空间和时间扩展、最终用户设备、城市化动态、客户行为和人口变化等。根据未来的需求性质不同，长期负载预测通常有两种场景。在一种场景中，未来的需求主要由空间和时间负载增长来指定，历史数据具有次要的意义。在另一种场景中，历史消费模式及其相关的基础统计模型在预测未来需求方面发挥着主导作用，更适用于规模和运营长期保持相对静态的网络，在这种情况下，未来的消费将与历史数据密切相关。

另一方面，短期负荷预测对于短期的（例如小时、日、周、月）监测和控制电网流量是必不可少的。文献中存在着各种各样的短期预测模型，它们在复杂性、潜在的统计假设、可用的历史数据和预测程序方面存在差异。现有的主要方法有多元回归法、迭代重加权最小二乘法、随机时间序列法、基于遗传算法的自回归模型、神经网络方法和基于经验知识的方法。根据网络动态的不同，这些方法具有不同的优点，因此为电网选择合适的方法与用于电网的模型和信息密切相关。

选择一个合适的预测模型通常是困难的，而当未来的电网被认为是一个复杂的网络平台时，选择一个合适的预测模型就更加困难了，在这个平台上，高维数据被常规地生成、交换和处理。这种复杂性源于电网的分布性质和规模、允许将私人和小型生产商整合进电网的机构放松管制，以及可再生能源等间歇性能源的大量存在。因此，未来的智能电网不仅在构成上是复杂的，而且在本质上是不可预测的。

5.8 本章小结

在本章中，我们研究了一些对设计收费服务的经济框架至关重要的关联问题。这些策略是必要的，以便发挥充分的杠杆作用，适当地提供和控制消费者网络消耗资源的速度。我们特别讨论了过度供应资源和控制消费者资源访问模式之间的平衡，并概述了定价如何作为控制信号。此外，我们还从消费者和服务提供者的角度概述了优化资源分配，以及一些需要抽象的挑战并将其纳入资源分配优化过程。

参 考 文 献

[1] Ardakanian, O., Keshav, S., and Rosenberg, C. , "On the use of teletraffic theory in power distribution systems," in *Proc. Third International Conference on Future Energy Systems: Where Energy, Computing and Communication Meet*, Madrid, Spain, Jun. 2012.

[2] Brown, R., Hanson, A., and Hagan, D."Long range spatial load forecasting using non-uniform areas," in *Proc. IEEE Transmission and Distribution Conf.*, Raleigh, NC, Apr. 1999.

[3] Willis, H., Finley, L., and Buri, M., "Forecasting electric demand of distribution system planning in rural and sparsely populated regions," *IEEE Trans. Power Syst.*, Vol. 10, No. 4, pp. 2008–2013, Nov. 1995.

[4] Fu, C. W. and Nguyen, T. T. "Models for long-term energy forecasting," in *Proc. IEEE Power Eng. Soc. General Meeting (PES)*, Crawley, Australia, July 2003.

[5] Kandil, M., El-Debeiky, S., and Hasanien, N. E., "Long-term load forecasting for fast developing utility using a knowledge-based expert system," *IEEE Trans. Power Syst.*, Vol. 17, No. 2, pp. 491–496, May 2002.

[6] Xia, C., Wang, J., and McMenemy, K., "Short, medium and long term load forecasting model and virtual load forecaster based on radial basis function neural networks," *Int. J. Elec. Power*, Vol. 32, No. 7, pp. 743–750, Sept. 2010.

[7] Moghram, I., and Rahman, S.,"Analysis and evaluation of five short-term load forecasting techniques," *IEEE Trans. Power Syst.*, Vol. 4, No. 4, pp. 1484–1491, Nov. 1989.

[8] Papalexopoulos, A. and Hesterberg, T., "A regression-based approach to short-term system load forecasting," *IEEE Trans. Power Syst.*, Vol. 5, No. 4, pp. 1535–1547, Nov. 1990.

[9] Mbamalu, G., "Load forecasting via suboptimal seasonal autoregressive models and iteratively reweighted least squares estimation," *IEEE Trans. Power Syst.*, Vol. 8, No. 1, pp. 343–348, Feb. 1993.

[10] El-Keib, A. A., Ma, X., and Ma, H.,"Advancement of statistical based modeling techniques for short-term load forecasting," *Electr. Pow. Syst. Res.*, Vol. 35, No. 1, pp. 51–58, Oct. 1995.

[11] Huang, S.,"Short-term load forecasting using threshold autoregressive models," *IET Gener. Transm. Distrib*, Vol. 144, No. 5, pp. 477– 481, Sep. 1997.

[12] Yang, H.T. ,"Identification of armax model for short term load forecasting: an evolutionary programming approach," *IEEE Trans. Power Syst.*, Vol. 11, No. 1, pp. 403–408, Feb. 1996.

[13] Yang, H. T., and Huang, C. M., "A new short-term load forecasting approach using self-organizing fuzzy armax models," *IEEE Trans. Power Syst.*, Vol. 13, No. 1, pp. 217–225, Feb. 1998.

[14] Sinha, A. and Mondal, J.,"Dynamic state estimator using ann based bus load prediction," *IEEE Trans. Power Syst.*, Vol. 14, No. 4, pp. 1219–1225, Nov. 1999.

[15] Hippert, H. and Pedreira, C., and Souza, R., "Neural networks for short-term load forecasting: a review and evaluation," *IEEE Trans. Power Syst.*, Vol. 16, No. 1, pp. 44–55, Feb. 2001.

[16] Kekatos, V., and Giannakis, G., "Distributed robust power system state estimation," *IEEE Trans. Power Syst.*, Vol. 28, No. 2, pp. 1617–1626, May 2013.

[17] Zhao, L. and Abur, A.,"Multi area state estimation using synchronized phasor measurements," *IEEE Trans. Power Syst.*, Vol. 20, No. 2, pp. 611–617, May 2005.

第6章 大型PEV充电站容量规划

6.1 概述

电动汽车的普及需要建设大规模的公共充电站。这样的充电站可以建在医院、购物中心、机场和工作场所等停车场内。对于在人口密集地区行驶的汽车来说，这些设施必不可少，而且可能是基于当前技术的唯一选择。这些设施还将提供辅助充电服务，有效扩大了那些在车库充电的电动汽车驾驶人的活动范围。但是，要有效地建设好这些充电设施，所面临的挑战不仅仅是配备必要的充电装置来升级现有的充电站。正如第1章和第2章所讨论的，一个大型的PEV充电站可以配备2级单/三相或快速直流充电技术。将这些技术结合起来，就可以显著地升级现有的充电网络。

例如，在30min内，2级单相（3.3kW）、2级三相（6.6kW）和直流快速充电（50kW）可以使一辆典型的PEV分别完成充电可以行驶5.5、11和83.4mile。另一方面，这样的基础设施对PEV是至关重要的，因为根据相关的调查，即使是当前的可接受的水平，30%的车辆会定期使用公共充电设施，40%的电动汽车驾驶人行驶里程超过汽车续驶里程，因此他们需要使用公共充电设施来支持日常出行。

如第3章所述，电动汽车随机的充电需求对电网运行的稳定性，特别是配电网运行的稳定性构成了威胁。这就需要对这些设施进行彻底和仔细的设计。在本章中，我们将在配备储能装置的大型充电站背景下，讨论与此类设计相关的一些问题。具体来说，本章讨论了以下两个主要问题：

1）我们引入了一个大型充电站架构，建立了一个仿真模型来模拟它的运行特性，并评估了它的性能（定义为服务PEV的百分比）。充电站配有储能装置，有助于平衡电网对 PEV 随机的充电需求。

2) 如第 2 章所述，考虑到现有储能技术较高的建设成本、运行成本和维护成本，我们提出了一种分析当前储能技术最优规模的方法。优化储能系统的大小对于平衡充电站的效率和可靠性起着至关重要的作用。原则上，规模过小会导致昂贵的固定资产利用率低下，并且在充电站整个运行生命周期还会产生额外的费用。

充电设施的设计最终应与当前的电网运行挂钩。电动汽车是相当大的移动电力负荷。一级充电代表的负荷相当于一个家庭的负荷，而二级充电代表的负荷是一个家庭的两倍。因此，大量地理位置集中的电动汽车不仅对发电造成了很大的压力，而且对电网配电系统也造成了很大的压力。因此，充电站的设计既能不给电网带来压力，也不需要额外增加大量的发电量，这一点至关重要。为应付这些问题，我们设计思路的主要组成部分如下：

1) 充电站在预定的时间内从电网中获取恒定的电力，任何规模的充电站都具有商业规模的负荷。因此，充电站运营商与公用事业公司签订长期合同是有益的，在合同中承诺以较低的价格获得有基本保障的电力供应。这减少了与 PEV 需求相关的不确定性，并使电力公司能够更准确地预测其需求。此外，充电站运营商可从较低的价格中获益。因此，这类合同会促使现有价格下降，并实现更有效的市场均衡，最终会使充电站受益。

2) 利用部分存储的电能来缓冲和辅助 PEV 充电需求的随机波动。在高峰时段，储存的电能可以用于更多的电动汽车。反之，当电站从电网中获得的电能没有得到充分利用时，多余的电能可以对存储设备进行充电。

3) 使用服务质量（QoS，Quality of Service）来度量进入充电站的 PEV 的长时间阻塞概率。这个指标是用来确定储能装置的容量大小。

4) 充电站能以不同的充电速率为多个 PEV 提供服务。这使充电站能够容纳不同充电需求、偏好以及不同技术约束的电动汽车。充电站模型如图 6-1 所示。

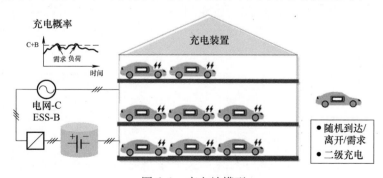

图 6-1　充电站模型

6.2 系统概念

对于一个大型充电站，其中 N 辆电动汽车的需求由电网和一个共享的储能系统来满足。在 t 时刻的网络容量用 C_t 表示，ESS 消耗水平是 $S(t)$，$t \in \mathbb{R}^+$。此外，储能系统具有以下参数：

能量等级或存储电能的多少用 B（kW·h）来表示。

额定功率是指储能装置充电或放电的速率。假设充电速率为 $P_c \leq C_t$，放电水平 P_d 与 B 的能量等级有关，因为 $B = P_d x$（需要支持持续时间）。所需的支持时间通常等于高峰时间的持续时间。

$\eta \in [0,1]$，用来表示充放电循环的效率，它显示能存储的能量的比例或转移出去的能量的比例。

耗散损耗只占泄漏损耗的一小部分，为了使符号简化，忽略了这个损耗。

此外，由于 PEV 不一定有相同的需求，我们考虑到 K 种 PEV 的类型，其由它们的需求数量来区分，而这些需求又由 $\{R_k\}$ 表示为 PEV 类，$k \in \{1,\cdots,K\}$。让 N_k 表示 k 型 PEV 的个数，向量 N 表示每种类型 PEV 的个数；也就是说，$N = (N_1,\cdots,N_K)$。正如式（1-6）所建立的，PEV 的消费模式可以很好地用双模开/关过程来表示。我们定义二进制变量 S_t^{ik} 来表示类型为 k 的 PEV i 在 t 时刻的状态，公式为

$$S_t^{ik} = \begin{cases} 1 & \text{当 PEV } i \text{ 是开时} \\ 0 & \text{当 PEV } i \text{ 是关时} \end{cases} \tag{6-1}$$

当 PEV 处于开的状态时，它会启动一个充电的需求。对需求的持续时间进行统计建模，该模型用来描述各种类型需求的多样性。因为不同的客户类型不一定对他们的电池以同样的速度充电，我们用 $1/\mu_k$ 表示客户 k 的平均充电时间。值得注意的是，从充电站运营商的角度来看，描述客户资料所需要的信息是平均服务时长和收费费率，如图 6-2 所示。这些参数支持对客户的行为进行深度建模。此外，从关转换到开，我们假设充电需求是随机的且符合泊松过程参数 λ_k。因此，对于每一个类型为 k 的 PEV i 在任意时刻都有

$$\mathbb{P}(s_t^{ik} = 1) = \frac{\lambda_k}{\lambda_k + \mu_k} \tag{6-2}$$

为了形象地说明 ESS 的动态变化，我们定义 $L_{ik}(t)$ 为类型 k 的 PEV i 的充电请求，于是确切地说有三种状态来定义充电单元的充电速率的变化：①电池处于满电状态，并且电网电力总需求小于 C_t；②电池完全放电，并且电网电

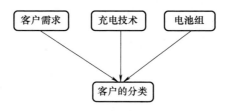

图 6-2 客户类别由 PEV 电池组、需求数量和充电器技术决定

力总需求小于 C_t；③任何有充电要求的 PEV，其电池处于没充满的状态。因此，对于 ESS 电量的变化率有

$$\frac{\mathrm{d}S(t)}{\mathrm{d}t} = \begin{cases} 0, & \text{如果 } S(t) = B \text{ 且 } \sum_{k=1}^{K}\sum_{i=1}^{N_k}\eta L_{ik}(t) < C_t \\ 0, & \text{如果 } S(t) = 0 \text{ 且 } \sum_{k=1}^{K}\sum_{i=1}^{N_k}\eta L_{ik}(t) > C_t \\ \eta[C_t - \sum_k\sum_i L_{ik}(t)], & \text{其他情况} \end{cases} \quad (6-3)$$

由于在耗电和发电过程中涉及能量转化特性，通过选择任何能量存储容量 B，只能大致保证电网的可靠性，当电网可用的电能低于 PEV 要求的总电能时，这就存在一个停电的可能性。注意，$S(t)$ 表示能量存储设备在需要时向电网输出的能量水平，以避免在蓄电池的负载超过了最大可用的存储容量 B 时发生停电事故。因此，我们定义 ε 为存储容量的大小，由 $B(\varepsilon)$ 表示，最小容量选择相应的 B，停电的可能性不超过 $\varepsilon \in (0,1)$，也就是说，

$$B(\varepsilon) = \begin{cases} \text{最小} \quad B \\ \text{满足} \quad \mathbb{P}(S_t \geq B) \leq \varepsilon \end{cases} \quad (6-4)$$

我们的目标是基于电网容量 C_t 确定存储容量 $B(\varepsilon)$、PEV 的数量 N 及其相关的消费动态。对于简单的数学表达式，我们测量存储参数以取代 B/η，我们重新定义 B 可以存储的最大的电能以及将 P_d 和 P_c 作为实际功率额定值。我们将通过源于 $B(\varepsilon)$ 的一个单级充电站开始分析，这同样也可用于后面对多级充电站的分析。

6.3 单级电动汽车的存储容量分析

6.3.1 储能装置接入动态

当电网可以为所有的 PEV 电池充电时，储能装置将不再为 PEV 提供服务。另一方面，当电网容量低于总需求时，PEV 依赖于储能充电站。由于 PEV 的充电需求是随机的，因此访问储能充电站的 PEV 的数量也会随机变化。

由于我们有 N 个独立的 PEV，每个 PEV 都有一个两状态模式，考虑到它们潜在的到达和消耗过程，计算在给定时间访问储能电站的 PEV 数量的复合模型，可以建模为一个不断的开关过程。具体来说，这个过程由 $N+1$ 个状态组成，其中状态 $n \in \{0,\cdots,N\}$ 个模型 n 个 PEV 处于活动状态并进入储能充电站，在 t 时刻的状态是 n，如果

$$\sum_{i=1}^{N} s_t^i = n \tag{6-5}$$

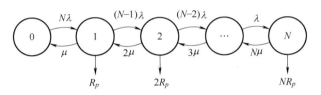

图 6-3 N 个独立 PEV 的混合模型

每辆 PEV 在比率 λ 时变得活跃，在比率 μ 时变得不活跃，充电的总需求取决于活跃的电动汽车数量。

并从储能装置中提取 nR_p 功率单位的电量。如图 6-3 所示，转化率从状态 n 到状态 $n+1$ 是 $(N-n)\lambda$，相反，从 $n+1$ 状态转换到 n 状态是 $(n+1)\mu$。因此，对于相关的无穷小的生成矩阵 M，其中行元素的和为零，对于 $i, n \in \{0,\cdots,N\}$ 我们有

$$M[i,n] = \begin{cases} -[(N-i)\lambda + i\mu] & n = i \\ i\mu & n = i-1 \quad i > 0 \\ N - I & n = i+1 \quad i < N \\ 0 & \text{其他情况} \end{cases} \tag{6-6}$$

用 π_n 表示状态的固定概率 $n \in \{0,\cdots,N\}$，并且相应地定义 $\boldsymbol{\pi} = [\pi_0, \pi_1, \cdots, \pi_N]$，这些固定概率值满足 $\boldsymbol{\pi}M = \boldsymbol{0}$。

6.3.2 分析分布

下一步，我们分析了 ESS 充电水平的统计特征。我们定义了 $F_i(t,x)$ 为 ESS 电荷水平在第 $i \in \{0,\cdots,N\}$ 个 PEV 在 t 时刻耗费储能装置电量的累积分布函数（CDF），

$$F_i(t,x) = \mathbb{P}\big[S(t) \le x \text{ 和 } \sum_{j=1}^{N} S_t^j = i\big] \tag{6-7}$$

因此，我们将 CDF 的向量定义为

$$\boldsymbol{F}(t,x) \triangleq [F_0(t,x), F_1(t,x), \cdots, F_N(t,x)] \tag{6-8}$$

根据这些定义，下面的引理提供了一个微分方程，允许 CDF 向量作为它

的解，这有助于评估充电中断事件的概率，即 $\mathbb{P}(\sum_i^N L_i(t) > C_t + B)$。

引理 1 CDF 向量 $F(t,x)$ 满足

$$\frac{dF(t,x)}{dx}D = F(t,x)M \tag{6-9}$$

其中 D 是一个对角矩阵定义为：

$$D \triangleq \text{diag}[-C_t\mu, (1-C_t)\mu, \cdots, (N-C_t)\mu] \tag{6-10}$$

矩阵 M 定义在式（6-6）中。

证明：为了计算概率密度函数，我们求出在时间 t 内的时间增量 Δt 的展开式 $F_i(t,x)$；也就是 $F_i(t+\Delta t,x)$，注意在 Δt 增量时间内，可以发生三个基本事件：

1）一个不活跃的 PEV 可能会变得活跃（即 i 增加到 $i+1$）。
2）一个活跃的 PEV 变为不活跃的（i 减为 $i-1$）。
3）活动的 PEV 的数量保持不变。

换句话说，事件 1 表示新 PEV 到达，而事件 2 表示服务完成，事件 3 表示未改变的情况。由于 PEV 到达和离开的时间呈指数分布，对应于这些事件，CDF $F_i(t,x)$ 可以展开为

$$F_i(t+\Delta t,x) = \underbrace{[N-(i-1)](\lambda\Delta t)F_{i-1}(t,x)}_{\text{一辆PEV加入}} + \underbrace{[i+1](\mu\Delta t)F_{i+1}(t,x)}_{\text{一辆PEV出去}}$$
$$+ \underbrace{[1-((N-i)\lambda+i\mu)\Delta t]F_i(t,x-(i-C_t)\mu\Delta t)}_{\text{无变化}} + o(\Delta t)^2$$

$$(6-11)$$

式中，$o(\Delta t)^2$ 表示复合事件的概率，并且当 $\Delta t \to 0$ 时，比 $(\Delta t)^2(\Delta t)$ 更快地趋向于 0。接下来，通过超过极限值：

$$\lim_{\Delta t \to 0} \frac{F_i(t+\Delta t,x)}{\Delta t}$$

很容易将式（6-11）简化为

$$\frac{\partial F_i(x,t)}{\partial t} = [N-(i-1)]\lambda F_{i-1}(t,x) + [i+1]\mu F_{i+1}(t,x)$$
$$- [(N-i)\lambda + i\mu]F_i(t,x)(i-C_t)u\frac{\partial F_i(t,x)}{\partial x} \tag{6-12}$$

式中，我们定义了 $F_{-1}(t,x) = F_{N=1}(t,x) = 0$，考虑到其主要目的是计算将在很长一段时间内运行的 ESS 的容量，因此我们进一步假设稳态条件成立，即 $\partial F_i(x,t)/\partial t = 0$，因此式（6-12）可改写为

$$(i-C_t)\mu\frac{\partial F_i(t,x)}{\partial x} = [N-(i-1)]\lambda F_{i-1}(t,x) + [i+1]\mu F_{i+1}(t,x)$$

$$-[(N-i)\lambda + i\mu]F_i(t,x) \tag{6-13}$$

对于所有 $i \in \{0,\cdots,N\}$，通过将所有等式与式（6-13）连接在一起，我们可以得到公式的简写形式

$$\frac{d\boldsymbol{F}(t,x)}{dx}D = \boldsymbol{F}(t,x)M \tag{6-14}$$

这就是我们期望的结果。

式（6-14）中给出的一阶微分方程的解可以表示为指数项的和。通解要求计算矩阵 MD^{-1} 的 $(N+1)$ 阶特征值，通解可表示为

$$\boldsymbol{F}(t,x) = \sum_{i=0}^{N}\alpha_i\boldsymbol{\phi}_i\exp(z_ix) \tag{6-15}$$

式（6-15）中 z_i 是矩阵 MD^{-1} 的第 i 个特征值，其相关的特征向量 ϕ_i 满足 $Z_i\phi_iD = \phi_iM$。系数 $\{\alpha_0,\cdots,\alpha_N\}$ 由边界条件决定；例如，$F_i(t,0) = 0$ 和 $F_i(t,\infty) = 1$。

为了计算式（6-15）的概率分布，我们需要确定矩阵 MD^{-1} 的特征值、特征向量 ϕ_i 和系数 α_i。我们注意到，由于 $x \geq 0$ 和 $F_j(x)$ 不大于 1，所有正的特征值和相应的 α_i 必须设为零，从而降低计算的复杂度，式（6-15）可简化为

$$\boldsymbol{F}(t,x) = \sum_{i:Re[z_i \leq 0]}\alpha_i\boldsymbol{\phi}_i\exp(z_ix) \tag{6-16}$$

我们进一步注意到 $z_i\phi_iD = \phi_iM$，其特征值之一必须为零。设置 $z_0 = 0$，其相应的特征向量可以从矩阵 $\phi_0M = \boldsymbol{0}$ 中计算出来。回顾一下前面的讨论，$(N+1)$ 状态的马尔可夫链的稳态概率分布 $\boldsymbol{\pi}$ 也可以用相同的方程计算出来即 $\boldsymbol{\pi}M = \boldsymbol{0}$。由于特征向量 ϕ_0 已知，其中一个特征值是 $z_0 = 0$，我们可以得到 $\phi_0 = \boldsymbol{\pi}$。因此，式（6-16）可进一步简化为

$$\boldsymbol{F}(t,x) = \boldsymbol{\pi} + \sum_{i:Re[z_i < 0]}\alpha_i\boldsymbol{\phi}_i\exp(z_ix) \tag{6-17}$$

6.3.3 对单独一辆 PEV 充电的单充电器技术

为了找到如何计算理想的 ε-断电存储容量 $B(\varepsilon)$ 的方法，通过利用在式（6-17）计算出的 CDF 向量，我们用一辆 PEV（$N=1$）从一个简单的网络开始分析。所获得的方法可推广应用于任意大小为 N 的网络。当 $N=1$ 时，式（6-6）中定义的最小矩阵 M 为

$$M = \begin{bmatrix} -\lambda & \lambda \\ \mu & -\mu \end{bmatrix} \tag{6-18}$$

为了求出式（6-15）中 $\boldsymbol{F}(t,x)$ 的展开式，我们需要找到 z_0 和 z_1 作为矩阵 MD^{-1} 的特征值，其中 D 在式（6-10）中确定其值。具体来说，基于式（6-10），我们可以得到

$$MD^{-1} = \begin{bmatrix} \dfrac{1}{C_t}\dfrac{\lambda}{\mu} & -\dfrac{1}{1-C_t}\dfrac{\lambda}{\mu} \\ -\dfrac{1}{C_t} & -\dfrac{1}{1-C_t} \end{bmatrix} \qquad (6\text{-}19)$$

因此,特征值是

$$z_0 = 0 \text{ 和 } z_1 = \frac{\chi}{C_t} - \frac{1}{1-C_t} \qquad (6\text{-}20)$$

在公式当中我们已经定义了 $\chi \triangleq \dfrac{\lambda}{\mu}$。可以很容易地证明与 z_1 相关的特征向量是 $\phi_1 = [1-C_t, C_t]$。因此,根据式(6-17)我们有

$$\boldsymbol{F}(t,x) = \boldsymbol{\pi} + \alpha_1 \boldsymbol{\phi}_1 \exp(z_1 x) \qquad (6\text{-}21)$$

最后,通过系数 α_1 我们可以完全得出 $\boldsymbol{F}(t,x)$ 的特征值,这可以通过利用边界条件 $F_1(t,0) = 0$ 推导出来,得到

$$F_1(t,0) = \pi_1 + \alpha_1 C_t = 0 \qquad (6\text{-}22)$$

因为 $\pi_1 = \dfrac{\lambda}{\lambda + \mu}$,所以

$$\alpha_1 = -\frac{x}{C_t(1+x)} \qquad (6\text{-}23)$$

根据,两个向量 $F_0(t,x)$ 和 $F_1(t,x)$ 的特征值如下:

$$F_0(t,x) = \pi_0 + \alpha_1(1-C_t)\exp(z_1 x)$$
$$F_1(t,x) = \pi_1 + \alpha_1 C_t \exp(z_1 x)$$

因此,通过回顾在式(6-7)中对 $F_i(t,x)$ 的定义,存储的电量水平 S_t 低于目标水平 x 的概率值可由下式得出

$$\mathbb{P}(S_t \leq x) = F_0(x) + F_1(x) = 1 + \alpha_1 \exp(z_1 x) \qquad (6\text{-}24)$$

考虑到 S_t 分布的这种封闭形式,我们现在可以计算概率

$$\mathbb{P}(S_t > B) \qquad (6\text{-}25)$$

这是式(6-4)中模拟储能规模问题的主要约束条件。具体来说,对于任何用 c 表示的 C_t 的瞬时变化,都有

$$\begin{aligned}
\mathbb{P}(S_t > B) &= \int_{C_t} \mathbb{P}(S_t > B \mid C_t = c) f_{C_t}(c) \mathrm{d}c \\
&= -\int_{C_t} \alpha_1 \exp(z_1 B) f_{C_t}(c) \mathrm{d}c \\
&= \int_{C_t} \frac{\chi}{c(1+\chi)} \exp\left(\frac{B\chi}{c} - \frac{B}{1-c}\right) f_{C_t}(c) \mathrm{d}c
\end{aligned}$$

因此,通过指出 $z_1 = \dfrac{\chi}{c} - \dfrac{1}{1-c}$ 是负的,$\mathbb{P}(S_t > B)$ 在 B 当中是严格递

减的。

因此，满足随机保证 $\mathbb{P}(S_t > B) \leq \varepsilon$ 的最小存储容量 B 有唯一解，且对应于这个约束等式成立。在最简单的设置中，其中电网的容量 C_t 是常数 c，

$$B(\varepsilon) = \frac{c(1-c)}{x-xc-c} \lg \frac{\varepsilon c(1+x)}{x} \tag{6-26}$$

6.3.4 用于多辆 PEV 的单充电器技术

在本节中，我们给出了概率项 $\mathbb{P}(S_t \leq x)$ 在任意 N 值的一个封闭形式，用 $F_N(x)$ 表示。通过计算其组成项 $F_i(t,x)$，我们可以计算所有的 $F_N(x)$ 项，特别是当 N 增长时，计算非常复杂，而且可能是无解的，因为它涉及计算 MD^{-1} 的特征值和特征向量。通过观察，对于数量很大的 PEV（即 $N \gg 1$），最大的特征值是影响概率分布的主要因素，$F_N(x)$ 的近似表达式由下式给出，

$$F_N(x) = \frac{1}{2} \sqrt{\frac{\mu}{\pi f(\zeta)[\zeta + \lambda(1-\zeta)]N}} \times \exp[-N\varphi(\zeta) - g(\zeta)x]$$
$$\times \exp\{-2\sqrt{\{f(\zeta)[\zeta + \lambda(1-\zeta)]Nx\}}\} \tag{6-27}$$

我们已经定义了

$$f(\zeta) \triangleq \lg\left(\frac{\zeta}{\lambda(1-\zeta)}\right) - 2\frac{\zeta(1+\lambda)-\lambda}{\zeta+\lambda(1-\zeta)}$$

$$\mu \triangleq \frac{\zeta(1+\lambda)-\lambda}{\zeta(1-\lambda)}$$

$$\varphi(\zeta) \triangleq \zeta \lg(\zeta) + (1-\zeta)\lg(1-\zeta) - \zeta \lg(\zeta) + \lg(1+\lambda)$$

$$g(\zeta) \triangleq z + 0.5(\zeta + \lambda(1-\zeta))\frac{\psi(1-\zeta)}{f(\zeta)}$$

$$z \triangleq (1-\lambda) + \frac{\lambda(1-2\zeta)}{(\zeta+\lambda(1-\zeta))}$$

$$\psi \triangleq \frac{(2\zeta-1)[\zeta(1+\lambda)-\lambda]^3}{\zeta(1-\zeta)^2[\zeta+\lambda(1-\zeta)]^3}$$

在这组方程中，时间是用一个平均时间（$1/\mu$）来进行测量。此外 κ 和 ζ 分别是每辆 PEV（B/N）消耗的功率和电网为每个电源分配的功率。此外，我们用变量 υ 表示以上设备分配给每辆 PEV 所需的功率 $\upsilon = \zeta - \frac{\lambda}{1+\lambda}$。

6.4 多级电动汽车的存储容量分析

在本节中，我们考虑存储单元服务于多种类型 PEV 的情况（例如，级别 1

和级别2)。我们通过特别提出图6-3所示的连续时间马尔可夫链模型变成一个k维马尔可夫过程来开始分析,想到每种类型的PEV总数由$\boldsymbol{N}=(N_1,\cdots,N_k)$表示并且令$\boldsymbol{n}(t)=(n_1,\cdots,n_k)$表示在某个时间$t$时车型种类$k$的数量。此外,$\boldsymbol{n}(t)$代表了马尔可夫过程的状态空间并与式(6-6)给出的单类情况相类似,可以在相邻状态之间发生转换,转换矩阵$\overline{M}$可由下列公式得出:

$$\overline{M}[n,\Delta_k^+(n)] = (N_k - n_k)\lambda_k \tag{6-28}$$

$$\overline{M}[n,\Delta_k^-(n)] = n_k\mu_k \tag{6-29}$$

$$\overline{M}(n,n') = 0 \tag{6-30}$$

式中,
$$\Delta_k^+(n_1,\cdots,n_k,\cdots,n_K) = (n_1,\cdots,n_k+1,\cdots,n_K) \tag{6-31}$$

$$\Delta_k^-(n_1,\cdots,n_k,\cdots,n_K) = (n_1,\cdots,n_k-1,\cdots,n_K) \tag{6-32}$$

我们提供一个例子来阐明这一点。回想一下,在单一类型的情况下,转换只能发生在两个相邻的状态之间。然而,在多级状况下,转换可以发生在$2\times K$个不同的相邻状态之间。例如,假设有两种类型的车,$K=2$,并且马尔可夫链处于状态(1,1),每类车有一个活动的PEV。然后,从状态(1,1)有四种可能的转换状态,其中包括(1,0),(0,1),(2,1),(2,2)。此外,转换率取决于(λ_k,μ_k)对。为此目的,式(6-28)中所列的转换率是来充电的PEV台数,而式(6-29)中的转换率则是新来的PEV台数。与单一类型情况类似,在相邻状态之外不可能有任何转换,如式(6-30)所示。

6.3.2节中的分析对大多数情况有效。然而,当$k>1$时,计算特征值变得不可行。因此,我们采用参考文献[10]中提出的分解方法来有效地评估特征值z_i和系数α_i。本节的主要目的是计算ω_i,这是一个替代实际总随机需求的确定性的参数。

我们定义参数$\xi \triangleq 1-\varepsilon^{1/B} \in [0,1]$来建立储能装置对PEV需求模式的灵敏性模型。这个参数是一个计算ω_k基本的组成部分。首先,我们假设一个大型储能装置并提出一个计算ω_k的方案,然后我们将证明所提出的方案也适用于任何规模的储能装置。假设我们可以以某种方式选择$\boldsymbol{N}=(N_1,\cdots,N_K)$,即对于小的$\varepsilon$让$\mathbb{P}(S_t>B)\leq\varepsilon$,并且假设特征值重新标记以使$z_0\geq z_1\geq\cdots\geq 0$。在这些标记下,下面的定理成立。

引理2 设$\mathcal{B}(B,\varepsilon)=\{\boldsymbol{N}:\mathbb{P}(S_t\geq B)\leq\varepsilon\}$,对于大型储能装置$B$和小的$\varepsilon$,有

$$\lim_{\varepsilon\to 0,B\to\infty}\frac{\lg\varepsilon}{B}\to\zeta\in[-\infty,0] \tag{6-33}$$

此外,定义

$$\widetilde{\mathcal{B}} \triangleq \{ N : \sum_k \omega_k(\xi) N_k < C \}$$

且
$$\overline{\mathcal{B}} \triangleq \{ N : \sum_k \omega_k(\zeta) N_k \leq C \}$$

有效的需求可以用文献 [10] 计算出来，

$$\omega_k(\zeta) = \frac{\zeta R_k + \mu_k + \lambda_k - \sqrt{(\zeta R_k + \mu_k - \lambda_k)^2 + 4\lambda_k \mu_k}}{2\zeta} \tag{6-34}$$

于是，$\widetilde{\mathcal{B}} \subseteq \mathcal{B}(B,\varepsilon) \subseteq \overline{\mathcal{B}}$。

这个公式的意思是仅当 $\sum_k \omega_k(\zeta) N_k \leq C$ 时，式（6-4）成立。

6.5 数值模拟实例

6.5.1 单一种类的客户

在本节中，我们将提供各种数值模拟实例来解释说明系统动力学，并解释所介绍的方案如何应用于充电设施的设计。我们使用前述的标准数值（单位时间以 μ^{-1} 来表示，单位需求用峰值需求 R_p 来表示），我们从充电桩的数量、ESS 大小（在 $R_p \mu^{-1}$ 单元中）和给定系统容量 C_t 的相应流量的概率来开始进行研究。每个充电桩充电请求速率设置为 2（两辆 PEV 抵达并且单位时间内请求充电需求的大小为 R_p），每个用户高于平均需求的平均容量设置为 $v = 0.035$，此时系统总容量为 $C = 0.3683N$。在图 6-4 中，ESS 的容量是针对 50 ~ 250 之间变化的用户群体 N 进行评估的。值得注意的是，这些数据在会议中心、机场和医院的停车场非常典型。图 6-4 中显示的结果可以解释并用于不同的目的。首先，给定用户群体 N，系统操作员可以根据一定的不足的充电概率选择 ESS 的容量。例如，对于一个 $N = 200$ 个充电桩的大型 PEV 充电站，满足 99% 客户需求的 ESS 的容量选择为 $B = 15 \times R_p \times \mu - 1 = 15 \times 6.6 \times 0.5 = 49.5 \mathrm{kW \cdot h}$（假设 2 级充电桩功率为 6.6kW）。一个重要的观察结果是，随着用户数量的增多，所需的 ESS 容量由于复用增益的增加而减小。另一个重要的观察结果是，只拒绝一小部分客户，而不是调整 ESS 的容量以满足整个客户的需求，这样就可以在储能装置的容量上节省大量的开销，从而节约系统的总成本。值得注意的是，储能的选择通常依赖于应用。例如，当充电设施位于大城市的闹市区时，储能装置的容量可能会成为问题，因为增大充电站的规模可能是被禁止的。

为了说明这一点，假设充电站运营者打算安装一个 $B = 64 \mathrm{kW \cdot h}$ 的电能存储装置，并选择用麦克斯韦尔 BMOD0083P048 模块（每个模块的容量为

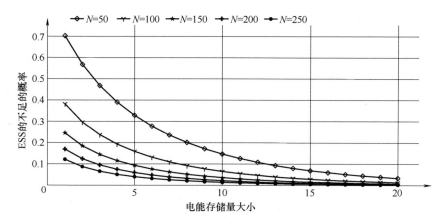

图 6-4　不同规模的停车场电能存储量的大小

26.6kW·h）。这需要 2406 个总体积为 24m³ 的模块。这个例子说明了物理空间在实际应用中可能存在的问题。一个可能的解决方案是将这些模块置于地下。当储能装置可以安置在空间限制较少的地方时，如大型购物中心或高速公路沿线，空间问题就不那么严重了。

另一个设计考虑的是充电站已经存在的情况，这意味着 N 是给定的。在这种情况下，设计目标归结为计算最佳的电网功率和电池大小的组合。图 6-5 计算了 $N=200$ 和 2 级充电桩的情况。在真实的场景中，由于变压器额定功率等原因，对从电网中提取的可用电力存在限制，在这种情况下，设计目标简化为计算目标性能指标的电能存储量的大小。

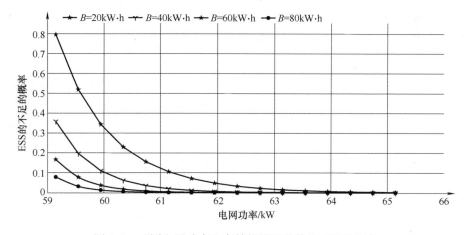

图 6-5　不同电网功率和存储规模下的储能不足的概率

我们最终的目标是使 ESS 的容量最小，从而确保充电站一定的性能。在图 6-6 中，我们计算了相对于充电需求峰值节省的 ESS 的容量的百分比，即 $N \times R_p$。结果表明，随着充电站规模的增大，由于蓄能池的存在，节约的存储容量也随之增大。

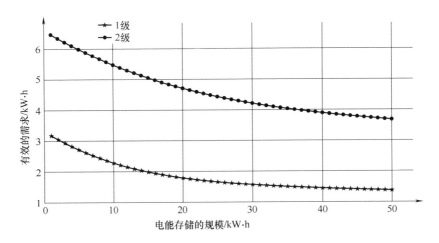

图 6-6 改变充电站规模可节省 ESS 容量的百分比

6.5.2 多层次的客户

接下来，我们来看一个案例，客户可以提出不同的需求层次，或者他们配备了不同的充电技术，从而构成了不同的客户类别。这样的设置目的是为每个类别的 PEV 计算 ω_k（即有效需求）参数以 ω_k 取代 R_k 来满足溢出概率的目标。例如，假设这样一个场景，在该场景中，PEV 充电器可以生成四个不同层次的需求，使用以下参数 $\lambda = \{0.3, 0.5, 0.7, 0.9\}$，$\mu = \{1,1,1,1\}$。然后对于 $\varepsilon = 10$ 和 ESS 大小 $= 20\text{kW}$ 的 B 的目标，相应的有效需求 $\omega = \{1.28, 2.24, 3.22, 4.21\}$。或者，电网的运营者可以根据可用的电网容量和保证目标性能的条件下找到最小的存储电量。为了方便标记，需要处理的数值结果考虑两类顾客，并模拟 1 级和 2 级充电器，我们选择以下参数，第一个评估结果显示了可接受的设置是 $R_1 = 3.3\text{kW}$、$R_2 = 6.6\text{kW}$ 且 $\varepsilon = 0.001$ 时，结果如图 6-7 所示，运营商可以从阴影部分确定客户数量。显然，因为第一类客户的需求小于另一类客户的需求，系统操作员可以从第一类客户接收更多的客户，这种评价是至关重要的，特别是在系统规划的早期阶段。

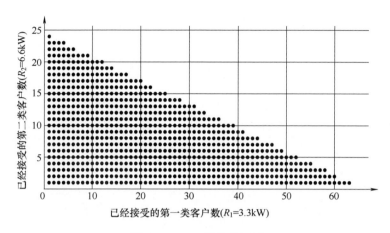

图 6-7　$K=2$ 的接受区域

在另一个设置中,我们计算不同容量的电能存储装置的有效需求。在此设置下目标不足概率设置为 $\varepsilon = 5 \times 10^{-4}$,客户数量为 $N_1 = 50$ 和 $N_2 = 50$。图 6-8 所示的结果表明,不是根据峰值需求($R_1 = 3.3\text{kW}$ 和 $R_2 = 6.6\text{kW}$)供应系统的电能,而采用有效的需求可以大大降低对电源的要求。我们的最后一个结果是针对多种类别的 ESS 等级。对于相同的一组参数,根据从电网获得的电力来评估储能装置的容量。与单级设置类似,这些结果如图 6-9 所示,可用于为给定的电网电源或给定的存能装置的容量来调整储能装置的规模。

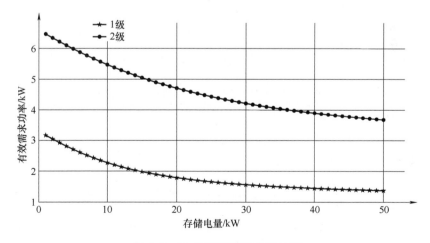

图 6-8　$K=2$ 时有效需求的计算

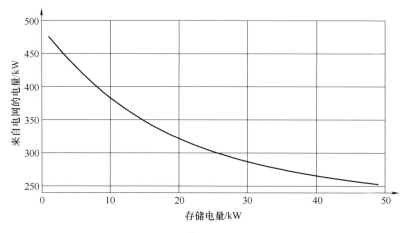

图 6-9　$K=2$ 时 ESS 的容量

6.6　本章小结

在本章中,我们正式提出了一个大型充电站的设计框架,其中主要结论是:

1)配备储能装置的充电设施可以降低电网的压力,而这在高峰时段是至关重要的。所提出的充电站架构可使站务人员根据随机的 PEV 充电需求提供所需的能源(电网电力和储能装置的大小)。

2)结果表明,基于共享的存储解决方案在经济上是可行的,并促进了公共充电站的建设。储能装置容量的选择通常依赖于应用场合,并且储能装置实体尺寸的大小在某些拥挤的位置也可能发挥重要作用。

参 考 文 献

[1] Bayram, I.S., et. al.,"Electric Power Resource Provisioning for Large Scale Public EV Charging Facilities", *Proc. IEEE International Conference on Smart Grid Communications*, Vancouver, CA, Oct., 2013, pp. 133-138.

[2] Nicholas, M., Tal, G. and Woodjack, J. "California Statewide Charging Survey: What Drivers Want?," *92nd Annual Meeting of the Transportation Research Board*, Washington DC, Jan. 2013.

[3] Wang, Gui, et al., "Dynamic Competitive Equilibria in Electricity Markets," *Control and Optimization Methods for Electric Smart Grids*, pp. 3-33, A. Chakrabortty and M. Ilic (Eds), New York: Springer-Verlag, 2012.

[4] Bayram, I.S., et al., "A Stochastic Sizing Approach for Sharing-Based Energy Storage Applications", *IEEE Transactions on Smart Grid*, Vol. 8, No. 3, pp.1075-1084.

[5] Bayram, I.S., et al., "Energy Storage Sizing for Peak Hour Utility Applications," *Proc. IEEE International Conference on Communications* , London, Jun. 2015, pp. 770-775.

[6] Ardakanian, O., Keshav, S., and Rosenberg, C., "Markovian Models for Home Electricity Consumption," *Proc. ACM SIGCOMM Workshop on Green Networking*, Toronto, CA, Aug., 2011, pp. 31-36.

[7] Anick, David, et al., "Stochastic Theory of a Data-Handling System with Multiple Sources," *Bell Systems Technical Journal*, Vol. 61, No. 8, 1982, pp. 1871-1894.

[8] Schwartz, M., *Broadband Integrated Networks*, Upple Saddle River, NJ: Prentice Hall PTR, 1996.

[9] Morrison, J. A., "Asymptotic Analysis of a Data-handling System with Many Sources," *SIAM Journal on Applied Mathematics*, Vol. 49, No. 2, 1989, pp. 617-637.

[10] Gibbens, J. and Hunt, PJ, "Effective Bandwidths for the Multi-type UAS Channel", *Queueing Systems*, Vol. 9, No. 2, 1991.

[11] Kelly, F. "Effective Bandwidths at Multi-class Queues," *Queueing Systems*, Vol. 9, No. 2, 1991.

第 7 章

小型电动汽车充电站容量规划

7.1 概述

在第 6 章中,我们介绍了一个配备一级和二级充电器的大型充电站容量规划的架构,该架构能够在数小时内为一辆主流 PEV 的电池进行充电。这些设施的设想是为那些可以使汽车保持停止状态并可能遵循日常通勤模式(例如每天上下班)的客户提供服务。为了与传统汽车竞争,建设充电设施,将充电站的接入范围扩大到二级以上,可以充分发挥关键的作用。显然,这类系统的主要设计原则包括:①布置在人口密集的城市地区以及主干道路和高速公路出口等比较便利的公共通道;②以高的充电速率支持快速充电服务。第一个设计原则属于充电站布置的问题,需要同时研究交通流量和电网。这些设计将在接下来的章节中讨论。第二个设计原则可以通过使用直流快速充电技术来解决。如第 3 章所述,快速充电器可以提供 35～50kW 范围内的电能转移率,因此,根据电池组的不同,充电时间在 15～30min 范围内变化。

公共快速充电站的增多增强了客户的信心,加快了 PEV 的推广应用。更具体地说,快速充电站将为那些无法在车库充电的驾驶人提供服务,因此它们将作为辅助性的服务,扩大全电动汽车的使用范围。例如,美国南加利福尼亚州有一半的电动汽车车主需要在每天上下班途中充电。另一方面,目前电网的局限性表明,充电站只能小规模地建设,同时为 10～12 个客户提供充电服务。截至 2016 年,运行中的快速充电站最大容量为 350kW,也可根据地区标准和法规转化为 7～10 台实体充电桩的充电站。此外,近年来储能技术的进步使系统运营商能够使用大型储能装置来扩大服务容量。为此,在本章我们研究了公共快速充电站的容量规划问题。根据美国能源部可替代燃料数据中心的数据,美国已经部署了 1600 多台快速充电桩。欧洲一些国家也对扩大快速充电网络的规模表现出极大的兴趣。例如，在荷兰，有 100 多个快速充电站点，这将使车主能够在全国范围内驾驶纯电动汽车进行旅行。

值得注意的是，尽管快速充电网络发挥着关键作用，但人们担心，由于快速充电网络带来的巨大负荷，PEV 的充电需求可能会给电网带来额外的压力。它们的影响程度取决于 PEV 用户的区域密度、充电要求和服务时间，并可能导致电网不稳定。地方电网系统的不平衡可能在更大范围内触发一连串的故障，从而导致区域性停电。因此，规划和运行这样的快速充电基础设施应该进行严格的调查。在本章中，我们提出了一种配备站内储能系统的 PEV 快速充电站架构，以满足客户的需求。此外，我们引入了一个随机模型来获取充电站的运行特性，该模型将容量规划问题与为客户提供服务的速率自然地结合起来。我们引入停电概率和阻塞概率作为评价充电站性能的指标。我们的主要目标是通过降低储能装置的需求波动来确保电网的可靠性。

充电站架构方面的研究非常有限，尤其是考虑到这项技术的重要性。研究的主要内容包括文献 [3] 中的工作，它提出了一个带有直流总线系统的充电站设计。充电站配有储能装置，可降低配电网的压力。此外，利用蒙特卡罗模拟方法，根据用户的平均负载，解决了 ESS 的设计规模问题。在文献 [4] 中的研究主要集中在电源的电子组件上，并提出了一个架构，可以在 10~15min 内充满一个 PEV 电池。在文献 [7] 和文献 [8] 中提出的充电站架构包括两种储能装置——飞轮装置和超级电容装置，其最终目标是将充电时间压缩到最短。

7.2 系统结构

由于快速充电设施的规模和容量，我们假设公用供电公司把它们当作商业和工业用户。因此，此类充电站的关键设计原则是尽可能减小需求变化，以确保电网的可靠性。为了解决这一问题，客户需求由电网供电和一个站内储能系统来满足，该系统的操作结构如下：

1) 由于快速充电站代表的是商业规模的负荷，假定充电站运营商与公用供电公司签订了长期合同，在这些合同中，预先确定的供电负荷得到了双方的一致确认，这有利于降低电价。因此，充电站可以从电网中获取稳定的电力。

2) 充电站采用储能系统来平衡随机的用户充电需求，在用电高峰或交通高峰期，ESS 中储存的电能可以用来给更多的车辆充电。另一方面，在非高峰时间，储能装置可由电网供电。虽然储能装置的主要目标是服务客户，但它也可以参与到电力供应市场中，以销售电力来赚取额外利润[○]。

3) 服务时间取决于充电功率、电源的电子技术和电池技术。然而，典型的 PEV 车型的平均充电时间约为 30min。因此，有理由假设客户不愿在充电站等待（或者可能有几个空余的充电桩，这个案例将在第 8 章进行研究）。因此，将充电站建模为无缓冲系统是合理的。在这样的充电系统中，断电或阻塞的概率作为基本的性能指标出现。

小型充电站模型如图 7-1 所示。

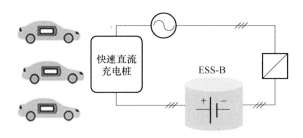

图 7-1 小型充电站模型

7.2.1 随机模型

根据上述规范，本文提出的充电站体系结构在以下设置下运行，从电网中获取的稳定电能被分配到 C 充电桩中，这意味着 C 车可以同时由电网供电。以类似的方式，我们假设在充满电的状态下，储能装置最多可以为 B 车充电。当到达的客户发现所有充电站的资源（充电桩和储能装置）都是别人在使用时，它将被阻塞在充电站外并自行离开，采用这种控制策略是为了避免电力需求达到峰值。

在拟议的框架中，抵达充电站的 PEV 由具有参数 λ 的泊松过程来模拟。这一假设在文献 [5, 6, 9] 中得到了广泛应用，因为在泊松过程中，顾客到达行为在统计上是相互独立的。此外，正如第 2 章所讨论的，各种不同的 PEV 模型具有不同的电池组和充电时间。因此，客户的服务时间符合比率为 μ 的指数分布规律。同样，一个充电桩的充电时间在电能存储设备上也是符合参数 ν 的指数分布规律。值得注意的是，这个速率取决于所使用的存储技术参数，例如额定功率和充电效率。在这个架构中，到达的客户首先由电网供电，当寻求充电服务的客户数量超过 C 时，站内的 ESS 开始提供额外的充电电能。值得注意的是，该站点不能同时为数量超过 $C+B$ 的客户服务。因此，我们的目标是为客户提供一种合理的服务质量，而这种服务质量随着电网功率和存储容量的变化而变化。

○ 在这个基础模型中，未考虑这种情况。

基于上述设置和假设，可以用二维状态空间的连续时间马尔可夫链对单个充电站进行建模。图7-2描述了马尔可夫链模型的状态空间以及充电速率。水平转换对应于客户到达和离开，而垂直转换模拟站内的 ESS 充放电事件。例如，充电速率以粗体显示的字体代表的情况是所服务的客户是由 ESS 来充电的，并且充电速率 ν 是指 ESS 的充电速率。

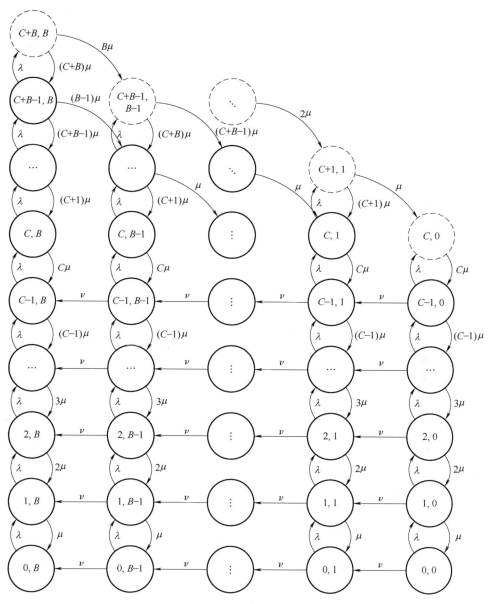

图 7-2　马尔可夫链模型

图 7-2 所示的马尔可夫链中状态的总数为

$$S = (C+1)(B+1) + \sum_{i=1}^{B} i$$

很容易看到，有一个独特的稳态分布 $\boldsymbol{\pi} = (\pi_1, \pi_2, \cdots, \pi_S)$，可以通过求解下列方程计算出来：

$$\boldsymbol{\pi}\boldsymbol{Q} = \boldsymbol{0} \text{ 且 } \sum_{i=1}^{S} \pi_i = 1 \tag{7-1}$$

$S \times S$ 矩阵 $\boldsymbol{Q}$ 包含充电速率，称为无穷小生成矩阵。注意 $\boldsymbol{Q}$ 的元素满足：

$$q_{ij} \geqslant 0, \quad \forall i \neq j \quad \text{且} \quad q_{ii} = -\sum_{j \neq i} q_{ij}, \quad \forall i \tag{7-2}$$

需要注意的是，在公式的最右边，即 $(C, 0)(C+1, 1), \cdots, (C+B, B)$，对应于阻塞状态。因此，当我们从 $(0, 0)$ 到 $(C+B, B)$ 对状态从 1 到 S 排序时。也就是说，1 被赋值给 $(0, 0)$ 并且 $(C+2)$ 被赋值为 $(0, 1)$，阻塞概率可以由公式 $\sum_{i=1}^{C} \pi\left(\dfrac{i(i+2C+1)}{2}\right)$ 计算出来。

但是，对于这个基本模型，我们不考虑这种情况。

此外，无穷小生成矩阵可以构造为

$$\boldsymbol{Q} = \begin{pmatrix} -(\lambda+\nu) & \lambda & \cdots & 0 \\ \mu & -(\lambda+\nu+\mu) & \cdots & 0 \\ \vdots & \vdots & \ddots & \vdots \\ 0 & 0 & \cdots & -(C+B)\mu \end{pmatrix} \tag{7-3}$$

7.2.2 模拟案例

我们提供了一个模拟案例，以便更好地解释马尔可夫链模型。假设电网电源和储能装置可以分别向两个客户充电（即 $C = B = 2$），因此马尔可夫链中的状态总数为 $C = 12$，组合的马尔可夫链模型如图 7-3 所示。

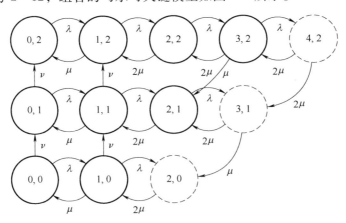

图 7-3 组合的马尔可夫链模型

$$Q = \begin{pmatrix} -\lambda-\nu & \lambda & 0 & \nu & 0 & 0 & 0 & 0 & 0 & 0 \\ \mu & -\mu-\lambda-\nu & \lambda & 0 & \nu & 0 & 0 & 0 & 0 & 0 \\ 0 & 2\mu & -2\mu & 0 & 0 & 0 & 0 & 0 & 0 & 0 \\ 0 & 0 & 0 & -\nu-\lambda & \lambda & 0 & 0 & \nu & 0 & 0 \\ \ddots & \ddots & & & & & & & & \\ 0 & 0 & 0 & 0 & 0 & 0 & 2\mu & 0 & 2\mu & -4\mu \end{pmatrix}$$

(7-4)

与一般的马尔可夫链类似，点对应于阻塞状态，一连串的点表示站内的 ESS 服务于客户需求时的情况。同时，如式（7-1）所示，稳态概率可以通过求解线性方程组来计算。例如，让我们假设平均每小时有两个客户到达，因此 $\lambda=2$。此外，平均要花 30min 为一辆电动汽车进行充电，同时假定以同样的速度在站内的 ESS 充电桩上接收车辆，于是 $\nu=\mu=2$。通过求解线性方程组，相应的稳态概率成为 π = （0.0062，0.0125，0.0156，0.0211，0.0361，0.0373，0.0188，0.0345，0.032473，0.0324，0.1337，0.0382，0.0095）。注意，阻塞概率是一个系统参数的函数，并通过对阻塞状态概率的求和来计算，即 $f(C,B,\lambda,\mu,\nu)$ = 0.0156 + 0.0188 + 0.0095 = 0.0439。这意味着，在这样的状态设定下，约有 4.39% 的客户将不会接受服务。为提高服务质量（例如降低断电率），充电站运营商必须增加电能存储的容量或电网提供的功率。

7.3 盈利模型

绩效评估可以对提出的性能指标所获得的收益进行评价。为了激励充电站运营商为客户提供可接受的 QoS（例如通常低于 5% 的停电概率），我们建立了一个盈利模型，该模型将随机模型与成本参数联系起来，并指导充电站运营商以最佳方式提供充电服务。

盈利模型的原则如下，每一位接受服务的顾客都要支付固定的费用。如第 5 章所述，有为此目的而制订的各种定价方案。例如，在统一定价方案中，充电站运营商收取一定的费用来支付其运营成本，而且价格始终保持不变。然而，这样的定价方案未能缓解拥堵。另一方面，供电企业广泛采用的是按供电时间来确定电价的方案，其中不同的费率适用于不同的时段。在我们的模型中，充电站运营商在电网充电状态下获得的收益 R_g 用 $\rho^{(g)} = \{(i,j): 0 \leq i \leq C, 0 \leq j \leq B\}$ 来表示，而使用储能装置充电状态下充电的服务费 R_b，记为 $\rho^{(b)} = \{(i,j): C+j \leq i \leq C+B, 1 \leq j \leq B\}$。如客户未能获得充电服务（被阻塞），充电站运营商向每一位顾客支付违约金,记为 R_p。注意,"阻塞事件"发生在充电站处于阻塞状态(记为 ρ^{bl})。罚款的原因包括:①发生阻塞导致顾客不满,降低了服务提供者的声誉;②它启用了一种控制机制,以确保实现 QoS 目标;③它促使充电站的操作人员提供更好的充电服务。此外,充电速率之间的关系是 $R_p > R_b \geqslant R_g$,请注意 $R_b > R_g$,这反映了分时电价,因为高峰时段电价较高,而当 $R_b = R_g$ 时,采用正常的定价。此外,让 C_0 表示固定安装成本,BC_a 表示采购成本与储能装置的大小成比例关系。基于这些定义,充电站盈利模型可以写成

$$P = \sum_{s \in \rho^{(g)}} R_g i(s) \pi(s) + \sum_{s \in \rho^{(b)}} R_b i(s) \pi(s) - C_0 - BC_a - \sum_{s \in \rho^{(bl)}} R_p i(s) \pi(s)$$
(7-5)

式中,$i(s)$ 是处于 s 状态 PEV 的数量。

7.4 绩效评估

在不同的系统参数下,我们评估充电站的性能(可充电的 PEV 的数量)。首先,我们注意到一般车辆充电速率(μ)和平均 ESS 充电速率(ν)是电能储存装置的额定功率和充电效率的函数。因此,将这两个参数作为技术约束条件,并通过评估假定为常数。如模拟案例所示,μ 和 ν 设置为 2,这意味着平均一个充电桩可在一小时内为两辆车提供充电服务。

我们以四种不同的电网设置进行系统性能评估,即 $C = 4$、6、8 和 10 的到达率在增量区间为 0.1 的 $\lambda \in [0.1, 15]$ 范围内,并且电能存储装置在范围 $B \in [1, 10]$ 之内。图 7-4 和图 7-5 所示的结果提供了关于系统动力学的实用信息。对于给定的交通流量和目标阻塞概率,充电站运营商可以选择正确的电网功率值和储能装置规模的大小。我们很容易就观察到电网供电降低了阻塞事件发生的概率。但是,站内储能装置的影响是不一样的。例如,在 $C = 4$ 的高的交通流量下(例如 $\lambda > 10$),电网电能主要用于为车辆充电,因此站内 ESS 仍然处于放电状态。

我们最终的评估属于前一节描述的充电站盈利模型。在我们的设置中,μ 和 ν 保持不变并设置为 2。由于我们在本章的主要目标是提供一个基本的建模方法,假设充电站采用统一的定价,即 $R_g = R_b = 1$。如果客户被阻塞,站点将支付 $R_p = 1.1$ 的罚金(例如以较低的费率承诺未来的服务)。将成本参数 C_0 和 C_a 标准化,分别设置为 2.5 和 0.001。我们对 $C = 6$、$B = 5$ 和 $C = 6$、$B = 6$ 这两种不同的站位设置进行计算,其结果如图 7-6 所示。

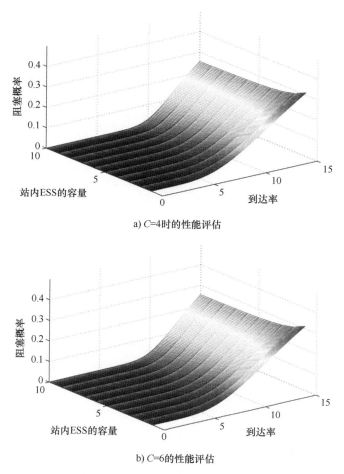

a) $C=4$ 时的性能评估

b) $C=6$ 的性能评估

图 7-4 不同电网功率下小型充电站性能评估案例 1

研究结果为充电站的运行提供了实用信息。首先，充电站的利润在小的交通流量（$\lambda \leq 5$）情况下是负的，因为购买站内电能存储装置的成本大大超过收入。其次，由于充电站内的 QoS 开始下降，惩罚成本大于收费服务的收益，站内利润下降。因此，这两个案例研究都表明，为了使利润最大化，充电站的容量应该根据客户的需求来配置。

此外，值得注意的是，充电站模型的设计是为了满足高峰时段的客户需求。例如，高峰时每小时需求 $\lambda = 8.5$，然后充电站运营商可以选择 C 和 B 基于优质服务的目标和利润模型。在给定的情况下，$C=6$ 和 $B=6$ 来满足 1.5% 的 QoS 目标。一个自然的问题是如果到达率不均匀，这意味着随着时间的推移，λ 会变化。在这种情况下，站内 ESS 可以用于在能源市场上提供辅助服

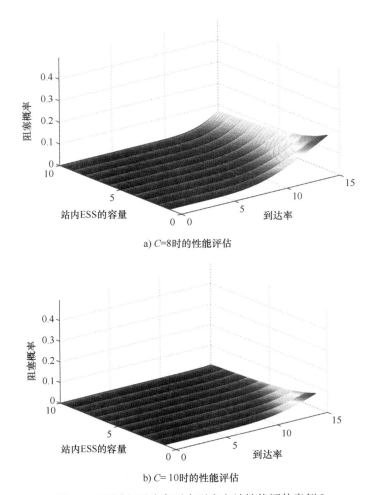

a) $C=8$ 时的性能评估

b) $C=10$ 时的性能评估

图 7-5 不同电网功率下小型充电站性能评估案例 2

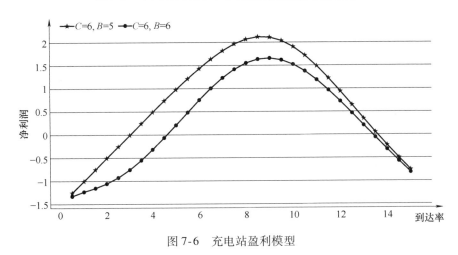

图 7-6 充电站盈利模型

务。另一个选项是提供长期的平均 QoS 保证,这意味着在固定的时间段服务可能会不到位,但是长期平均的 QoS 目标是可以维持的。

7.5 具有竞争性储能技术的充电站

在前面的章节中,我们结合随机操作原理提出了一个带有本地储能装置的通用充电站架构。它结合了排队论和财务理论的结果,从而使人们可以根据不同的性能指标来评估系统性能,包括对客户重新获得服务和运营商实现利润的阻塞概率。

该模型的工作原理以电网供电为优先,站内储能装置的主要目标是在用电高峰期为用户服务,缓解用户需求的变化。基本模型假设站内储能装置的技术也使用电化学储能装置,且数值评估时设置 $\mu=\nu$。但是,充电设施可使用不同的站内储能技术。储能装置的关键因素是其充放电速率和效率水平可以高于 PEV 上使用的电池。因此,充电站的 ESS 充电速率 ν 可能高于车用电池的充电速率 μ。充电站点的性能高低是由阻塞概率度量的,阻塞概率是系统处于阻塞状态的时间百分比。这也意味着可以在本地储能装置中存储更多的电能,可使电能在马尔可夫链中会有更多的直接转换,这有助于降低系统阻塞的概率,下面的例子说明了不同充电技术的效果。假设一个能为一辆 PEV 快速充电的充电站,其电池效率 $\eta=0.9$,在 30min 内可使用最大额定功率工作,$C_{PR}=1$ 并且充电速率参数 $\mu=2$。接下来,假设有一个相同的系统,它还配备了一个相同效率的 $\nu=4$ 的储能装置,与 PEV 的锂离子电池相比有更高的额定功率 $C_{PR}=2$。注意,在相同的时间内,储能装置可以存储为两辆 PEV 提供充电服务所需的电能。因此,新的充电速率 $\tilde{\nu}$ 变成了一个额定功率和站内储能装置效率的函数,即 $\tilde{\nu}=g(\hat{C},\eta)$,其中 $\hat{C} \leq C_{PR}$ 为可获得的电能。备选的站内储能系统概况如图 7-7 所示。

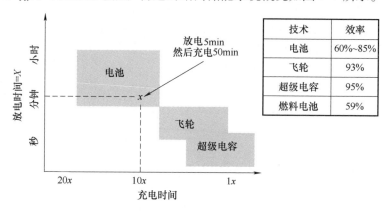

图 7-7 备选的站内储能系统概况

在本节中，我们通过结合备选的储能系统的动态特性来扩展上一节中给出的模型。恒定 ESS 充电速率 ν 由状态相关的充电速率 $\tilde{\nu}$ 所代替。此外，我们采用了一种新的策略，其中电动汽车首先由本地的储能装置进行充电。如果在某一时刻，储能装置的电能不能满足客户的需求，那么就使用从电网中获取的电能。新策略称为"ESS 充电优先"，而之前的策略称为"电网充电优先"。其他关于马尔可夫模型的转化率的设置保持不变。为此，新策略的二维马尔可夫链如图 7-8 所示。

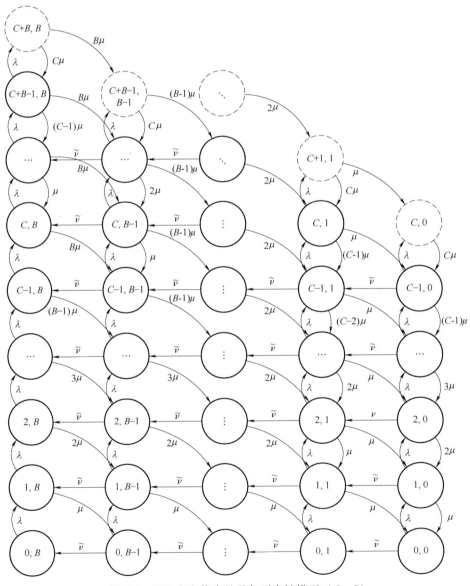

图 7-8　ESS 充电优先的马尔可夫链模型（$C = B$）

值得注意的是，稳态概率可以用类似的方法计算，但是无穷小的生成矩阵需要更新。新模型包含垂直状态之间的新转换，以粗体显示。例如，考虑前面讨论的小案例，其中 $C=B=2$ 有 12 种状态。于是，第五行的 Q 矩阵，对应于状态 (1, 1)，是 $(\mu, 0, 0, 0, -(\mu+\lambda+\nu), \lambda, 0, 0, \nu, 0, 0, 0)$，其他行可用类似的方式构建。

这两个策略评估不同到达率（λ）和电能存储技术（$\hat{\nu}$）。图 7-9 中所示的结果提供了有趣的结果。如果充电站运营商采用快速储能装置，那么从站内 ESS 充电优先的策略将优于从电网充电优先的策略。对于 $\nu \leqslant 3$ 慢充 ESS 技术，第一个策略执行更好，从而可以服务于更多的客户。因此，依靠站内 ESS 技术，充电站运营商可以选择最优的运营策略来服务更多的客户。

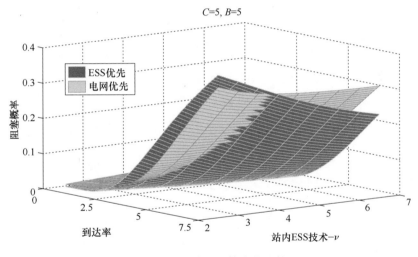

图 7-9 两种充电策略的比较

7.6 系统元建模方法

在前面的小节中，我们提供了计算 PEV 阻塞概率的数值方法。在本节中，我们给出了所提出的充电站模型所涉及的优化问题的解析表达式。为此，我们采用响应曲面法（RSM）来确定由 C、B、ν、λ 构成的阻塞概率函数 P_B。RSM 输入参数在表 7-1 中且 μ 设置为 2，这是锂离子电池常用的参数 3。

这种方法面临的主要障碍是阻塞概率必须位于 [0, 1] 区间，而 RSM 模型预测没有对这些方法施加任何限制。因此，我们将 RSM 模型拟合为 P_B 的对数变换（$y = \lg[x/(1-x)]$），然后用反对数 [$x = 1/(1+e)-y$] 转换以获得

最终结果。回归模型中响应变量对应的对数变换结果为

$$P_B(C,B,\lambda,\nu) = -3.990 - 2.666C - 1.6152B - 0.1492\nu + 3.840\lambda - 0.0645CB$$
$$- 0.002C\nu + 0.209C\lambda - 0.0078B\nu + 0.094B\lambda + 0.003\nu\lambda$$
$$- 0.0175C^2 + 0.055B^2 + 0.0089\nu^2 - 0.271\lambda^2 \tag{7-6}$$

显然，只有当到达率严格为正时，才会有发生阻塞的概率。

对于上述回归模型，R 是平方统计值，拟合优先度指标为 88.06%，均方根误差为 0.52%。也可以计算高阶模型（例如三次拟合），但二阶模型提供了对每个充电站性能参数的充分见解。给出了一些关键量，例如雅可比矩阵——式（7-7）和海赛矩阵——式（7-8），以帮助评估与 C、B、ν 和 λ 有关的 P_B 的灵敏度。可以看出，电网的功率 C 对降低阻塞概率的影响最大，这与仿真结果是一致的。

$$\begin{bmatrix} \dfrac{\partial P_B}{\partial C} \\ \dfrac{\partial P_B}{\partial B} \\ \dfrac{\partial P_B}{\partial \nu} \\ \dfrac{\partial P_B}{\partial \lambda} \end{bmatrix} = \begin{bmatrix} -0.035C - 0.0645B - 0.002\nu + 0.21\lambda - 2.66 \\ 0.0014C + 0.11B - 0.008\nu + 0.094\lambda - 1.62 \\ -0.002C - 0.078B + 0.178\nu + 0.025\lambda - 0.15 \\ 0.209C + 0.094B + 0.003\nu - 0.54\lambda + 3.84 \end{bmatrix} \tag{7-7}$$

RSM 是针对"电网优先充电"策略计算的，但它也可以应用于其他策略，RSM 输入参数见表 7-1。

$$H = \begin{bmatrix} -0.035 & -0.0645 & -0.002 & 0.21 \\ 0.0014 & 0.11 & -0.008 & 0.094 \\ -0.002 & -0.078 & 0.178 & 0.025 \\ 0.209 & 0.094 & 0.003 & -0.54 \end{bmatrix} \tag{7-8}$$

表 7-1　RSM 输入参数

参　　数	间　　距	增　　量	类　　型
S	[1, 15]	1	整数
R	[1, 15]	1	整数
λ	[0.25, 30]	0.25	点数
ν	[2, 10]	1	整数

7.7　本章小结

本章提出了一种快速充电站的架构，该架构旨在通过控制在任何给定时间

接受服务的客户数量来保护电网。充电站设计的关键部分是储能装置。我们评估了将存储装置纳入系统性能分析的效果（即充电服务阻塞概率）。此外，我们提供一个简单的财务模型，制订了在不同的管理制度下选择 ESS 充电的准则。值得注意的是，该系统是为计算峰值时段的系统资源而设计的。因此，ESS 可以用来参与实时的电力供应市场，以增加财务利润。此外，我们还证明了不同的储能技术以更快的速度充放电可以提高系统性能。因此，我们引入了另一种充电策略，即首先由 ESS 提供充电服务，并证明了如果站内 ESS 具有较高的额定功率，充电站可以为更多的车辆充电。本章的最后一部分采用响应曲面法，这是一种统计工具，以多项式形式显示了响应参数、阻塞概率、系统输入电网功率、ESS 的容量与 ESS 充电速率之间的关系。

参 考 文 献

[1] Bayram, I.S., et al., "Electric Power Allocation in a Network of Fast Charging Stations," *IEEE Journal on Selected Areas in Communications*, Vol. 31, No. 7, 2013, pp.1235-1246.

[2] *fastned.nlen*

[3] Bai, S., Yu, D., and Lukic, S., "Optimum Design of an EV/PHEV Charging Station with DC Bus and Storage System," *Proc. IEEE Energy Conversion Congress and Exposition*, Atlanta, GA, Sep. 2010, pp. 1178-1184.

[4] Aggeler, D., et al., "Ultra-fast DC-charge Infrastructures for EV-mobility and Future Smart Grids," *Proc. IEEE Innovative Smart Grid Technologies Conference Europe*, Gothenburg, Sweden, Oct., 2010, pp. 1-8.

[5] Bayram, I.S., et al., "Local Energy Storage Sizing in Plug-in Hybrid Electric Vehicle Charging Stations under Blocking Probability Constraints," *Proc. IEEE International Conference on Smart Grid Communications*, Brussels, Belgium, Oct. 2011, pp. 78-83.

[6] Bayram, I.S., et al., "Strategies for Competing Energy Storage Technologies for in DC Fast Charging Stations," *Proc. IEEE International Conference on Smart Grid Communications*, Tainan City, Taiwan, Nov. 2012, pp. 1-6.

[7] De Freige, M., et al., "Power & Energy Ratings Optimization in a Fast-Charging Station for PHEV Batteries," *Proc. IEEE Electric Machines & Drives Conference*, Niagara Falls, ON, Canada, May 2011, pp. 486-489.

[8] Joos, G., et al., "Design and Simulation of a Fast Charging Station for PHEV/EV Batteries," *Proc. IEEE Electrical Power and Energy Conference*, Halifax, NS, Canada, Aug. 2010, pp.1-5.

[9] Bahrami, S. and Parniani, M., "Game Theoretic based Charging Strategy for Plug-in Hybrid Electric Vehicles," *IEEE Transactions on Smart Grid*, Vol. 5, No. 5, pp.2368-2375.

[10] Myers, R.H., Montgomery, D.C. and Anderson-Cook, C.M., *Response Surface Methodology: Process and Product Optimization Using Designed Experiments*, Fourth Edition, Hoboken, NJ: John Wiley & Sons.

第 8 章

PEV的充电需求控制

8.1 概述

大型和小型充电站模型的主要目标是解决特定的交通状况(例如1天/月的高峰时间)与平均客户需求的容量规划、电能存储规模大小的问题。这些问题具有静态形式,其决策变量的值即电网电力和储能规模不会随时间和系统状态的变化而变化(例如充电站内车辆的数量)。第6章和第7章中提出的问题属于静态控制或开环控制问题。事实上,与这类充电站有关的规划决策一般是在较长时间内执行的。因此,通过以下方式升级系统,如图8-1所示,通过合并新的储能装置或可再生能源来升级系统是不受系统运营商欢迎的,因为这种升级往往会延长投资回报时间。

虽然静态控制可以有效地满足当前的需求,但是由于PEV越来越多且存在与基础设施相关的问题,例如充电站由于道路封闭和绕行而出现暂时的高需求,客户需求往往会逐渐增加。在这种情况下,充电站运营商需要采取动态行动,使需求与可用资源相匹配。动态设计问题是本章和第9章的主题,它是指一些充电站参数服从动态决策,其决策行为是明确关注基于充电站运营商的指导原则进行的经济解释。用于动态设置的独特组件设计包括以下3部分内容:

1)决策变量:包括顾客到达率和车辆充电功率。

2)成本与收益:在动态设置下,顾客面临着被充电站拒绝服务和等待服务的成本,同时享受与服务完成和获得奖励相关的利益(例如降低服务成本)。

3)目标:成本和效益可以相互转换,以达到最佳的平衡,可通过采用适当的功能函数并根据网络参数设置和电源对其进行优化来实现。例如,每个个体都可以单独地寻求优化其功能,或者在有多个客户类别的设置中(例如快

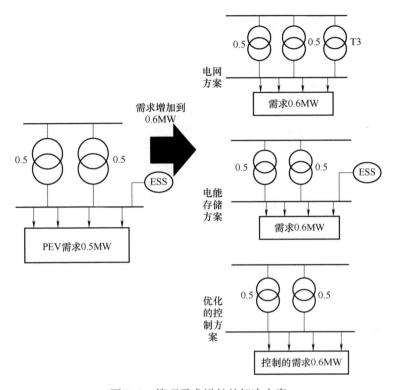

图 8-1 管理需求增长的解决方案

充和慢充),运营商作为一个整体可以使某一类客户利益最大。另外,系统操作人员可能对使所有 PEV 的功能最佳(社会最优性)或每个站点的净利润最大(站点最优性)感兴趣。

在本章中,我们提供了两种基于价格的到达控制方法。首先,我们设想了一个单一的快速充电站,目的是提供足够大的激励,以便能够及时转移需求,这种模式寻求充电站利润的最大化。在第二个模型中,我们考虑了多种 PEV 充电技术的共存,并开发了一种控制 PEV 需求的定价机制,以实现社会效益的最大化。

8.2 快速充电站的负荷管理与数值模拟评估

第一个控制模型设想为单个快速充电站。在客户需求上升的高峰时段,这些设施的高效运行是设计时面临的瓶颈。充电站负荷显然由客户的偏好决定,充电站的基本运行主要由服务价格和激励措施决定。回顾前几章,充电站的设计通常是固定容量的。在这种情况下,可以利用服务价格打折等经济激励措施,使需求与充电站资源保持一致。

8.2.1 快速充电站的负荷管理

我们设想一个充电设施，该设施可以为那些想以最小的延迟获得充电服务的路过的顾客提供服务。我们设想设置一个按时间控制的充电桩，其充电服务按时间 $\mathcal{K} \triangleq \{1,2,\cdots,K\}$ 来提供，其中第 K 个充电桩的持续服务时间为 T_k。对于客户，我们使用与前几章设定的一系列相同参数。具体来说，假定客户到达充电站遵循到达率为 λ_k 和持续周期为 k 的泊松过程。同样，收费服务服从指数分布规律，平均持续时间为 $1/\mu$。收费服务价格是一个外源性变量，因此它经过预先设定并提供给所有客户。由于技术限制（例如变压器、线路的容量等），电网在任何时段 k 可以同时服务的 C（PEV 用户数）是有限的。为了把握住关键点，我们假设车辆只能由电网供电。因此，可以将系统按 M/M/C/C 的排列来建模，在一段时间内的阻塞概率可由式（8-1）得出

$$\beta_k(C,\rho_k) = \frac{\rho_k^C/C!}{\sum_{i=1}^{C}\rho_k^C/C!} \tag{8-1}$$

$\rho_k \lambda_k / \mu$ 代表一段时间 k 内的交通强度。交通拥堵时，充电站运营商可以实施高阻塞服务。从充电站运营商的角度来看，最理想的情况是调节到达的 PEV 充电要求，保证服务阻塞概率 ε 在客户接受的范围内，并且还要随时优化服务的分布。文献 [1] 给出了能满足目标服务阻塞概率的最优到达率：

$$\lambda^* \leqslant \frac{\mathrm{argmax}}{\lambda}(\beta(C,\rho) \leqslant \varepsilon) \tag{8-2}$$

为了规范客户需求，因此他们在高需求期间必须遵守 λ^*，充电站为推迟一段时间○给 PEV 充电的用户提供折扣。PEV 用户的系统模型如图 8-2 所示。在这个例子中，在时间段 2 和 3，充电需求的到达率超过最优的比率 λ^*。因此，PEV 驾驶人被要求将他们的充电需求延迟一段时间。因而，时间段 2、3 和 4 延迟的充电请求分别在时间段 3、4 和 5 期间提供服务。假设 PEV 用户的充电请求最多延迟一个周期。接受折扣服务费率，并将充电请求延迟一段时间的 PEV 用户，将在下一段时间内享受充电服务，拒绝延迟充电要求和要求立即充电服务的客户将承担服务被阻塞的风险。

如果 PEV 用户愿意支付费用 a，他就可以立即享受充电服务，如果 PEV 用户推迟充电且收到折扣 d_k，它将支付一定的服务费用 a_d。因此，如果顾客同意推迟服务，他就应该满意于所获折扣 $d_k > a - a_d$，对于 PEV 用户的总体行

○ 由于目标是将峰值时段充电请求转移到非高峰时段，因此根据峰值持续时间长短来设置周期持续时间。

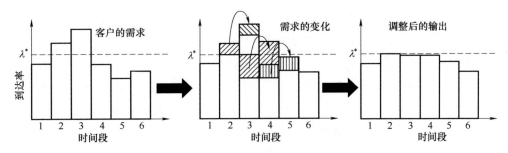

图 8-2 PEV 用户的系统模型

为，a 和 a_d 的值可以随机变化。因此，特别定义了 A 和 A_d 作为随机变量来满足 a 和 a_d 的随机性。因此，对于任何进入的充电请求，用户愿意为即时充电服务支付随机金额 $A \in [p, \infty)$，对于延时服务支付金额 $A_d \in [0, a)$。因此，有充电请求的 PEV 用户接受充电站提供的折扣的概率为

$$F(d) = \mathbb{P}\{A - A_d \leq d\} \tag{8-3}$$

在时段 k 所提供的折扣用 d_k 表示，充电站的收益 $R_k(d_k)$ 可以表示为

$$R_k^U(d_k) = \lambda_k T_k [1 - \beta_k(C, \lambda_k)](p - d_k) F(d_k) + p[1 - F(d_k)] \tag{8-4}$$

在式 (8-4) 中，第一项对应于接受折扣的用户，而第二项对应于请求立即服务的用户。因此，第 k 个期间所要求的合并服务和第 $k-1$ 个期间所要求的合并服务应该满足

$$\lambda_k(1 - F(d_k)) + \lambda_{k-1}(d_{k-1}) \leq \lambda^* \tag{8-5}$$

基于这一框架，充电站运营商通过计算折扣的最小金额来寻求自身收入的最大化，由下式得到：

$$\begin{aligned} & \max_{d_k > 0} R_k^U(d_k) \\ & \text{s.t.} \quad (8\text{-}5) \end{aligned} \tag{8-6}$$

可以很容易地证明折扣值的最佳选择为 d_k^*，在充电需求期间均满足最优速率约束。此外，在低流量期间即 $\lambda_k \leq \lambda^*$ 时，充电站运营商不提供任何折扣，因为它可以提供所有要求的充电服务。因此，最优折扣率由下式得出：

$$d_k^* = \begin{cases} F_k^{-1}\left(\dfrac{\lambda_k + \lambda_{k-1} - \lambda^*}{\lambda_k}\right), & \lambda_k + \lambda_{k-1} > \lambda^* \\ 0, & \text{其他} \end{cases} \tag{8-7}$$

8.2.2 数值模拟评估

我们假设一个总容量为 1.5MW，$C = 30$ 的快速充电站。系统参数设置如下：持续时间设置为 1h，而且假定平均在 20min 内（$\mu = 3$）快速充电桩就可

以为一辆 PEV 的电池充满电。充电站运营商设置的目标阻塞概率 $\varepsilon = 0.01$，因此临界的到达率 $\lambda^* = 61.02$。当顾客到达率小于或等于 λ^* 时，充电服务价格为 10 美元。另一方面，如果客户到达率超过 λ^*，充电站运营商提供折扣改变顾客的充电需求。此外，客户愿意支付的充电服务费用遵循均值 $m = 15$ 和标准差 $\sigma = 5$ 的高斯分布。同样，顾客愿意支付的延期充电服务费遵循均值 $m_d = 5$ 和标准差 $\sigma_d = 3$ 的高斯分布。

在不同的到达率下应对充电站的性能进行评估。为了融入人的行为，假定充电站经历了上午和下午的高峰需求。图 8-3 比较了设置的和没有基于价格的控制机制的到达率。峰值负荷降低时的阻塞概率如图 8-4 所示。可以看出，可以对客户的充电需求进行转移满足 QoS 目标，不仅提高了客户的满意度，还增加了充电站的利润。其利润比较如图 8-5 所示。

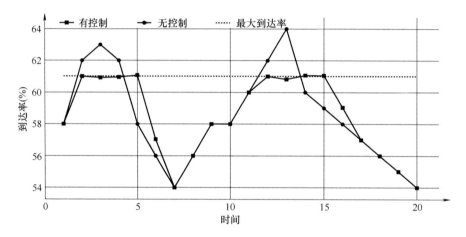

图 8-3　客户到达率曲线

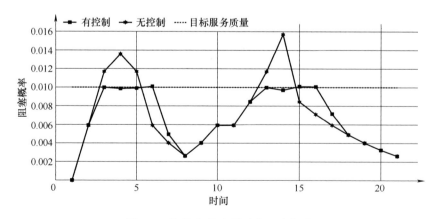

图 8-4　峰值负荷降低时的阻塞概率

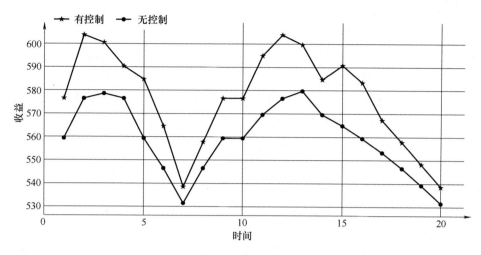

图 8-5 收益比较

8.3 复合充电技术下的负荷管理

在本节中,我们将重点介绍一个配备了不同充电技术的 PEV 充电网络,如 1 级、2 级和快速充电。与前面的例子类似,目标是提出一个控制框架来规范 PEV 的充电需求来防止系统出现故障。此外,该框架利用动态定价来控制客户需求,并提供具有良好 QoS 水平的充电服务。整个框架如图 8-6 所示。

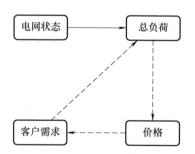

图 8-6 激励——基于社会效益最大化的控制机制

该框架的目标是激励和控制电动汽车按一定的到达率提交充电要求,以最大限度地提高经济效益。该架构假设充电网络位于 PEV 的充电需求高度随机、规模较大的大城市区域。接下来,我们提供数学模型的细节。

8.3.1 系统模型

我们假设一个为 N 个客户和 J 个不同级别提供充电服务的设施,标记 $j \in \{1,\cdots,J\}$,根据顾客的喜好对他们进行分类;电池组的大小、所要求的电量和充电速率用 $\{b_1,\cdots,b_J\}$ 表示。由于站点资源受分布式电网约束的限制,当一个类型为 j 的 PEV 到达时,如果可用的站点资源小于 b_j 时,客户将被拒绝充电。因此,被拒绝的概率(可与负载损失的概率互换使用)作为一种自然的性能度量出现。由于电网随时间波动,充电站的电能总量随时间而变化。因此,我们假设一个由时间指标 $k \in N$ 表示的动态系统,其中 C_k 表示在 k 时刻整个 PEV 车队可用的电网总功率,注意 C_k 是给定的外源参数。由于充电站位于一个小而封闭的区域内,因此可以将一组 PEV 充电桩抽象为一个服务于不同客户类别的超级充电站。我们进一步假设系统容量大于每种类型客户的总需求。

停电事件发生率的增加会损害系统运营商的利润,并导致车辆的充电服务中断。因此,充电网络的优化运行与制订一套管理负荷过载的概率(LoLP)的决策机制是密切相关的,LoLP 定义为充电站的资源低于总的客户需求的概率。系统操作员可以利用动态变化的定价方案以期望的价格调整 LoLP 的比率,通过该定价方案,他们可以影响顾客的行为模式,这些行为模式由顾客的到达率抽象出来。为了使其形式化,我们定义了 $p_j(k)$ 作为服务类型 j 的价格并相应地定义了价格向量 $\boldsymbol{p}(k) \triangleq [p_1(k),\cdots,p_J(k)]$。

根据所有客户都知道的价格,每个客户群决定是否提出某种类型的服务请求。让我们用 $\lambda_j^n(k;\boldsymbol{p}(k))$ 来表示在 k 期间由客户 $n \in \{1,\cdots,N\}$ 提出的充电请求的类型 $j \in \{1,\cdots,J\}$ 的比率。因此,类型为 j 的充电服务请求的总到达率为

$$\lambda_j^n(k;\boldsymbol{p}(k)) \triangleq \sum_{n=1}^{N} \lambda_j^n(k;\boldsymbol{p}(k)) \tag{8-8}$$

从电网运营商的角度来看,这些充电请求是在网络上不断产生的,正如在文献 [6] 中讨论的一个常见的假设是这些聚集的充电请求(不一定是单独的请求)符合泊松过程。因此,我们定义了到达率向量:

$$\boldsymbol{\lambda}^n(k;\boldsymbol{p}(k)) \triangleq [\lambda_1^n(k;\boldsymbol{p}(k)),\cdots,\lambda_J^n(k;\boldsymbol{p}(k))] \tag{8-9}$$

$$\boldsymbol{\lambda}(k;\boldsymbol{p}(k)) \triangleq [\lambda_1(k;\boldsymbol{p}(k)),\cdots,\lambda_J(k;\boldsymbol{p}(k))] \tag{8-10}$$

其中在 $[0,\infty)$ 中定义了对 λ_j^n 可行值的集合。每个类型的 LoLP 都是到达率的函数,我们定义 $\beta_j(k;\boldsymbol{p}(k))$ 与 j 类客户相关联的 LoLP,并进一步定义 $\boldsymbol{\beta}(k;\boldsymbol{\lambda}(k;\boldsymbol{p}(k)))$ 作为对应的 LoLP 向量。最后,我们遵循相同关于服务速率统计的假设并定义 $1/\mu_j$ 作为 j 类客户的平均充电时间。

需要注意的是，由于充电站位于一个像大学校园这样小而封闭的区域内，所以整个充电站群就像一个有多个类别用户的大的充电站。因此，假定电力系统的损失可以忽略不计，所有用户共享同一个电源。此外，为了简化符号，在其余的讨论中，省略了对 k 的明显依赖关系。

8.3.2 问题公式化

如前所述，目标是在所有客户的网络中设计一个使社会效益最大化的控制架构。因此，我们将 PEV n 的效用函数定义为 $U^n(\boldsymbol{\lambda}^n;\beta(\boldsymbol{\lambda}))$。

其中效用函数依赖于客户 n 的到达率。此外，由于资源共享，效用函数还依赖于与其他类客户相关联的阻塞概率。系统中的集合社会效益为

$$R = \sum_{n=1}^{N} U^n(\boldsymbol{\lambda}^n;\beta(\boldsymbol{\lambda})) \tag{8-11}$$

因此，系统操作者的目标是将式（8-11）通过最优化抽象为控制到达率 $\{\boldsymbol{\lambda}^n\}_{n=1}^{N}$，即

$$\max_{\boldsymbol{\lambda},\cdots,\boldsymbol{\lambda}^N} \sum_{n=1}^{N} U^n(\boldsymbol{\lambda}^n;\beta(\boldsymbol{\lambda})) \tag{8-12}$$

在下面的分析中，我们假设效用函数 U^n 在到达率为 $\{\lambda_j\}_j$ 时是递增的，在 LoLP 为 $\{\beta_j\}_j$ 时是递减的。我们还假设 U^n 对于所有的 $j \in \{1,\cdots,J\}$ 的 λ_j 是凹函数，并且所有的参数都是连续可微的。

8.3.3 全局问题

本节的主要目的是提供一种方法来解决式（8-12）中给出的社会效益最大化问题。由于全局目标函数依赖于所有客户的效用函数，所以这个问题称为全局问题。然而，值得注意的是，PEV 是自主的实体，并且基于所有客户都知道的公共信息（例如收费）和他们对网络动态的感知进行操作。这种分散的性质需要以分散的方式[⊖]解决式（8-11），因此客户只能根据充电站运营商设定的最新价格动态调整自己的需求。我们证明存在这样的分散式调整策略将式（8-12）算出的社会效益最大化。

回顾一下单独的实用程序函数 U^n 在到达率为 $\{\lambda_j\}_j$ 时是递增的，在 LoLP 为 $\{\beta_j\}_j$ 时是递减的，其中 $\{\lambda_j\}_j$ 是凹函数，在所有的参数中都是连续可微的。当 $\forall n \in \{1,\cdots,N\}$ 和 $\forall j \in \{1,\cdots,J\}$ 时，总的社会效益 $R = \sum_{n=1}^{N} U^n$ 是最大的，我们有

⊖ 如果这些车辆是一个协调车队的一部分，而该车队有义务服从中央控制器的指示，那么这个问题就可以集中解决。

$$\frac{\partial R}{\partial \lambda_j^n} = \frac{\partial U^n}{\partial \lambda_j^n} + \sum_{l=1}^{N} \sum_{s=1}^{J} \frac{\partial U^l}{\partial \beta_s} \frac{\partial \beta_s}{\partial \lambda_j^n} = 0 \qquad (8\text{-}13)$$

考虑到每一类客户的阻塞概率，对该类型客户的到达率求和，即 $\lambda_j = \sum_{n=1}^{N} \lambda_j^n$，根据式 (8-13) 有 $\forall n \in \{1,\cdots,N\}$ 和 $\forall j \in \{1,\cdots,J\}$，即

$$\frac{\partial R}{\partial \lambda_j^n} = \frac{\partial U^n}{\partial \lambda_j^n} + \sum_{l=1}^{N} \sum_{s=1}^{J} \frac{\partial U^l}{\partial \beta_s} \frac{\partial \beta_s}{\partial \lambda_j^n} = 0 \qquad (8\text{-}14)$$

因此，求解式 (8-14) 可以为整个客户群体生成一组全局最优的到达率。

8.3.4 局部问题

由 8.3.3 节可知，式 (8-14) 得到的全局优化解可采用分布式的方式计算，其中每个充电站形成一个局部问题并求解。为了解决这一全局性问题，将公布的价格与调整后的到达率之间的动态关系公式化，本节回顾了 p_j 向 j 类型客户收取的充电价格，我们首先为每个客户 $n \in \{1,\cdots,N\}$ 和服务类型 $j \in \{1,\cdots,J\}$ 定义如下局部通用公式：

$$\widetilde{U}^n(\boldsymbol{\lambda}^n;\boldsymbol{\beta}(\boldsymbol{\lambda})) \triangleq \underbrace{U^n(\boldsymbol{\lambda}^n;\boldsymbol{\beta}(\boldsymbol{\lambda}))}_{\text{gain}} - \underbrace{\sum_{l=1}^{J} p_l(1-\beta_l)\lambda_l^n}_{\text{cost}} \qquad (8\text{-}15)$$

通过解决这一局部优化问题，对相关的到达率，客户 n 可以计算其局部最优的和相关的到达率 $\boldsymbol{\lambda}^n = [\lambda_1^n,\cdots,\lambda_J^n]$。具体地说，对于所有 $\forall n \in \{1,\cdots,N\}$ 和 $j \in \{1,\cdots,J\}$ 使部通用函数 $\{\widetilde{U}^n\}_n$ 最大的局部最优到达率满足：

$$\frac{\partial U^n}{\partial \lambda_j^n} - p_j(1-\beta_j) = 0 \qquad (8\text{-}16)$$

通过求解式 (8-16)，每个客户可以根据所公布的价格计算自己的到达率。最优局部到达率的构成取决于通用函数 U^n 的选择。

8.3.5 全局和局部问题之间的联系

值得注意的是，单独每一辆 PEV 没有任何关于其到达率与一系列优质服务有关系的信息，例如 $\{\beta_j\}_j$。此外，与每个独立客户的需求相比，系统规模是很大的。因此每个单独的客户对 LoLP 没有显著的影响，通过比较式 (8-14) 和式 (8-16)，我们可以得出每个 $j \in \{1,\cdots,J\}$ 的最优价格满足

$$p_j^* = -(1-\beta^j)^{-1} \sum_{l=1}^{N} \sum_{s=1}^{J} \frac{\partial U^l}{\partial \beta^s} \frac{\partial \beta^s}{\partial \lambda_j} = 0 \qquad (8\text{-}17)$$

当 j 型 PEV 的充电价格为 p_j^* 时，其局部优化问题中式 (8-15) 的结果满足式 (8-13) 给出的条件，反过来又保证式 (8-14) 中全局优化问题的解等价式 (8-15) 中局部优化问题的解。因此，由于没有任何单个客户可以通过

偏离其局部最优解而获得更高的收益，局部最优解转化为均衡解。

8.3.6 计算 LoLP

前一节描述的充电站模型属于多维损失系统或多速率损失系统，用于评估有限资源网络的基本性能。在这样的系统中，到达的客户请求一定数量的资源接受或拒绝服务。此外，效用函数依赖于系统阻塞概率及其导数。因此，我们对计算 LoLP 作为系统参数的函数很感兴趣。

我们首先介绍一个模拟实例来说明多元系统模型背后的常识。假设有三类客户请求 $j=\{2,3,4\}$ 个充电桩，而充电站点容量 $C=8$。我们感兴趣的是计算每个类别客户的阻塞概率，即到达的 PEV 找不到足够充电桩的概率。在这种情况下，系统状态是三维的，显示每种类型的活动客户数量。在本例中，最多可以有 4 个类型 1 的客户、2 个类型 2 的客户和 1 个类型 3 的客户。由于该站点可以为不同类型的客户提供服务使计算阻塞概率变得复杂。在这种情况下，与 LoLP 相关的计算需要包含所有的阻塞状态。在这个模拟实例中，对于类型 3 的客户，当可用充电桩少于 3 个时，就会发生阻塞。因此，与类型 3 的阻塞概率相关的是稳态概率之和 $\pi(4,0,0)+\pi(3,0,0)+\pi(2,1,0)+\pi(2,1,0)+\pi(2,0,1)+\pi(1,0,1)+\pi(1,1,0)+\pi(1,2,0)+\pi(0,2,0)+\pi(0,1,1)+\pi(0,0,2)$。

这个案例显示，随着车辆类型的数量和站点容量的增多，系统规模按指数函数递增。因此，有效地计算 LoLP 需要分析 J 个独立的时间的可逆马尔可夫链。正如上面提到的，系统状态被定义为每种类型的客户的数量，即 $\boldsymbol{Q} \triangleq [Q_C^1, \cdots, Q_C^J]$，而状态空间用 $\Omega \triangleq \{\boldsymbol{Q}: \sum_{j=1}^J b_j Q_\infty^j \leq C\}$ 表示，而 $\widetilde{Q}_C^j$ 来表示能够同时接受充电服务的 j 类型客户最大数量。假设排列顺序是 $b_1 \geq \cdots \geq b_J \geq 0$，在不失一般性的前提下 $0 \leq \widetilde{Q}_C^1 \leq \cdots \leq \widetilde{Q}_C^J$，由文献 [5] 可知状态 $\boldsymbol{Q}$ 的概率为

$$\overline{\pi}(\boldsymbol{Q}) = \prod_{j=1}^{J} \frac{q_j^{Q_\infty^j}}{Q_\infty^j !} e^{-q_j} \tag{8-18}$$

对于给定的一组充电速率 $\boldsymbol{b} \triangleq [b_1, \cdots, b_J]$ 和到达率 $\boldsymbol{q} \triangleq [q_1, \cdots, q_J]$ 的平均数值，我们将类型 j 的客户 LoLP 表示为

$$\beta_j : \mathbb{R}^J \rightarrow [0,1]$$

其中一方面我们获得了不同类型客户阻塞概率之间的关系，另一方面也获得了客户的统计数据 $\boldsymbol{b}$ 和 $\boldsymbol{q}$，由于不同类别 Q_∞^j 的 PEV 数量是相互独立的泊松分布随机变量，则有

$$\beta_j(\boldsymbol{q}, \boldsymbol{b}) = \mathbb{P}\{C - b_j < \sum_{j=1}^J b_j Q_C^j\} \tag{8-19}$$

$$= \mathbb{P}\{C - b_j < \sum_{j=1}^{J} b_j Q_\infty^j \leq C \mid \sum_{j=1}^{J} b_j Q_\infty^j \leq C\} \quad (8\text{-}20)$$

$$= \frac{\mathbb{P}\{C - b_j < \sum_{j=1}^{J} b_j Q_\infty^j \leq C\}}{\mathbb{P}\{\sum_{j=1}^{J} b_j Q_\infty^j \leq C\}} \quad (8\text{-}21)$$

与式（8-20）相似，我们对有限的容量进行了条件设定并计算出一般状态 Q 的概率分布为

$$\pi(Q) = \frac{\overline{\pi(Q)}}{\sum_{\widetilde{Q} \in \Omega} \overline{\pi(\widetilde{Q})}} \quad (8\text{-}22)$$

回顾模拟实例中给出的讨论，对于客户类型 j 我们定义了阻塞状态为

$$\Psi_j \triangleq \{Q : C - b_j < \sum_{k=1}^{J} b_k Q_C^k \leq C\}$$

因此，式（8-21）可改写为

$$\beta^j(q,b) = \sum_{s \in \Psi_j} \pi(s) = 1 - \sum_{s \notin \Psi_j} \pi(s) \quad (8\text{-}23)$$

式中，第二项为充电站总容量为 $(C - b_j)$ 而不是 C 的概率，$\pi(s)$ 是稳态概率质量函数。此外，我们定义函数 $H(C,J)$ 为

$$H(C,J) \triangleq \sum_{\{Q:bQ \leq C\}} \prod_{j=1}^{J} \frac{q_j^{Q^j}}{Q^j!} \quad (8\text{-}24)$$

在此基础上，可以根据下式计算出各个 LoLP：

$$\beta_j(q,b) = 1 - \frac{H(C - b_j, J)}{H(C,J)} \quad (8\text{-}25)$$

式（8-24）中的集合 $\{Q:bQ \leq C\}$ 包含与没有发生阻塞事件的情况相对应的所有系统状态。而式（8-25）为 β_j 提供了一个明确的说明，当系统容量 C 较大时，相关计算的代价可能很高。考虑实际情况，J 类型客户的数量一般是在 3~6 之间变化，而充电站的容量大约是 1MW，LoLP 可以通过考夫曼-罗伯茨算法进行计算（详细内容见算法1），这涉及计算被占用的电力的简单迭代循环，让 c 表示正在使用的电能数量并定义：

$$\alpha(c) \triangleq \mathbb{P}\{c \text{ 在使用中的电能单位}\}$$

因此，我们有

$$\alpha(c) = \sum_{\{Q:bQ \leq c\}} \frac{q_j^{Q^j}}{Q^j!} \frac{1}{H(C,J)} \quad (8\text{-}26)$$

而对应于客户类型 j 的 LoLP 由下式计算得出：

$$\beta_j(q,b) = \sum_{i=0}^{b_j - 1} \alpha(C - i) \quad (8\text{-}27)$$

注意，以上公式的推导是基于电网资源离散化的前提下得出的（例如 1kW 为 1000 个离散服务单元的负载）。

回想一下，全局优化问题和局部优化问题包含了 LoLP 对每个类型的 PEV 提供的负载的导数集。在提出的多类客户模型中，没有性能指标（LoLP）相

关输入参数的明确公式。为了有效地求出目标值，我们采用基于卷积算法的方法。为此，与客户类型 j 相关的 LoLP 的值对另一个类别 $j_1 \neq j_2$ 的流量密度可以通过使用下式计算出来：

$$\frac{\partial \beta_{j_1}}{\partial q_{j_2}} = \alpha(C - b_{j_1}) + \alpha(C - b_{j_2} - 1) + \cdots + \alpha(C - b_{j_2} - b_{j_1} - 1) - (1 - \beta^{j_2})\beta^{j_1} \tag{8-28}$$

LoLP 计算的一个重要性质是其弹性，表示顾客 j 的 LoLP 对顾客 k 流量密度的敏感性与顾客 k 的 LoLP 对顾客 j 流量密度的敏感性相同，也就是说

$$\frac{\partial \beta_j}{\partial q_k} = \frac{\partial \beta_k}{\partial q_j} \tag{8-29}$$

这个性质降低了计算复杂度，因为优化问题包含这样的值。接下来，我们用以下参数提供一个示例。假设充电网络从电网中获取 $C = 1000$ 单位的电力，服务于三种类型的客户（即 $j \in \{1,2,3\}$）。客户类型由他们所用充电器的技术差异来决定，并通过模拟当前充电标准（例如快速充电和二级充电），充电统计数据设置为 $\boldsymbol{b} = \{50,7,5\}$，$\mu_1 = 3$，$\mu_2 = 0.42$，$\mu_3 = 0.2$。

算法 1　考夫曼-罗伯茨算法

Set $k(0) = 0$ and $k(i) = 0$ for $i \in IR^-$
for $i = 1$ to C do
$$k(i) = \frac{1}{i} \sum_{j=1}^{J} b_j q_j (j - b_j)$$
end for
Compute $H = \sum_{i=1}^{C} k(i)$
for $i = 0$ to J do
$$\alpha(i) = \frac{k(i)}{H}$$
end for
for $j = 1$ to J do
$$\beta_j(q, b) = \sum_{i=C-b_j+1}^{C} \alpha(i)$$
end for

图 8-7 所示的结果表明，直流快速充电客户的阻塞性能比其他类型的客户差。这是由于快速充电需要 50kW 的充电功率，而对其他类型的客户要求则低得多。

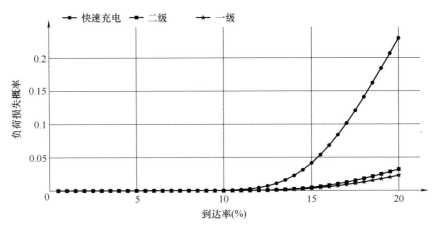

图 8-7　考夫曼-罗伯茨算法计算 1MW 充电站快速、二级和一级充电用户的负荷损失概率

8.3.7　数值评估

在本节中，我们提供了一个案例研究来展示定价机制如何控制客户需求和如何使社会效益最大化。我们假设有两种类型的客户配备了快速充电和慢速充电技术。根据 8.3.6 节的讨论，参数设置为 $b_1=50$，$b_2=7$，$\mu_1=3$，$\mu_2=0.42$。对于单个用户的效益函数，我们采用了广泛使用的对数函数，其中单个客户的效益随着到达率的增加而增加，随着客户阻塞率的增加而减少。定义当 $\lambda_j \geqslant 0$ 时的效益函数 U 为

$$U = \sum_{j=1}^{J} \omega_j \lg(1+\lambda_j) - \theta_j \lg(1+\beta_C^j) \qquad (8-30)$$

式中，ω_j 和 θ_j 是 j 级 PEV 的权重，注意由于客户倾向短的充电时间并能获得更多的效益导致直流快充客户的权重比高于慢充客户。为了评价模型的有效性，将充电站容量设置为 1MW，其他参数设置为 $\omega_1=30$，$\omega_2=10$，$\theta_1=60$，$\theta_2=20$，获得的最佳到达率是 λ_1^* 和 λ_2^*，阻塞的可能性是 $\beta_1=0.006$ 和 $\beta_2=0.0007$，基于这些数据，最优的价格变为 $p_1^*=0.122$ 和 $p_2^*=0.097$，整体效益是 117.55，为了说明社会效益的变化，我们对不同到达率的系统进行了评估。图 8-8 所示的结果显示最大的收益是在 $(\lambda_1^*,\lambda_2^*)=(25.4,9.4)$ 时获得的。

接下来，我们对大范围的系统参数进行仿真。假设充电站容量随时间变化并遵循 $C(k)=1000+20\sin(2\pi k/80)$，假定其为常数，持续时间 $T=10$。图 8-9 所示的结果表明，接受快速充电的客户比接受慢速充电的客户更有利于提高社会效益。对于给定的到达率集合，对应的 LoLP 如图 8-10 所示。

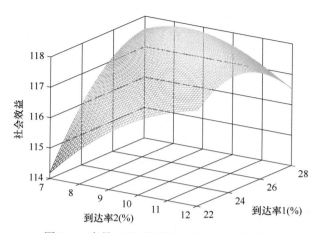

图 8-8　容量 1MW 的充电站社会效益的优化

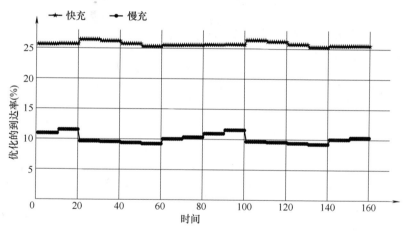

图 8-9　最佳到达率

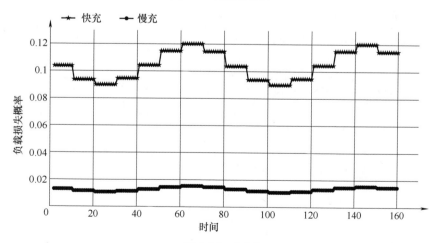

图 8-10　LoLP

8.4 本章小结

本章在繁忙的交通流量条件下运行 PEV 充电设施并提出了基于价格的控制架构。第一个架构适合于小型直流快速充电站（类似于第 7 章中讨论的一个），其运营商的目的是向客户提供激励，使其总需求低于充电站的服务能力，而充电站的利润最大化。第二个定价架构考虑了一个更复杂的问题，它由多个共享电网资源的客户类别组成，目标是计算最优到达率以使系统的社会效益最大化。该模型的主要特点是充电站内人员与 PEV 驾驶人的在线交互。仿真结果表明，定价可以作为保持总客户需求低于充电站的服务能力的一种工具。

参 考 文 献

[1] Stidham Jr, S., *Optimal Design of Queueing Systems*, CRC Press, 2009.

[2] Bayram, I.S., et al., "Electric Power Allocation in a Network of Fast Charging Stations," *IEEE Journal on Selected Areas in Communications*, Vol. 31, No. 7, 2013, pp.1235-1246.

[3] Von Meier, A., *Electric Power Systems: A Conceptual Introduction*, New York: John Wiley & Sons, 2006.

[4] Courcoubetis, C. A., & Reiman, M. I., "Pricing in a Large Single Link Loss System," *Proc. Proceedings of 16th International Teletraffic Congress*, Edinburgh, Jun. 1999.

[5] Kleinrock, L. (1975). *Queueing Systems, Volume 1: Theory*, New York: Wiley-Interscience, 1975.

[6] Kaufman, J. S., "Blocking in a Shared Resource Environment," *IEEE Transactions on Communications*, Vol 29, No. 10, 1981, pp. 1474-1481.

[7] Iversen, V. B. and Stepanov, S. N.,"Derivatives of Blocking Probabilities for Multi-service Loss Systems and Their Applications," In *Next Generation Teletraffic and Wired/Wireless Advanced Networking*, Koucheryavy, Y., Harju, J., and Sayenko, A. (eds.), Berlin. Springer, 2007, pp. 260-268.

[8] Bayram, I. S. et. al., "A Pricing-based Load Shifting Framework for EV Fast Charging Stations," In *IEEE International Conference on Smart Grid Communications*, Nov., 2014, pp. 680-685.

[9] Wang, G. et. al., "Dynamic Competitive Equilibria in Electricity Markets," in *Control and Optimization Methods for Electric Smart Grids*, New York: Springer, 2012.

[10] Mazumdar, R. R., "Performance Modeling, Loss Networks, and Statistical Multiplexing", *Synthesis Lectures on Communication Networks*, Vol. 2, No. 1, 2009, pp 1-151.

第 9 章

最优服务速率

9.1 概述

在第 6 章和第 7 章中,我们提供了数学模型以优化配置站点资源,例如从电网中获取的电力和电能存储的大小。在第 8 章中,我们考虑到客户数量的增长和充电站资源不足以满足需求的情况,在这种情况下,充电站运营商提出激励机制来鼓励客户将消费时间转移到非高峰时间,从而使充电站总体上能够提供令人满意的充电服务。

本章是对单一的充电站设计工作的补充,并以充电站充电速率作为主要决策变量。本章分为两个部分。第一部分分析了锂离子电池的最佳充电方式,其结果推出了著名的恒流恒压(CCCV)充电方式。第二部分考虑一个充电站,到达的客户具有不同的 SOC 级别,其主要目的是当 SOC 接近 100% 时,充电功率接近于零。因此,通过限制 SOC 的最高水平尽可能地缩短充电时间,充电站可以服务更多的客户,并使其运营收入最大化。

基于充电率的控制方法考虑了多种竞争性能指标,我们将对在文献中流行的度量指标进行介绍。

根据应用程序和场景的不同,PEV 电池充电问题包括各种不同的目标,例如电力成本、电力系统损耗、电池退化、目标负载情况和顾客的舒适度。接下来,我们将介绍每个构成指标。

电费或服务费是优化框架的首要目标。对于家庭或车库充电方式,电价通常是公用电力公司给出的外生变量,充电目标是优化调整充电速率,使服务成本最小。4.2 节介绍了定价机制,并在 4.3 节中给出了一个优化架构的例子,在该架构中公用电力公司使用分时电价,同时用户调整充电功率,并使定价作为一种控制工具来管理 PEV 的负载，第 8 章介绍了两个充电站设计框架。

如第 2 章所述，因为 PEV 成了影响电力系统性能的重要负载，电力系统的损耗和电压分布一直是许多研究的重点。PEV 的充放电也可以通过使网络损耗最小来实现，PEV 电池可用于最优功率流问题。值得注意的是，这方面的研究通常考虑家庭充电用途，完成充电的时间相当长（例如 7~8h）。因此，调整收费的费率并不会影响消费者的喜好。

电池衰退是影响充电速度的另一个重要因素。第 4 章对电池衰退进行了详细的分析，并给出了几个实例。此外，充电站在确定服务费率时也考虑了电池损耗。

客户满意度是通过服务的平均等待时间、停电概率和目标 SOC 级别等 QoS 指标来度量的。充电空间有限的站点（例如小型快速充电站）采用停机概率，而等待空间较大的站点同时使用停电和等待时间作为性能指标。此外，客户的满意度可能包括延迟充电服务或满足一定的期限（例如早上 7 点前完成服务）。

注意上面提到的性能指标，如果在一个框架中同时考虑很可能是相互矛盾的。例如，为了减少充电时间而使客户的满意度最高，充电功率就应该增加。然而，这可能会降低电池寿命，同时服务成本取决于充电时间和电价。同样地，电网条件可能发生阻塞和电压下降，这会限制充电速率。因此，决策参数的作用依赖于应用程序。另一方面，本节提出的模型考虑了电力成本、能源损耗、电池退化和客户满意度。

9.2 最佳单个电池充电

在本节中，我们分析了配备锂离子电池的 PEV 的最优充电问题，并论述了被广泛接受的 CCCV 充电方案的工作原理，其目的是将充电时间和与能量转移相关的能量损失降到最低。为了开始我们的分析，我们在图 9-1 中给出了一个简化的 PEV 电池等效电路模型，值得注意的是，有复杂的电路模型来描述 PEV 电池的工作原理。然而，本章给出的等效电路模型给出了足够多的细节，使我们能够推导出封闭形式的解。

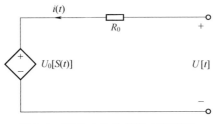

图 9-1　PEV 电池的等效电路模型

该电路的元件包括电压控制的电源和表示电池内阻的电阻。对于电源，用 U_0 来表示对应的开路电压（OCV），用 $S(t)$ 表示 SOC 的函数。因此，OCV 可以用 $U_0[S(t)]$ 表示。显然，当电池充满电时 SOC 为 1，当电池完全放电时 SOC 为 0。此外，SOC 是在离散的时间来测量的，每 δ 秒取样一次。我们用 t_0 和 t_f 表示初始充电时间和最终充电时间，同理 $S(t_0)$ 和 $S(t_f)$ 分别表示假定已知的初始状态和最终状态的 SOC。此外，通过设置 $t_0 = 0$，PEV 的充电时间为 $t_f\delta^{\ominus}$。最后，假设最大允许的终端充电电压为 U_m，则 $\forall t$，有 $U(t) \leq U_m$。

在任何中间充电时间 t，电池 SOC 满足

$$S(t+1) = S(t) + C_c i(t) \tag{9-1}$$

其中 C_c 为库仑计数参数（单位为 1/安培）。因为 1 库仑每秒等于 1 安培，所以 $C_c = \dfrac{\delta}{3600 C_{bat}}$，其中 C_{bat} 是电池容量。如前所述，本节的目标是找到最优的充电模式，使充电时间（CD）和电能损耗（EL）最小化。目标函数的第一部的充电时间可以用 $F_{CD} = t_f \delta$ 来表示。第二部分的电能损耗取决于通过电阻的电流大小。因此，电能损耗与电流的二次方成正比，与电阻大小成正比，每隔一段时间，电能损耗可以写成如下形式$^{\ominus}$：

$$F_{EL} = \sum_{t=0}^{t_f-1} R_0 [i(t)]^2 \delta \tag{9-2}$$

因此，目标函数可以写成

$$F_{EL} = \omega_{CD} F_{CD} + \omega_{EL} F_{EL} \tag{9-3}$$

$$= \omega_{CD} t_f \delta + \omega_{EL} \sum_{t=0}^{t_f-1} R_0 [i(t)]^2 \delta \tag{9-4}$$

其中，ω_{CD} 和 ω_{EL} 为各成本分量的权重。同时，电池规格可以认为是 R_0 是已知的。注意只有电池的比重 $\theta = \dfrac{\omega_1}{\omega_2}$ 影响最优的电流曲线 $i(t)$，因此式（9-4）中的目标函数可以写成

$$F = \theta t_f \delta + \sum_{t=0}^{t_f-1} R_0 [i(t)]^2 \delta \tag{9-5}$$

最优的锂离子电池充电方式可分为两部分。当 PEV 电池插入时，电池充满电时的电压水平（即 $U_m = U_0$ 和 $S(t_f) = 1$）是开路电压 U_0 升起并推动终端电压上升到 U_m。通常，在电池充满电前终端电压已达到 U_m。假设终端电压在时间 t_k 达到 U_m，直到时间 t_f 之前保持不变，则在 $t = t_k, t_{k+1}, \cdots, t_{f-1}$ 时充电电流可以写成 $i(t) = \dfrac{1}{R_0}\{U_m - U_0[S(t)]\}$，并且 SOC 水平为 $S(t_1) = S_1, \cdots, S(t_f) =$

$\ominus$ 接下来的分析中，$t_0 = 0$，除非有特殊定义。

$\ominus$ 注意，在 $t - t_f$ 时，充电电流为零，所以总和就成为 $t_f - 1$。

S_{t_f},因此找到 $t \geq t_k$ 时的电压和电流曲线后,问题就转化为寻找当 $t=0,\cdots,t_k$ 时终端电压达到 U_m 的充电曲线。因此,可以将最优充电问题简化为找到曲线直到电压达到 U_m 时,可以写成

求最小值:$\theta t_f \delta + \sum_{t=0}^{t_f-1} R_0 [i(t)]^2 \delta$

约束条件为
$$\begin{cases} S(t+1) = S(t) + C_c i(t) \\ U_0[S(t)] + i(t)R_0 \leq U_m \\ S(0) = S_0, S(t_k) = S_{t_k} \\ 0 \leq S(t) \leq 1 \end{cases} \quad (9\text{-}6)$$

上述二次方程式问题可按以下三步求解:

1)对于给定的 t_k,计算当 $0 \leq t \leq t_k$ 时的最优电流分布 $i(t)$,从而使能量损失最小并计算出在 t_f 时刻的 F_{EL}。

2)根据步骤 1 计算的最小 F_{EL} 值用 t_k 构造一个新的目标函数,加上权重充电的时间成本,然后计算基于所设计的目标函数的最优 t_k。

3)用步骤 2 得到的最优 t_k 对步骤 1 得到的最优电流曲线进行评估。

步骤 1 计算如下:对于给定的 t_k,在与式(9-6)相同的约束条件下,通过使总能量损失最小,可以得到最优电流曲线。该优化问题可用哈密顿函数求解,该函数为

$$H(t) = R_0 i^2(t)\delta + Y(t+1)[S(t) + C_c i(t)] \quad (9\text{-}7)$$

因此,对于最优解,下列等式必须成立。

1)对于其余分析,除非另有说明,否则 $t_0 = 0$。

2)注意,在 $t-t_f$ 时的充电电流变为零,求和结束于 t_f-1。

$$Y(t) = \frac{\partial H(t)}{\partial S(t)} \quad (9\text{-}8)$$

$$\frac{\partial H(t)}{\partial i(t)} = 0 \quad (9\text{-}9)$$

且
$$S(t+1) = \frac{\partial H(t)}{\partial Y(t+1)} \quad (9\text{-}10)$$

式(9-8)可推导出当 $t \in \{0,1,\cdots,t_k-1\}$ 时 $Y(t) = Y(t+1)$ 和 $Y(t_k) = \nu$,其中 ν 是约束 $S(t_k) = S_1$ 的拉格朗日乘子。我们可以进一步写出当 $t \in \{0,1,\cdots,t_k-1\}$ 时 $Y(t) = \nu$。由式(9-9)可得到当 $t \in \{0,1,\cdots,t_k-1\}$ 时最优的电流分布函数为

$$i^*(t) = -\frac{C_c Y(t+1)}{2R_0 \delta}, \text{ 其中 } t \in \{0,1,\cdots,t_k-1\} \quad (9\text{-}11)$$

用拉格朗日乘子代替$\gamma(t+1)$，最优电流曲线可以简化为

$$i^*(t) = -\frac{C_c \nu}{2R_0 \delta}, \text{ 其中 } t \in \{0, 1, \cdots, t_k - 1\} \tag{9-12}$$

回想电池的充电状态遵循$S(t+1) = S(t) + C_c i(t)$，如果已知初始电池的SOC，则代入式（9-12）中给出的最优电流即可重写t时刻的SOC。因此有

$$S(t) = S(0) - \frac{t_k C_C^2 \nu}{2R_0 \delta} \tag{9-13}$$

由于电池充电动力学遵循在$t = t_k$时$S(t_k) = S_1$，我们可以写出$S(1) = S(0) - \frac{t_k C_C^2 \nu}{2R_0 \delta}$，并计算拉格朗日乘子$\nu$为

$$\nu = -\frac{2R_0 \delta (S_1 - S(0))}{t_k C_C^2} \tag{9-14}$$

最后将式（9-14）代入式（9-12）可得

$$i^*(t) = \frac{S_1 - S(0)}{t_k C_C}, \text{ 其中 } t \in \{0, 1, \cdots, t_k - 1\} \tag{9-15}$$

求解过程的第一步是写出最优的电能损耗成本函数：

$$F_{EL}^*(t_k) = \frac{R_0 \delta [S_1 - S(0)]^2}{t_k C_C^2} \tag{9-16}$$

将能量损耗函数定义为t_k（电压达到最大值U_m的时间）的函数。第二步是寻找最优的t_k用于更新的目标函数：

$$F = \theta t_k \delta + \frac{R_0 \delta [S_1 - S(0)]^2}{t_k C_C^2} \tag{9-17}$$

将式（9-17）对t_k求导就可以得到最优的t_k，并将它设置为0，最优值

$$t_k^* = \frac{S_1 - S(0)}{C_C} \sqrt{\frac{R_0}{\theta}} \tag{9-18}$$

这就完成了步骤2。在最后一个步骤中，我们简单地将式（9-18）代入式（9-15），在此基础上写出最优电流分布函数：

$$i^*(t) = \frac{S_1 - S_0}{t_k^* C_C} = \sqrt{\frac{\theta}{R_0}}, \text{ 其中 } t \in \{0, 1, \cdots, t_k - 1\} \tag{9-19}$$

最佳电流分布函数是恒定的，且只取决于每个成本参数的权重和电池的内阻。因此，式（9-19）为CCCV充电方式的直流部分。如前所述，在恒压部分，电池以最大允许电压充电；也就是当$t \in \{t_k, t_{k+1}, \cdots, t_f\}$时$U(t) = U_m$。最优充电方式汇总见表9-1。

表 9-1 最优充电方式汇总

时间	电压	电流
$0 - (t_k - 1)$	$U_0[S(t)]$	$\sqrt{\dfrac{\theta}{R_0}}$
$t_k - t_f$	U_m	$\dfrac{1}{R_0}\{U_m - U_0[S(t)]\}$

在 9.3 节论述 CCCV 充电应用于充电站之前,我们首先提供单体锂离子电池的样本评估。商业电池模型是 BP-4L 且其仿真参数是 $\delta = 1\mathrm{s}$, $S_0 = 0$, $S(t_f) = 1$, $R_0 = 0.258\Omega$,电池的容量是 $C_{bat} = 1.5612\mathrm{A \cdot h}$,$\theta$ 设置为 0.25 和 0.50 用于两种情况的比较。开路电压的详细情况用下列多项式表达式表示,具体见文献 [7, 11]。

$$U(k) = \sum_{i=0}^{4} A_i k^{-i} + A_5 k + A_6 \lg(k) + A_7 \lg(1 - k) \tag{9-20}$$

其中 $k[S(t)] = K + S(t)(1 - 2K)$,且当 $k = 0.15$ 时,电压和电流分布如图 9-2 和图 9-3 所示,充电电压达到 $U_m = 4.2\mathrm{V}$,并且在剩余的时间内保持不变。因为 $\theta = 0.5$ 将更多的权重放在充电时间上,它迅速达到允许的最大电压。同样,当 $\theta = 0.5$ 时初始充电电流较高,直到 $t_k = 2300\mathrm{s}$ 之前它一直保持不变。在剩余的充电过程中充电电流减小并趋于零。本节的最终结果如图 9-4 所示,给出了相应的 SOC 时间曲线。可以看出,随着 SOC 水平的提高,充电时间也随之增加。例如,给电池充电从 20% 到 40% 需要 20min,而给电池充电从 80% 到 100% 需要 85min。这是由于充电电流下降,随后充电功率下降。

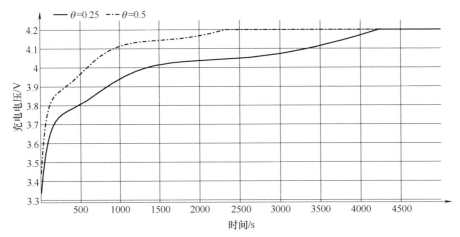

图 9-2 最佳充电电压分布图

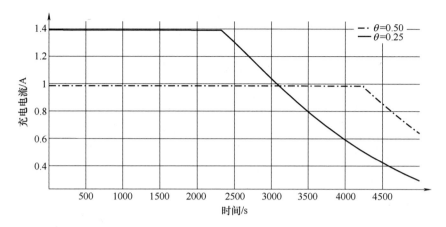

图 9-3 最佳充电电流分布图

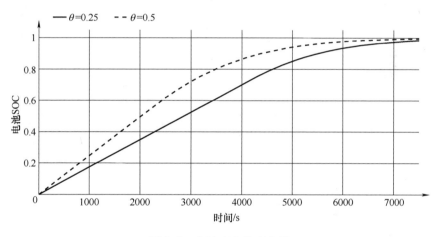

图 9-4 电池充电状态曲线

9.3 快速充电站的充电控制

9.2 节着重分析了锂离子电池 CCCV 充电策略。然而，在现实中，PEV 用户可能会考虑其他性能指标，例如充电价格、电池退化、服务等待时间，甚至服务中断率。因此，在本节中，我们考虑了一个小型的快速公共充电站，并以其运营利润最大化为目标。其主要思想是，该站不允许客户完全充电，而是限制 SOC 的最高水平，以减少每辆车的服务时间。因此，将提供相同的资源给更多的客户服务，客户也将收到一个可接受的电池充电水平（例如 90%）。

在第 8 章中，假设充电站没有等待时间。然而，在更现实的情况下，需求可能超过资源，这就导致了等待时间的增加。因此，我们将充电设施建模为 M/G/C/K 队列，设置 C 个充电桩，充电站有 K 个客户的总 PEV 容量，也就是说有 $r = K - C \geq 0$ 个等待空间，r 一般取 3~4 左右。值得注意的是，如果站内有超过 K 个客户，下一个服务请求将不会被接受而将被阻塞。因此，等待时间和阻塞概率都作为自然和相关的性能指标。

此外，客户根据抵达率 λ 的泊松过程到达充电站，并且一般充电时间分布是一个目标 SOC 水平和充电功率的函数。在 9.2 节中，我们展示了充电电流在达到一个阈值前是恒定的，然后在剩余的充电时间内，电压保持不变，而充电电流减小。在本节中，我们将研究结果转化为以 kW 为计量单位的充电功率，并采用在文献 [14] 中 ABB 快速充电器的充电曲线。即使电压和电流的乘积不是常数，在文献中，充电功率通常是线性的，在线性条件下，直到达到阈值 E_C 前，电池都以固定的功率充电，功率都随 SOC 增加而减小。例如，在文献 [12, 14] 中的研究考虑了现实场景，并指出充电功率作为存储的电能的函数 $P(E)$ 可以非常好地用以下分段线性关系来表达。

$$P(E) = \begin{cases} P_{\max} & E < E_C \\ \alpha_1 - \alpha_2 E & \text{其他} \end{cases} \tag{9-21}$$

其中，$P_{\max}$ 是最大允许充电功率，其通常根据充电器或电池类型来确定的。E_C 是电池 OCV 达到最大电压 U_m 时所存储的电能。此外，α_1 和 α_2 是根据电池类型指定的常数参数。电池的充电曲线如图 9-5 所示。

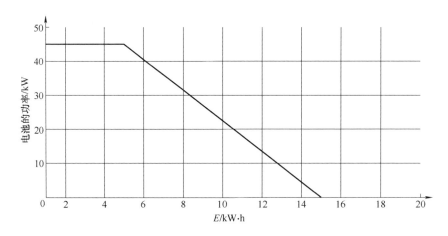

图 9-5 电池的充电曲线

如前所述，充电时间与初始充电状态 E_i、充电功率 $P(E)$、由充电站工作人员设置的目标 SOC 级别 E_0 有关。进一步假设，初始 SOC 分布可以从充电站运营商已知的历史客户数据中得到。于是，从任意初始 SOC 级别 E_i 达到一个确定的 SOC 级别 E_0 的充电时间可以用 $t = t_1 + t_2$ 来计算，其中，

$$t_1 = \begin{cases} \dfrac{E_C - E_i}{P_{\max}} + \dfrac{1}{n_1}\lg\left(\dfrac{\alpha_1 - \alpha_2 E_C}{\alpha_1 - \alpha_2 E_0}\right), & E_i \leq E_C \\ 0, & \text{其他} \end{cases} \quad (9\text{-}22)$$

且

$$t_2 = \begin{cases} \dfrac{1}{\alpha_2}\lg\left(\dfrac{\alpha_1 - \alpha_2 E_i}{\alpha_1 - \alpha_2 E_0}\right), & E_i \geq E_C \\ 0, & \text{其他} \end{cases} \quad (9\text{-}23)$$

注意，t_1 代表电池以最大功率充电直到 SOC 达到 E_C 所需要的时间，而 t_2 为余下的充电服务直到 SOC 达到 E_0 所需要的时间。

如图 9-6 所示，让我们假设所有到达的客户都有一个 16kW·h 的 PEV 电池包。车辆的 SOC 初始分布服从均值为 30、标准差为 15 的高斯分布。为了避免负值，分布区间主要显示 [5，80]。为了显示目标 SOC（E_0）的效果，分别考虑 E_0 为 85%、90% 和 95% 的三个不同目标级别。如前所述，充电时间随着 E_0 的增大呈指数级别增长直到 100%，因此限制 E_0 可减少总的服务持续时间并使充电站可以为更多的车辆充电。如图 9-7 所示，将目标 SOC 从 85% 提高到 95%，充电时间几乎翻了一番。此外，对于给定的初始 SOC 级别 E_i 和平均充电时间 $\mathbb{E}(t)$，平均充电功率 $\mathbb{E}(P_{\text{ch}})$ 可以写成

$$\mathbb{E}(P_{\text{ch}}) = \dfrac{E_0 - E_i}{\mathbb{E}(t)} \quad (9\text{-}24)$$

注意，平均充电功率是目标 SOC 级别的函数，因此它在网络优化框架中扮演着关键角色，我们将在接下来的部分中进行讨论。

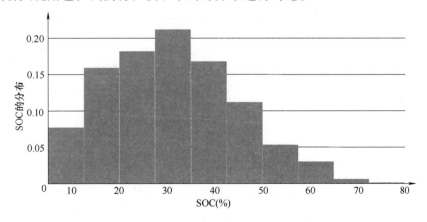

图 9-6 到达客户充电分布的初始状态

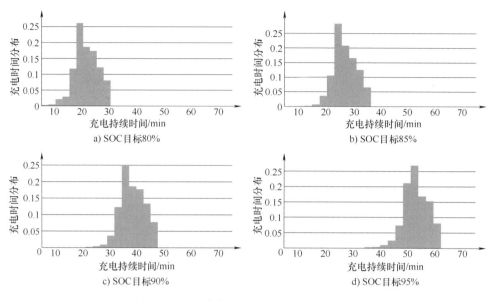

图 9-7 SOC 分布（此时电能为 16kW·h）

9.3.1 充电站排队分析

在分析充电时间和指定的 SOC 级别影响的基础上，我们评估了其他多项充电站性能指标的影响，提出了基于 $M/G/C/K$ 排队模型的等待时间和阻塞概率。在已有的文献中，提出了用近似的方法来确定等待时间和阻塞概率。这种近似方法的基本原理是，$M/M/C$ 和 $M/D/C$ 系统的闭环表达式是完备的（无限等待的空间系统，前者具有按指数分布的客户到达，后者具有确定性的客户到达）。因此，利用现有的两种模型的闭环表达式，可以很容易地得到 $M/G/C$ 队列中客户分布的概率。下一步，将 $K = C + r$ 设为充电站点的等待空间来计算阻塞概率。通过定义 $\rho = \dfrac{\lambda}{C\mu}$ 作为站点的交通强度，站点拥有 j 辆车的概率按照文献 [15，16] 表示为

$$\mathbb{P}_j = \begin{cases} \dfrac{(C\rho)^j}{j!}\mathbb{P}_0 & j \in \{0,\cdots,c-1\} \\ \dfrac{(C\rho)^C}{C!}\dfrac{1-\zeta}{1-\rho}\zeta^{j-s}\mathbb{P}_0 & j \in \{c,\cdots,K-1\} \\ \dfrac{(C\rho)^C}{C!}\zeta^{K-C}\mathbb{P}_0 & j = K \end{cases} \qquad (9\text{-}25)$$

其中，

$$\mathbb{P}_0 \triangleq \left[\sum_{j=0}^{C-1} \dfrac{(C\rho)^j}{j!} + \dfrac{(C\rho)^C}{C!}\dfrac{1-\rho\zeta^{K-C}}{1-\rho} \right]^{-1} \qquad (9\text{-}26)$$

$$\zeta \triangleq \frac{\rho R_G}{1-\rho} + \rho R_G \tag{9-27}$$

$$R_G \triangleq \frac{\mathbb{E}_W(M/G/C)}{\mathbb{E}_W(M/M/C)} \tag{9-28}$$

其中，$\mathbb{E}_W(M/M/C)$ 和 $\mathbb{E}_W(M/D/C)$ 分别为 $M/M/C$ 和 $M/D/C$ 系统的预计等待时间。值得注意的是，$\mathbb{E}_W(M/G/C)$ 可根据以下闭环表达式近似得到：

$$\mathbb{E}_W(M/G/C) \approx \frac{1+c_d^2}{\dfrac{2C_d^2}{\mathbb{E}_W(M/M/C)} + \dfrac{1-C_d^2}{\mathbb{E}_W(M/D/C)}} \tag{9-29}$$

其中，C_d^2 为充电时间分布的方差，因此式（9-28）中的 R_G 可表示为

$$R_G = \frac{(1+c_d^2)R_D}{(2R_D-1)c_d^2+1} \tag{9-30}$$

其中，$R_D = \dfrac{\mathbb{E}_W(M/G/C)}{\mathbb{E}_W(M/D/C)}$ 是等待时间 $M/G/C$ 和 $M/D/C$ 系统之比，它可以展开为

$$R_D = \frac{1}{2}\left\{1 + F(\theta)g(\rho)\left[1 - \exp\left(-\frac{\theta}{F(\theta)g(\rho)}\right)\right]\right\} \tag{9-31}$$

其中，

$$\theta \triangleq \frac{C-1}{C+1}, \quad C \geqslant 1 \tag{9-32}$$

$$F(\theta) \triangleq \frac{\theta}{8(1+\theta)}\left(\sqrt{\frac{9+\theta}{1-\theta}} - 2\right) \tag{9-33}$$

$$g(\rho) \triangleq \frac{1-\rho}{\rho} \tag{9-34}$$

分析的最后一步是应用利特尔定律计算队列中的预期等待时间。根据利特尔定律 $\mathbb{E}(L_q) = \lambda \mathbb{E}(t_\omega)$，即期望等待时间 $\mathbb{E}(t_\omega)$ 可以用队列 $\mathbb{E}(L_q)$ 中 PEV 的期望数量来表示。通过采用文献[15]的方法，我们有

$$\mathbb{E}(L_q) = \sum_{j=C}^{C+r}(j-C)\mathbb{P}_j \tag{9-35}$$

$$\approx \frac{(C\rho)^C}{C!}\frac{\zeta}{(1-\rho)(1-\zeta)}[1-\zeta^r - r(1-\zeta)\rho\zeta^{r-1}]\mathbb{P}_0 \tag{9-36}$$

因此，预期等待时间为

$$\mathbb{E}(t_\omega) = \frac{1}{\lambda}\frac{(C\rho)^C}{C!}\frac{\zeta}{(1-\rho)(1-\zeta)}[1-\zeta^r - r(1-\zeta)\rho\zeta^{r-1}]\mathbb{P}_0 \tag{9-37}$$

9.3.2 充电站的盈利模式

在本节中，我们提出了一个优化框架使为车辆充电服务获得的收益最大。

主要目标是找到一个最佳的目标 SOC 级别 E_0，在充电站资源相同的情况下，可以为最多的车辆提供服务。每一位成功入站的客户获得 R 个单元的奖励，达到 SOC 级别的函数为

$$R = m\text{SOC}_r + n \tag{9-38}$$

其中，m 和 n 为不变的正数。此外，每个客户都要支付充电费用 p。另一方面，客户可能会体验到等待充电服务的负面作用，以及高充电功率导致的电池衰退。为了使分析更加形象，我们采用了 4.1.4 节中给出的电池衰退模型。电池衰退的预期成本 C_{batt} 作为充电功率的函数表示为

$$\mathbb{E}(C_{\text{batt}}) = \beta_1 (C_{\text{batt}})^2 + \beta_2 \mathbb{E}(P_{\text{ch}}) + \beta_3 \tag{9-39}$$

则在平均充电时间内发生的电池衰退为 $\mathbb{E}(C_{\text{batt}})\mathbb{E}(t)$，客户的总成本可以表示为

$$C_{\text{total}} = p + c_w \mathbb{E}(t) + \mathbb{E}(C_{\text{batt}})\mathbb{E}(t) \tag{9-40}$$

其中，c_w 是系统中每次等待的单位成本。充电站运营商可以通过提高充电价格来赚取更多的系统利润，而顾客只有在回报 R 大于总成本 C_{total} 时才会接受加入系统，即

$$R \geqslant p + c_w \mathbb{E}(t) + \mathbb{E}(C_{\text{batt}})\mathbb{E}(t) \tag{9-41}$$

也就是说，回报应该等于或大于与入场费、等待服务和电池衰退相关的综合成本。因此，单台 PEV 支付的最高入场费为

$$p = R - c_w \mathbb{E}(t) - \mathbb{E}(C_{\text{batt}})\mathbb{E}(t) \tag{9-42}$$

站在运营商的立场上，目标是使充电站收入最高。在单位时间内，λ 辆 PEV 到达充电站，这些车辆当中的 $1 - \mathbb{P}_k$ 部分可由系统接受充电服务，每辆车须缴纳 p 个单位的费用。基于这个模型，充电站的收入为

$$R_{\text{station}} = \lambda(1 - \mathbb{P}_k)p \tag{9-43}$$

将式 (9-42) 代入式 (9-43)，则收益优化问题可表示为使以下收益最大：

$$R_{\text{station}} = \lambda(1 - \mathbb{P}_k)[R - c_w \mathbb{E}(t) - \mathbb{E}(C_{\text{batt}})\mathbb{E}(t)] \tag{9-44}$$

根据 9.3.1 节的讨论，阻塞概率为

$$\mathbb{P}_k = \frac{(C_\rho)^C}{C!} \zeta^{K-C} \mathbb{P}_0 \tag{9-45}$$

9.3.3 数值评估

我们提出了一个案例研究比较在基准场景中每辆车充电高达 99% 的系统性能。仿真参数选取如下：充电站采用 $C = 7$ 根充电桩和 $r = 3$ 个候车位。充电分布的初始状态是 $\mathcal{N}(30, 15)$，截断区间为 $[5, \text{SOC}(E_0 - 10\%)]$。通过 1% 分

辨率下离散 SOC 水平，可以在有限次数的迭代中找到目标 E_0 的最优 SOC。目标 SOC（E_0）假设在 60%～95% 之间。充电功率参数设为 $P_{max}=45\text{kW}$，电池衰退参数取自第 4 章并设置为 $\beta_1=0.004$，$\beta_2=0.0075$，$\beta_3=0.003$。等待 1h 的成本是 20 美元，收入参数是 $m=9$ 美元和 2 美元。

我们用三个不同的每小时到达率 $\lambda=5\%$、10%、15% 来评估系统性能。在图 9-8 中，我们展示了使充电站收入最大的最优 SOC 水平。因为充电站运营商需要减少预期的等待时间和阻塞概率来满足额外的需求，使目标 SOC 随着到达率的增加而降低。类似地，预期的充电时间会减少，但是与基准场景相比，图 9-9 中推荐的模型性能更好。

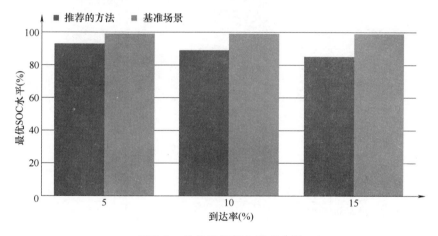

图 9-8　最佳目标荷电状态水平

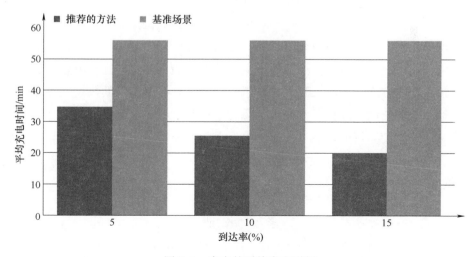

图 9-9　客户的平均充电时间

如图 9-10 所示，对充电站收益也进行了比较。由于所推荐的模型会根据交通需求调整 SOC 水平，因此与基准场景相比，充电站的收入会增加。另一方面，在交通流量较小的情况下，这两种系统的表现相似。这是由于充电站资源能够以几乎可以忽略的阻塞概率为所有到达的客户提供服务。

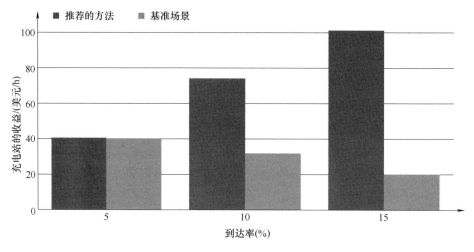

图 9-10　充电站的收益比较

9.4　本章小结

在本章中，我们提供了两个关于 PEV 充电速率的数学模型。在第一个模型中，我们设想给一辆 PEV 的电池充电，我们的目标包括两个相互矛盾的部分：使电能损失最小和缩短充电时间。在第二种模型中，充电功率将会增加导致电能损耗增加，而电能损耗与通过电阻的电流成正比。最优充电速率决定了恒流恒压充电方式。最后，我们还设想了一个具有等待空间的快速充电站，目标是通过为客户优化计算目标充电状态的水平使充电站收益最大。而从客户的角度来看，我们的目标是通过考虑与电池退化、等待时间和阻塞概率相关的成本来补充电池。仿真结果表明，限制 SOC 的水平可以显著提高系统性能，使充电站的收益最大。

参 考 文 献

[1] Rotering, N., & Ilic, M., "Optimal Charge Control of Plug-in Hybrid Electric Vehicles in Deregulated Electricity Markets," *IEEE Transactions on Power Systems*, Vol. 26, No. 3, 2010, pp. 1021-1029.

[2] Fan, Z., "A Distributed Demand Response Algorithm and Its Application to PHEV Charging in Smart Grids," *IEEE Transactions on Smart Grid*, Vol. 3, No. 3, 2012, pp. 1280-1290.

[3] Acha, S., Green, T. C., & Shah, N. (2010, April), "Effects of Optimised Plug-In Hybrid Vehicle Charging Strategies on Electric Distribution Network Losses," *Proc. IEEE PES Transmission and Distribution Conference*, New Orleans, LA, Apr. 2010, pp. 1-6.

[4] Sortomme, E., et al., "Coordinated Charging of Plug-in Hybrid Electric Vehicles to Minimize Distribution System Losses." *IEEE Transactions on Smart Grid*, Vol. 2, No. 1, 2011, pp. 198-205.

[5] Clement, K., Haesen, E., & Driesen, J., "Coordinated Charging of Multiple Plug-in Hybrid Electric Vehicles in Residential Distribution Grids," *Proc. IEEE/PES Power Systems Conference and Exposition*, Seattle, WA, Mar. 2009, pp. 1-7.

[6] Young, K., et al., "Electric Vehicle Battery Technologies". in *Electric Vehicle Integration into Modern Power Networks*, Rodrigo Garcia-Valle and Joao Pecas Lopes (eds.), New York: Springer New York, 2013, pp. 15-56.

[7] Abdollahi, A., et al., "Optimal Battery Charging, Part I: Minimizing Time-to-Charge, Energy Loss, and Temperature Rise for Ocv-Resistance Battery Model," *Journal of Power Sources*, Vol. 303, 2016, pp. 388-398.

[8] Verriest, E. I., & Lewis, F. L., "On The Linear Quadratic Minimum-Time Problem," *IEEE Transactions on Automatic Control*, Vol. 36, No. 7, 1991, pp. 859-863.

[9] El Alami, N., Ouansafi, A., & Znaidi, N., "On The Discrete Linear Quadratic Minimum-Time Problem", *Journal of the Franklin Institute*, Vol. 335, No. 3, 1998, pp. 525-532.

[10] Bertsekas, D. P., *Nonlinear Programming*, Belmont, MA: Athena Scientific, 1999.

[11] Balasingam, B., et al., "A Robust Approach to Battery Fuel Gauging, Part I: Real Time Model Identification," *Journal of Power Sources*, Vol. 272, 2014, pp.1142-1153.

[12] Fan, P., Sainbayar, B., & Ren, S., "Operation Analysis of Fast Charging Stations with Energy Demand Control Of Electric Vehicles," *IEEE Transactions on Smart Grid*, Vol. 6, No. 4, 2015, pp. 1819-1826.

[13] Kong, C., Bayram, I. S., & Devetsikiotis, M. (2015). "Revenue Optimization Frameworks for Multi-Class PEV Charging Stations", *IEEE Access*, Vol. 3, 2015, pp. 2140-2150.

[14] Andersson, D., & Carlsson, D., "Measurement of ABB's Prototype Fast Charging Station for Electric Vehicles", master's thesis in electric power engineering, Chalmers University of Technology, 2012.

[15] Kimura, T., "Approximations for Multi-Server Queues: System Interpolations," *Queueing Systems*, Vol. 17, No. 3-4, 1994, pp. 347-382.

[16] Kimura, T., "A Transform-Free Approximation for the Finite Capacity M/G/s Queue," *Operations Research*, Vol. 44, No. 6, 1996, pp. 984-988.

第 10 章

充电设施位置布局设计

10.1 概述

充电设施的位置设计合适，有助于提高主流受众对插电式电动汽车的接受度。确切地说，消费者对插电式电动车的信赖主要取决于是否有全面规划的可以满足理想出行次数的充电设施和条件。位置的布局设计本质上涉及两个相互影响且冲突的方面，这两个方面将会影响 PEV 的大面积推广应用。一方面，PEV 的推广最终会受到充电站的便捷性影响，这就需要有更多的充电选择。另一方面，除非市场达到一定规模，否则投资者不太可能投资于充电基础设施的建设。除了这两个关键问题外，充电站位置的设计还会影响 PEV 充电设施的便捷性，进而影响石油、电量消耗和电网运行的需求。因此，适当地扩大 PEV 基础设施将影响交通的碳排放和对化石燃料的依赖。

基于规划充电站选址的需要，区位理论（通常解决与经济活动位置相关的问题）为设计充电站位置提供了相关的架构支撑。确切地说，区位理论确定了充电设施的位置，以便优化与充电设施位置相关的可量化的理想目标函数。虽然目前已经有大量区位理论的相关文献，但是关于 PEV 充电设施选址的研究较少，还需要进一步更深入的研究。PEV 普及率还没有达到预期的水平，因此与设计 PEV 充电站位置相关的最重要的挑战和风险需要进一步的调查和评估。在本章中，我们概述了充电设施位置的整体状态和问题。同时，我们提出了两个案例研究，一个案例是关于停车场中慢速充电站的位置，另一个是考虑高速公路电网及快速充电站的设置。

设施选址的区位理论发展历史可以追溯到 1909 年阿尔弗雷德·韦伯（Alfred Weber）的开创性研究，他在研究中考虑了单一仓库的选址问题，以使仓库与客户之间的总距离最小化。后来,霍特林(Hotelling)研究了在一条直线上的两个设施的位置选择。在这种简单的模型中,顾客是沿着直线模型均匀分布的,他们更倾向于选择使用最近的设施。在这样的设置情况下,两个设备的最佳位置都是中间点。20世纪60年代中期,随着通信网络的扩大,人们对设施选址问题的研究有了新的发现,其目标是确定交换设施的最佳地点,以便尽量减少所需基础设施的费用。在随后的几年中,对位置问题进行分析的兴趣广泛增长,在这期间,研究人员集中于针对在许多领域中出现的各种问题的模型建立和算法开发。一些比较受欢迎的领域包括设计银行自动取款机、工业工厂和零售设施的位置。另一方面,公共部门则主要专注于设计医疗急救中心、消防站、学校和医院的位置。公共部门和私营部门在设施选址问题上的独特之处在于,私营部门的问题旨在寻找场地,以使资金成本最小化,而公共部门的主要目标是优化人口进入时间。因此,私营部门和公共部门的目标不一定总是完全一致。同样的公共和私营二分法也出现在充电站位置的设计中。目前国外现有的充电站大多由私营部门建立和运营,同时受到政府政策的扶持和激励。因此,选址问题可能需要考虑竞争因素,甚至可能是对立的因素和目标,一个目标倾向于降低选址成本,另一个目标则是使用的便捷性。

部署充电站所衍生的影响是持久的,并且会影响各种操作决策。对于快速充电设施而言,获取土地产权、电力设备、储能系统和设施建设等方面的高成本导致了选址项目需要长期投资,而且汽车行业的现状未来可能会有变化,例如在车辆分布区域、兴趣点之间的行车路线、人口集中等方面。因此,寻找可靠的站点位置可能会非常复杂,这除了需要考虑成本之外,还要考虑无法确定在未来所要发生的变化。相比之下,1级充电(Level 1)和2级充电(Level 2)的慢速充电站选址将主要发生在现有的公共空间,例如停车场、购物中心和大学校园,在这种情况下,选址问题就不那么复杂了。

充电站选址设计需要分析与平衡四个主要因素:①某一地理区域内PEV用户的集中度;②拟安装的充电设施类型;③设施和顾客所在的场所;④衡量PEV与充电站之间的距离或行驶时间等指标。

这类分析需要为充电桩位置采用适当的模型,并需要回答下列问题:

1)应安装多少个充电设施才能保证达到预先设定的服务质量目标?
2)每个设施应位于指定区域的哪个位置?
3)每个充电站的容量应该是多少?
4)应采用哪种充电桩类型?
5)充电站是否应该作为集群或互联区域的集合?

此外，由于新的研究进展及创新成果可能会给充电设施的位置设计带来更多的挑战，例如基于每个充电站的可再生能源与存储单元的可用性而进行容量规划。这就需要依赖设施位置设计模型的建立和解决方案所形成的大环境，以应对这种新的挑战。例如，在大城市区域，城市规划者可能倾向于安装快速充电设施，否则驾驶人可能长时间无法进入停车场。另一方面，由于每天通勤路程较短，小城镇和大学城的地理位置使慢充的充电设施成为更合适的选择。

在建立选址问题的模型之前，值得注意的是，在设施选址问题中服务和成本之间也存在固有的权衡。如果安装过多的充电站，上述成本很可能超过预期的效益，而安装太少的设施会降低充电服务的质量。如前所述，位置决策的好坏也会影响 PEV 的渗透率。因此，充电站选址问题在可持续交通系统的发展过程中起着至关重要的作用。

在本节中将给出几个充电站选址的例子，这些例子鼓励将不同的性能纳入到 PEV 充电站问题中。第一个例子考虑这样一种情况，即系统运营商的目标是在指定的地理区域（例如整个城市或特定区域）提供充电服务，以便任何车辆都可以在 x mile 以内行驶到充电站。因此，第一个目标是尽量减少所需的充电站数量，使所有客户都能在设定的行驶距离内找到充电设施。假设充电站运营商宣称，任何客户都可以在任意位置的 $x = 10$ mile 内能够找到至少一个充电站。实现这一目标将大大增强客户克服里程焦虑的信心，这也是属于集合覆盖问题研究的范畴。

这种将最大行驶距离纳入充电站选址设计的方法可能会导致充电站利用率不足，从而导致运营成本高昂。主要原因是，系统运营商可能不得不在低密度地区设置站点以实现距离的均等，这可能会降低利润率。假设安装 N 个站点满足 x mile 距离的要求，在这种情况下，移除一个站点的代价是此充电站网络将不能满足一部分需求，但是这个代价明显小于 $1/N$。因此，另一种可选方案是在指定数量的充电站点网络来最大限度地满足客户的需求。这种问题也被称为最大覆盖问题，如图 10-1 所示。在这个例子中，8 个充电设备能满足指定区域内所有客户的需求，然而如果充电站运营商决定牺牲一小部分客户的需求，部署站点网络的成本将减少约 1/8。第三种模式的目的是考虑成本与覆盖率的权衡。假设系统运营商有固定的预算能够部署 P 个站点，目标是最小化与 P 个站点的最大行驶距离。这些模型被称为 P-中心问题，能够在客户有较高的充电需求的情况下解决选址问题，这保证了系统某些性能的上限，例如驾驶距离。

前面提到的三种模型都侧重于确保在最坏的情况下保证服务质量。另一方面，一个可选的方法是侧重于考虑平均行驶距离的统计测量。这种方法是为了

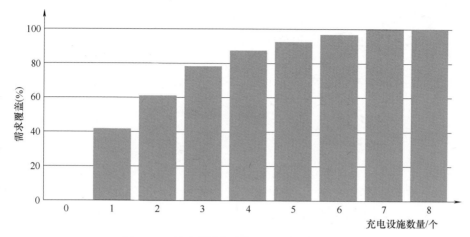

图 10-1　基本覆盖问题的设施覆盖率权衡图

在给定数量（P）的充电站的情况下最小化平均行驶距离，从而确定充电站的位置。最终将"平均"替换为"中值"，这就是一个 P-中值问题。图 10-2 给出了离散网络模型的概览图。

上述目标可以作为解决充电站选址问题的基础，但在实现的过程中可能需要进一步的详细建模。例如，所描述的模型并没有考虑客户行为的随机性。因此，人们感兴趣的可能是行驶距离的分布，而不是平均行驶距离。同样，很难确定的需求可以被概率性的保证所取代，即客户将在距离充电站 x mile 内行驶。此外，可能会有不同类别的客户要求不同的充电速率或充电桩类型。因此，系统规划者可能需要考虑更全面和更多目标的决策程序。

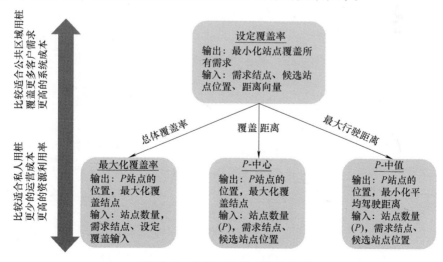

图 10-2　离散网络模型的概览图

10.2 充电设施定位问题的分类

设施定位模型可以通过多种方式进行分类,本节的目的是提供一个普遍接受的分类法的总体概述。

10.2.1 连续定位模型和离散网络模型

连续定位模型(又称平面定位模型)假设设施(PEV 充电站)和客户可以位于平面上的任何位置,因此解决方案的位置是连续的。由于快速充电站的用户多为移动用户,利用这种连续的平面结构可以很好地模拟电站的选址问题。由于需要假设车辆在连续的高速公路上行驶,关于此类模型的代表性研究将在下一节中进行介绍。连续定位问题通常采用 d 维真实空间,距离的计算是根据闵可夫斯基距离(Minkowski)计算参数 p,例如两个不同的点 (x_i, y_i) 和 (x_j, y_j) 之间的距离 ℓ_p 被定义为如下,且 $i \neq j$,

$$d_{ij}^p = (|x_i - x_j|^p + |y_i - y_j|^p)^{1/p} \tag{10-1}$$

绝大多数连续模型都考虑了 p 的三种不同选择:

1) $p = 1$:对应于 ℓ_1 的基准,也就是等效于曼哈顿距离,长方形或直角距离度量,即

$$d_{ij} = |x_i - x_j| + |y_i - y_j|$$

2) $p = 2$:对应于 ℓ_2,代表欧几里得或直线距离的度量。

$$d_{xj}^2 = \sqrt{|x_i - x_j|^2 + |y_i - y_j|^2}$$

3) $p = \infty$:对应于 ℓ_∞ 或切比雪夫度量。

$$d_{ij}^\infty = \max(|x_i - x_j|, |y_i - y_i|)$$

回顾一下经典的韦伯问题,其目的是确定单个设施的坐标集 (x_s, y_s),以最小化客户到该设施距离的加权和。将 $d_n(x_s, y_s)$ 定义为位于 (x_n, y_n) 的客户 n 与位于 (x_s, y_s),$n \in N$ 的充电设施之间的欧几里得距离,可以找到如下优化问题的定位解决方案。

$$\min_{(x_s, y_s)} \sum_{n \in N} w_n d_n(x_s, y_s) \tag{10-2}$$

可以通过迭代过程有效地解决这个问题。另一方面,如果我们加上附加的约束条件,即 P 站点的数量必须满足 $P < |N|$,则多源韦伯问题可表示为

$$\min \sum_{n \in N} \sum_{p=1}^{P} w_n d_n(x_p, y_p) a_{np}$$

$$\text{s. t.} \quad \sum_{p=1}^{P} a_{np} = 1, \quad \forall n \in \{1, \cdots, N\} \tag{10-3}$$

$$a_{np} \in \{0,1\}, \forall n \in N, \quad p \in \{1,\cdots,P\}$$

a_{np} 是一个指示器,如果将需求 n 分配给设备 p,则 a_{np} 置为 1,否则置为 0。

离散模型有时也称为网络位置模型。在离散模型里,假设站点和客户仅在由离散结点和链路组成的网络上。这种模型适合于设置慢充充电站(例如 Level 1 和 Level 2),因为慢充桩将主要放置在现有的停车场,且在充电服务期间需求是固定的。与上面提到的距离度量不同,离散模型使用最短路径算法作为距离度量。上一节所提到的这种模型可以有多种目标,例如覆盖问题、中值问题和中心问题。

接下来,我们给出了一个 P-中值问题的例子。在这个例子中,让 N 表示网络中结点的集合,$\mathcal{S} \subset \mathcal{N}$ 是潜在设施的设置。再引入一个二元决策变量 b_p,如果选择 p 点,它等于 1,否则为 0。那么 P-中值问题可以表示为

$$\begin{aligned}
& \min \sum_{n \in N} \sum_{p \in S} w_n d_n a_{np} \\
& \text{s.t.} \sum_{p \in S} a_{np} = 1, \quad \forall n \in \mathcal{N} \\
& a_{np} - b_p \le 0, \forall n \in \mathcal{N}, j \in \mathcal{S}, \\
& \sum_{j \in S} b_p = P \\
& a_{np}, b_p \in \{0,1\}, \forall n \in \mathcal{N}, j \in \mathcal{S}
\end{aligned} \quad (10\text{-}4)$$

上式中,第一个约束保证需求得到满足,而第二个不等式约束将分配和位置决策联系起来。第三个约束确保要放置 P 个站点。与 P-中心问题相似,目标是使最大距离 r 最小化,因此离散优化模型可表示为

$$\begin{aligned}
& \min \quad r \\
& \text{s.t.} \quad r - \sum_{p \in S} w_n d_n a_{np} \ge 0, \quad \forall n \in \mathcal{N} \\
& \sum_{p \in S} a_{np} = 1, \quad \forall n \in \mathcal{N} \\
& a_{np} - b_p \le 0, \quad \forall n \in \mathcal{N}, j \in \mathcal{S} \\
& \sum_{j \in S} b_p = P \\
& a_{np}, b_p \in \{0,1\}, \quad \forall n \in \mathcal{N}, j \in \mathcal{S}
\end{aligned} \quad (10\text{-}5)$$

10.2.2 静态和动态问题

充电站的问题也可以根据所设置的静态或动态属性进行分类。前面给出的选址定位问题是静态的,这意味着系统参数不会随时间而变化。另一方面,动态模型的输入和输出会随时间变化而波动。例如,客户需求在一天中可能是不同的,在一周的不同日期中也可能会变化。因此,除了寻找最佳位置外,动态

模型还可以回答何时关闭现有站点或投资新建站点的问题。在动态问题中，目标不是找到最优方案，而是找到最优运营范围的方法。大多数充电站运营的动态特性要求不断地重新布置设施位置。为了克服这一缺点，一种补救的措施是在各个充电站之间建立合作关系，将用户导向最近可用的充电站。

10.2.3 其他分类方法

充电站选址问题也可以按照以下4个方面进行分类。

1）确定模型与随机模型：充电站位置问题的输入可以是确定性的（确定的）或概率性的（不确定的）。例如，如果站点位于一个车辆数量固定的社区，那么系统可以被认为是确定的模型。但是在许多其他情况下，站点都是概率型的输入变量。例如，考虑在购物中心、医院和机场等公共区域的站点，在这些区域，客户到达趋势非常不确定。因此，选址问题的模型化就需要包括系统参数的预期值，而前面给出的选址问题就等效于下面这些问题的最大化预期值，包括覆盖问题、α-可靠的、P-中心问题以及最大可靠性位置问题。

2）单一目标与多个目标：前几节描述的模型大多包含单个目标，且通常与驾驶距离相关。但是，选址问题可能包括多个目标。例如，决策者可能要求公司为一定比例的人口提供服务，这可能与最小化部署成本的目标相冲突。

3）单层与分层模型：如果没有功率流和站与站之间的交互，选址问题则被认为是单层问题。另一方面，充电服务也可以通过分层架构提供，并通过存储单元进行协调。图3-3描述了一个这样的分层架构的例子。

4）单类型与多类型：定位模型也可以根据客户的类型划分。前几章介绍了几种服务于单个或多个客户类别的站点模型。在多种客户类别的站点定位中，定位问题的目的是同时应用不同的充电技术，以满足设计目标。

10.3 慢速充电站布局设计

本节阐述了一个设备定位问题的实例，目标是将充电桩定位到停车场。该研究基于2006年普吉特湾地区委员会收集的调查数据，包含了在美国华盛顿州西雅图市的3万次个人行程。具体地说，这些数据包括平均年龄为41.9岁的10510人，其中78%的人拥有驾驶证，21%的人是学生，每户平均拥有驾驶证的人数为1.69人。其他统计数字见表10-1。例如，27%的出行是为了上下班，通勤车辆保持静止状态的平均时间为6.3h。在这种情况下，工作场所的充电可能会更适合PEV客户。事实上，许多公司正在为使用PEV的员工提供工作场所充电的福利，由于工业电费定价较低，工作时充电通常比在家充电便宜。其他活动，例如通勤上学和参加社交活动，也有很强的停车充电潜力。

表 10-1　西雅图市旅客出行关键统计数据

活动内容	平均值	标准差	平均停车时间/min
工作	0.271	0.445	379.7
个人业务	0.179	0.384	46.8
购物	0.168	0.374	27.7
上车、下车	0.133	0.34	15.5
吃饭	0.071	0.257	46.1
娱乐	0.057	0.232	103.5
社交	0.04	0.197	127.6
大学	0.00763	0.087	222.5
学校	0.00687	0.083	338.8
停车时间（最小/次）	142	199.5	N/A
行驶距离/mile	6.71	7.14	N/A

在文献 [1] 中提出的研究目标是最大限度地满足以 1mile^2 的停车分钟数为度量单位的充电需求。此外，由于预算的限制，停车场只能安装 P 个充电桩。该系统运营商的目标是将车辆从预定的停车位转移到有充电桩的停车位的成本降至最低。因此，系统设计人员引入了另一个限制条件，即有充电桩的停车场和没有充电桩的停车场之间的最大距离。优化问题类似于 P- 中心定位问题（附加约束），其数学模型表示如下：

$$\min \sum_i \sum_j c_{ij} y_{ij}$$
$$\text{s. t.} \quad \sum_j y_{ij} = d_i, \quad \forall j \in J$$
$$\sum_i y_{ij} = A x_j, \quad \forall i \in I$$
$$\sum_j x_j \leq P, \forall j \in J$$
$$\sum_j \delta_{ij} x_j \leq 1, \quad \forall i \in I \quad (10\text{-}6)$$
$$y_{ij} \geq 0, \forall i \in I, \forall j \in J$$
$$c_{ij} \leq C$$
$$x_j \in \{0,1\}, \forall j \in J$$

图 10-3 中的圆圈表示充电站位置，交通分析区（TAZ）由普吉特湾地区委员会确定，流量数据可从文献 [16] 获得。

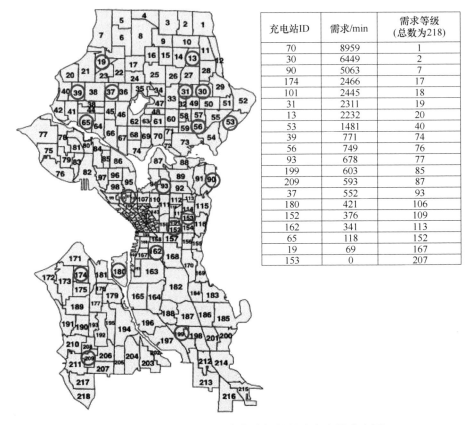

图 10-3　华盛顿州西雅图市停车场的慢速充电桩分布图

这里的定位问题以西雅图市区 218 个 TAZ 为考虑范围。最大步行距离设为 $R=2$ mile，充电设施之间最小距离设为 $r=1$ mile，充电桩总数设为 $P=20$。

如图 10-3 所示，站点主要位于高需求区域，比如 TAZ 70、13 和 90。另一方面，站点也位于需求较低的区域，但是选择这样的站点是因为它们靠近需求较高的区域（例如 TAZ 19、65 和 152）。结果表明，以最高步行距离 1.53 mile（i 区和 j 区之间）就能够满足 94.5% 的停车需求。注意，在需求最高的区域设置 $P=20$ 个站点，会减少 4.5% 的 PEV 用户需求。

虽然上述案例研究为停车场充电站的部署提供了丰富的见解，但在分析客户需求时忽略了时间维度。此外，上述问题只考虑确定充电站的位置，而忽略了要部署充电桩的数目，但这个问题与使用时间特性有关。在最简单的情况下，系统设计人员可以通过分析最繁忙的时间段来决定充电桩的数量。例如，在文献［17］的研究中，呈现了北美某大学停车场 3 年的 PEV 充电数据。从

图 10-4 和图 10-5 可以看出，下午停车需求较高，而上午需求相对较低，工作日的需求几乎保持稳定，周末的需求则明显下降。

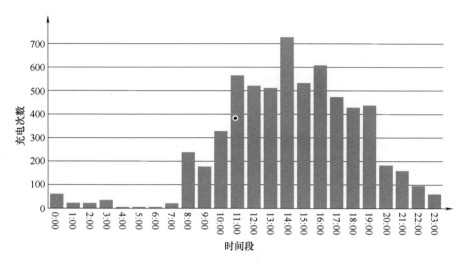

图 10-4 某大学校园的 PEV 基于使用时间的充电需求对比图

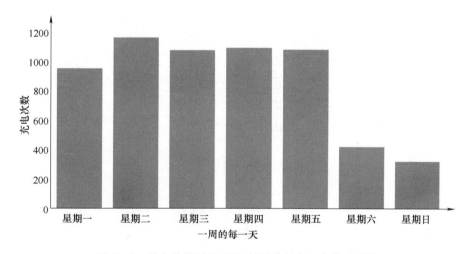

图 10-5 某大学校园的 PEV 每周单日充电次数对比图

10.4 快速充电站布局设计

上一节详细地分析了设施选址问题，其中需求和设施是固定的。这种方法更适用于 1 级和 2 级充电站，因为车辆在停车场内停留数小时。然而，由于汽车的移动特性，快速充电站的情况会有根本的不同。驾驶人不一定只根据充电设施的位置以及与充电站的相对距离来决定行车路线,相反,部署原则通常是基于最大程度覆盖在某些起点和目的地之间的车辆流量。流量覆盖定位问题(FCLP)是霍奇森在 1990 年首次开发的,它为优化交通流量的覆盖提供了数学理论框架。图 10-6 提供了 PEV 充电站选址问题的概述。

```
┌─────────────────────────────┐  ┌─────────────────────────────┐
│         慢速充电站          │  │         快速充电站          │
│ ✓ 1 级和 2 级充电桩         │  │ ✓ 直流充电桩                │
│ ✓ 长时间服务:3~8h           │  │ ✓ 短时间服务:20~30min       │
│ ✓ 车辆停在原地不动          │  │ ✓ 汽车是移动的,用于长途行驶 │
│ ✓ 候选位置是离散的停车场    │  │ ✓ 候选位置可以在网络的任何位置│
│ ✓ 离散网络模型适用于选址问题│  │ ✓ 流程捕获模型适用于选址问题│
└─────────────────────────────┘  └─────────────────────────────┘
```

图 10-6　PEV 充电站选址问题概述

FCLP 还吸引了对部署用于替代充电资源(例如氢气和天然气)的加气站的兴趣,以最小化燃料基础设施网络的部署成本。图 10-7 给出了一个这样的示例。在本例中,两个站点位于可能有 4 对始发到目的地的路线上,即 O-D1、O-D2、O-D3 和 O-D4。两个站点的服务区域为圆形区域,交通流 O-D2 和 O-D3 可被设置的充电站覆盖,其余的交通流不会被所处设施捕获。FCLP 问题只考虑了车辆在一次旅行中只被捕获一次的情况。然而,在现实中,电动交通的情况更为复杂,因为续驶里程有限,一些车辆可能需要进行多次充电。因此,我们的目标是设置一定数量的充电站以充分满足一次旅程的需要。这类问题被称为流动补给位置模型(FRLM)。

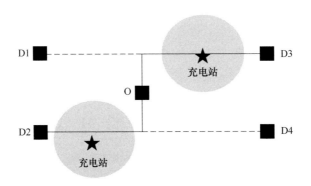

图 10-7　流量覆盖定位问题概述

为了展示 FRLM 设置的关键点,我们来参考图 10-8 中给出的玩具示例,其中车辆在起点和终点之间重复行驶 110mile。假设 PEV 在原点是满电状态,我们希望在路径上设置充电站。显然，充电站的最佳位置取决于车辆的满电续驶里程（AER）。当车辆的 AER 为 220mile 时，则可以将充电站设置在路径上的任何位置，与充电目的地位置无关，车辆始终可以到达目的地。相反，当 AER 为 150mile 时，可能发生的情况是电池电量不足以完成这个行程。因此，需要在目的地 D 或 B-D 上的某个中间点上设置一个结点。第三种情况是要考虑到续驶里程为 85mile 的主流 PEV 客户群体。这种情况强调了一个重要的观点，即将充电站精确地放置在 O、A、B 或 D 结点并不是最优的。为了反证这一点，让我们假设一个站只能放在结点上。在此基础上，为了完成一次往返行驶，至少需要两个站点，并且必须放置在结点 B 和 D。另一方面，如果站点被允许位于中间点，那么在 B 和 D 之间放置一个站点就足以在两个方向上给车辆充电。具体来说，充电站可以设置在距离 D 点 25～42.5mile 的任何位置。这表明，相比于充电站被限制在结点上的情况，允许将充电站设置在中间位置会减少充电站的布置数量，因此反驳了在结点上设置充电站可以实现定位最优的结论。最后一种情况是考虑到车辆满电续驶里程小于 75mile，在这种情况下，不可能在结点上给车辆充电，而必须在中间点设置站点。

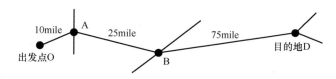

图 10-8　起源-目的地交通流的玩具示例

FRLM 把一组 O-D 结点组和相关联的交通流量作为输入。在 FRLM 模式下设置充电站位置时，必须列举出所有可以为车辆往返行程充电的不同设施的组合。每个组合都通过以下混合整数规划模型进行评估，以最大限度地提高站点所能覆盖的交通流量范围。

$$\max \sum_{q \in Q} f_q c_q$$

$$\text{s.t.} \quad \sum_{h \in H} u_{qh} v_h \geq c_q, \quad \forall q \in Q$$

$$e_{hn} a_n \geq v_h, \quad \forall h \in H; e \mid e_{hn} = 1 \quad (10\text{-}7)$$

$$\sum_{n \in N} a_n = P$$

$$a_n, v_h, c_n \in \{0,1\}, \quad \forall n \in N, \forall h \in H, \forall q \in Q$$

优化参数的定义如下：

Q：给定区域内所有 O-D 对的集合

q：O-D 对的索引

f_q：沿 O-D 路径 q 的 PEV 交通流量

c_q：$\begin{cases} 1，如果流量 f_q 被捕获； \\ 0，否则 \end{cases}$

N：一组潜在的充电站位置

n：潜在设施位置索引

a_n：$\begin{cases} 1，如果一个充电站位于 n； \\ 0，否则 \end{cases}$

P：要选址的充电站总数

H：所有可能的站组合的集合

h：集合 H 的索引

e_{hn}：$\begin{cases} 1，如果站点 n 是 h 的组合 \\ 0，否则 \end{cases}$

u_{qh}：$\begin{cases} 1，如果站组合 h 可以充电 O\text{-}D 对 q \\ 0，否则 \end{cases}$

v_h：$\begin{cases} 1，如果组合 h 中的所有设施都是开放的 \\ 0，否则 \end{cases}$

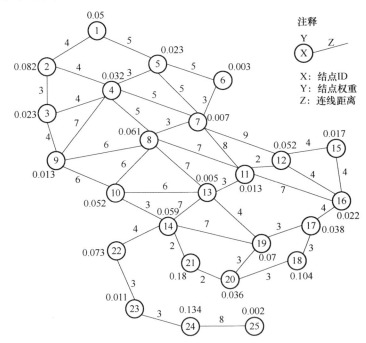

图 10-9　25 个结点的测试网络（在文献［9，10，18，19］中使用）

式（10-7）中的目标函数是在第三个约束条件的约束下，用 P 个站点服务尽可能多的 PEV。第一个约束规定，至少有一个合格的设施组合 h 应该能够为该路径服务。同样，第二个约束将 v_h 保持为 0，除非组合 h 中的所有站点都在为 PEV 客户服务。最后一个约束是完整性要求。

上述模型在图 10-9 所示的 25 个结点的网络上进行了测试。在这个网络中，结点之间的距离写在线的中点上，例如，结点 1 和结点 5 之间的距离为 5 个单位，结点权重用粗体表示。通过引力模型估计结点 i 和结点 j 之间的交通流量：

$$OD_{ij} = \frac{W_i W_j}{d_{ij}^2} \qquad (10\text{-}8)$$

式中，W_i 是源结点 i 权值；W_j 是目标结点 j 的权值；d_{ij} 是结点 i 与 j 之间的最短路径，下一步计算所有结点之间的最短路径。根据文献［10］，行驶距离将影响定位问题的规模大小。例如，对于 4 个单元的驾驶范围，有 300 个连续流覆盖变量（c_q）、75 个连续分数变量（v_h）和 25 个整数变量（e_n）。随着续驶里程的增加，充电站的组合越来越多，问题也就变得更加复杂。

值得注意的是，车辆的满电续驶里程对设施位置的决定有重大影响。例如，对于续驶里程为 4 个单元的车辆，在 25 个网络中都设置站点都不能对所有的车流量进行充电，因为很多结点（例如结点 10-13、结点 13-14 等）之间的距离大于 4 个单元。主要原因是有很多距离大于 4 的连接对（例如 1-5、5-6）。为了满足所有的交通需求，最大结点间距离应小于或等于行驶距离。这样就解决了 4、8、12 三个不同的满电续驶里程车辆的充电站优化问题。如图 10-10 所示，随着车辆满电续驶里程的增加，覆盖相同车流量的站点数量就会减少。

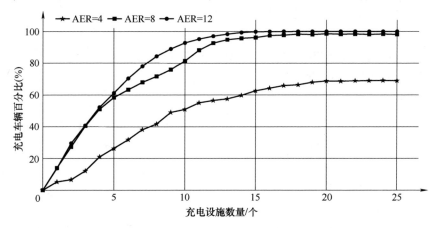

图 10-10　不同 AER 充电车辆百分比与站点数量之间的权衡关系

为了说明图 10-10 中充电站的确切位置，我们假设 AER 是 4 个单元。对于单个站点（$P=1$），该站点将位于结点 21。主要原因是该结点可以对邻近结点方向来的 PEV 进行充电，其直接距离为 2 个单位，而交通流量高于其他候选站点（如 20、18、23）。第二种情况，假设 $P=2$，在这种情况下，站点将位于结点 18 和结点 20。与前面的论证类似，对于 $P=3$ 个站点，最优位置是结点 18、20 和 21。

上面提供的例子有三个不足之处。首先，该模型假设充电站能够满足整个需求，而不管交通流量有多大。这在 PEV 集成的早期阶段可能是有效的，那时几个充电桩就可以覆盖低流量的需求。事实上，回想一下前面的章节，在到达率低到某种程度的情况下，充电站的阻塞概率为 0。因此，模型可能需要包括充电站容量。这类问题称为容量型的 FRLM。其次，该框架的目标仅仅是最大化覆盖车流量，而忽略了潜在的电力系统变化因素，因为由于基础设施受限，一些位置可能不适合部署站点。最后，该模型没有考虑到与 PEV 动态有关的随机性。因此，该站的模型可能需要包括在前面的章节中所提供的设施位置。

10.5 本章小结

在本章中，我们提出并讨论了与设计充电站位置相关的挑战，这在 PEV 电网集成中具有关键作用。在本章的第一部分，我们概述了设施区位理论，它已被应用于许多工程设计和优化问题。其次，区别分析了慢充和快充设施选址问题各自的特点。公共慢速充电方案自然要求车辆静止数小时。因此，大多慢速充电站都会布置在现有的停车场。考虑到一个实际情况那就是需求和候选充电站位置均位于离散位置，该问题可采用 P-中值框架（P-中心或集合覆盖也可应用）建模表述。充电桩需求与区级停车需求相关，这是根据华盛顿州西雅图市的一项旅游调查计算得出的结论。在传统的燃料获取或燃料补给定位问题中，目标是在给定的网络中布置设施，用加权结点表示交通强度，用连线表示距离，目的是最大化车流量覆盖。在大多数情况下，假定充电站具有无限的容量，而当一辆 PEV 经过一个充电站时，就必然对其进行充电。另一方面，大规模快速充电站的部署可能会受到电网约束的限制。因此，优化模型必须考虑到利用有限的站点资源来满足客户需求的情况。在这种情况下，设施选址理论还应考虑站点的特性参数，例如等待时间、占用或损失概率等参数。

未来，充电站的选址可能会涉及两个决策变量。一个是充电站的位置，另一个是将在充电站部署的充电桩数量。目标是最小化占用概率，或者最大化覆盖的车流量，这样 PEV 就可以在始发与目的地之间完成行程。从这个意义上说，位于高交通量的充电站可能需要限制车辆的充电水平，但允许车辆能够完成它们的行程。正如第 9 章所讨论的，这种方法减少了服务时间，并且站点可以为更多的 PEV 电池充电。因此，确定每个站点的 SOC 水平可能成为第三个决策变量。

参 考 文 献

[1] Chen, T. D., Kockelman, K. M., and Khan, M., "The Electric Vehicle Charging Station Location Problem: A Parking-Based Assignment Method For Seattle," *Proc. Transportation Research Board 92nd Annual Meeting*, Washington DC, Jan. 2014, pp. 13-1254.

[2] ReVelle, C. S. and Eiselt, H. A., "Location Analysis: A Synthesis and Survey," *European Journal of Operational Research*, Vol. 165, No. 1, 2005, pp. 1-19.

[3] Owen, S. H., and Daskin, M. S., "Strategic Facility Location: A review", *European Journal of Operational Research*, Vol. 111, No. 3, 1998, pp. 423-447.

[4] Melo, M. T., Nickel, S., & Saldanha-da-Gama, F., "Facility Location and Supply Chain Management A Review," *European Journal Of Operational Research*, Vol. 196, No. 2, 2009, pp. 401-412.

[5] Daskin, M. S., "What You Should Know About Location Modeling," *Naval Research Logistics (NRL)*, Vol. 55, No. 4, 2008, pp. 283-294.

[6] Daskin, M. S., *Network and Discrete Location: Models, Algorithms, and Applications*, John Wiley & Sons, 2011.

[7] Arabani, A. B., and Farahani, R. Z., "Facility Location Dynamics: An Overview of Classifications and Applications," *Computers & Industrial Engineering*, Vol. 62, No. 1, pp. 408-420, 2012.

[8] Wesolowsky, G. O., "Dynamic Facility Location," *Management Science*, Vol. 19, No. 11, 1973, pp.1241-1248.

[9] Hodgson, M. J., "A Flow Capturing Location Allocation Model," *Geographical Analysis*, Vol. 22, No. 3, 1990, pp. 270-279.

[10] Kuby, M., and Lim, S., "The Flow-Refueling Location Problem for Alternative-Fuel Vehicles," *Socio-Economic Planning Sciences*, Vol. 39, No. 2, 2005, pp. 125-145.

[11] Fetene, G. M., et al., "The Economics of Workplace Charging," *Transportation Research Part B: Methodological*, Vol. 88, 2016, pp. 93-118.

[12] Frade, I., et al., (2011). "Optimal Location of Charging Stations For Electric Vehicles in A Neighborhood In Lisbon, Portugal," *Transportation Research Record: Journal of the Transportation Research Board*, No. 2252, pp. 91-98.

[13] Liu, Z., Wen, F., and Ledwich, G., "Optimal Planning of Electric-Vehicle Charging Stations in Distribution Systems," *IEEE Transactions on Power Delivery*, Vol. 28, No. 1, 2013, pp. 102-110.

[14] Lam, A. Y., Leung, Y. W., and Chu, X., "Electric Vehicle Charging Station Placement: Formulation, Complexity, And Solutions," *IEEE Transactions on Smart Grid*, Vol. 5, No. 6, 2014, pp. 2846-2856.

[15] Pugent Sound Regional Council Maps http://www.psrc.org/data/gis/shapefiles.

[16] Pugent Sound Regional Council Maps http://www.psrc.org/data/transportation/travel-surveys.

[17] Bayram, I. S., et al., "On the Evaluation of Plug-in Electric Vehicle Data of a Campus Charging Network," *IEEE International Energy Conference*, Leuven, Belgium, Apr. 2016, pp. 1-6.

[18] Cruz-Zambrano, M., et al.,"Optimal Location Of Fast Charging Stations in Barcelona: A Flow-Capturing Approach," *Proc. 10th International Conference on the European Energy Market*, Stockholm, Sweden, May 2013, pp. 1-6.

[19] Simchi-Levi, D., and Berman, O., "A Heuristic Algorithm For The Traveling Salesman Location Problem On Networks," *Operations Research*, Vol. 36, No. 3, 1988, pp. 478-484.

[20] Upchurch, C., Kuby, M., and Lim, S., "A Model for Location of Capacitated Alternative Fuel Stations," *Geographical Analysis*, Vol. 41, No. 1, 2009, pp. 85-106.

第 11 章

充电站网络的负载均衡

11.1 概述

如第 10 章所述,为了满足消费者的驾驶里程需求,并解决续驶里程焦虑与技术应用趋势之间看似矛盾的联系,需要一个直流快充基础设施网络。事实上,2016 年末的统计数据显示,美国加利福尼亚州高速公路上已经部署了近 300 台快速充电桩,同时在餐馆和酒店等公共场所也部署了数千台慢速充电桩。此外,美国能源部正投资 45 亿美元在高速公路上建设一个充电网络(海岸到海岸的全国零排放网络)。

为了满足不断增长的需求,必须部署新的充电桩,但是不断扩大的充电设施规模将面临电网约束的限制,例如线路容量、阻塞和变压器负载。一种规避电网运营限制方法是合理分布充电站网络,以满足电动汽车的充电需求。然而,正如之前所讨论的,站点位置和客户需求可能不是完全一致的,因此需要制订一个能够引导客户的战略。正如文献 [1] 和文献 [2] 研究中所讨论的,这种引导可以通过财政激励机制来实现。在路线引导方案中,通过效用函数对客户偏好进行建模,该模型能表示财政激励和驾驶额外里程意愿之间的关联性。为此,本章提出了一种基于斯塔克尔伯格游戏的 PEV 路线引导架构,其中网络运营商作为主导者设置每个站点的价格,而 PEV 驾驶人作为跟随者选择充电设施,以使其成本最小化。该框架的主要特点包括下列项目:

1) 这些站点由一个实体运营,因此目标是协调需求。这一假设是基于这样一个事实,即位于地理位置明确地区的充电站通常单独由一家公司运营,因此各个站点的区位边际价格是相似的(这种情况主要出现在美国,而欧洲的新能源市场可能会有多家运营公司服务于同一个区域)。

2) 由于充电时间短暂，充电需求不能被分割，必须由一个充电站完成服务。

3) 每个站点均有硬性的容量指标（例如限定了服务的容量范围）。

基于 Stackelberg 游戏的充电网络建模方法已经在文献 [3] 和文献 [4] 里受到了一些关注。在文献 [3] 的研究中提出充电站之间的竞争，这样每个站点通过定价来影响顾客的选择。文献 [4] 中的研究为双站模型提供了一种闭合形式解决方案，但由于问题的复杂性，没有对更多站点的网络模型进行分析。

11.2 快速充电站网络

在本节中，我们在第 7 章模型的基础上开发了一个快速充电站框架模型，提出了配备本地储能单元的快速充电站方案。第 7 章还介绍了一个客户到达率和服务持续时间的随机模型，以量化基于服务占用率或负载中断概率的服务性能。正如第 10 章所讨论的，快速充电站网络对于辅助较长通勤交通是特别重要的，例如美国的州际行程或欧洲的跨国旅行。在本节中，我们介绍了网络充电站的关键组成部分和一个分散的负载均衡框架模型，该模型称为 PEV 进站控制 (PEVAC) 机理。

11.2.1 PEV 进站控制

如前几章所述，阻塞定价是协调和管理客户需求的有效工具。到目前为止，在本书中，我们已经对单一充电站应用了不同的定价方案。在本节中，我们将使用定价机制来管理整个网络的 PEV 负载。假设 PEV 驾驶人是自利、理性的，并且独立行动，这意味着他们意在以最低成本获得充电服务，而不考虑充电网络条件。因此，位于繁忙线路的充电站可能会有较高的客户需求，而邻近的充电站可能仍然没有得到充分利用。这种情况不仅会导致经济损失和客户服务效率低下，还可能导致系统故障。这种情况可以通过采用进站控制机制来避免，其目的是通过提供财政补贴来影响充电站的选择。PEVAC 的目标如下：

1) 实现网络范围内预先设定的服务质量目标。

2) 作为一个工具，平衡邻近站点之间的 PEV 需求。

3) 通过服务更多客户和有效利用网络资源，最大化充电网络的营收。

PEVAC 使用一种定价机制，根据网络上的实际负载动态调整充电服务的价格。例如，在高峰时段，充电站经营者可以在降低还未充分利用的充电站提供相对较低的价格，以减少繁忙站点的过度需求。

11.2.1.1 系统参数

接下来，我们来探讨一下采用基于价格的进站控制机制的充电站整体的动态特性。在较小的需求条件下（例如零占用或无阻塞），假设每辆 PEV 会选择就近的充电站。在 PEVAC 模型（图 11-1）中，用 $\lambda_{\text{PEV}}(t)$ 表示 PEV 到达率。每个到达的客户进入定价模块，$\lambda_{\text{ac}}(t)$ 表示接受价格的到达率。同样，$\lambda_{\text{r}}(t)$ 表示从邻近的充电站引导转入的到达率和 $\lambda_{\text{ad}}(t)$ 表示被允许进入的 PEV 到达率。另一方面，一些 PEV 可能会访问繁忙的充电站，在这种情况下，他们可能会被拒绝服务。为了区分客户权重，定义了两种类型的 PEV 阻塞概率：① B_{PEV} 为到达最近站点的 PEV 的阻塞；② B_{rb} 为从附近站点引导进入的 PEV 的阻塞。此外，当阻塞发生时，假定被阻塞的客户将随机等待一段时间，然后再次尝试进入定价块。总体而言，预计有三分之一的客户将重试接受服务，其余的客户将离开。$\lambda_{\text{bl}}(t)$ 和 $\lambda_{\text{rb}}(t)$ 表示重试客户的到达率。PEVAC 系统参数见表 11-1。

表 11-1 PEVAC 系统参数

参 数	定 义
$\lambda_{\text{PEV}}(t)$	PEV 到达最近充电站的到达率
$\lambda_{\text{ac}}(t)$	途经的 PEV 到达率（从邻近站点）
$\lambda_{\text{r}}(t)$	在最近的充电站接受价格的 PEV 到达率
$\lambda_{\text{bl}}(t)$	阻塞客户的 PEV 到达率
$\lambda_{\text{rb}}(t)$	途径客户阻塞的 PEV 到达率
B_{PEV}	客户阻塞概率（选择最近的站点）
B_{rb}	途径客户的阻塞概率
p_{normal}	每个客户都能接受的正常价格。每个充电站的价格都一样
$p_{\text{congestion}}$	拥堵费取决于充电站的负荷
p_B	为阻挡客户而付出的代价
δ	QoS 目标，每个站点可能不同
λ^*	根据式(11-2)计算的支持 QoS 的最低允许到达率
$c_{k_{\text{inctv}}}$	接受路径所需的最小节省量
$c_{k_{\text{near}}}$	开车到最近的充电站要花的成本
d_k	每个客户的距离向量 k
Θ	由站点操作员设置的每个站点的价格调整参数向量
C, R, μ	单充电站参数，详见第 7 章
C^{limit}	可由一个单站设定的最高功率限制

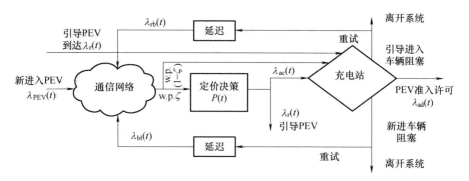

图 11-1　插入式电动车辆进站控制（PEVAC）系统参数

11.2.1.2　定价模块与服务质量

阻塞概率（即负载损失概率）表示长期内客户被拒绝服务的百分比，并用以对 QoS 进行衡量。性能指标用 P_{BT} 表示，为两种阻塞类型的加权和，也就是说，$P_{BT} = \gamma_1 B_{PEV} + \gamma_2 B_{rb}$，这里 $\gamma_1 + \gamma_2 = 1$。如果从相邻站引导进入站内的 PEV 被阻塞将会导致更多的客户不满意，因此假设 $\gamma_2 > \gamma_1$。

定价模块是 PEVAC 机制的关键组成部分。回想一下阻塞系统中的定价策略被分为三大类。第一类采用统一定价方案，基于客户的服务时间收取费用。这种策略的主要优点是实现简单，易于应用，使得会计处理过程较为简单。但在另一方面，统一定价方案没有考虑系统状态，且未能缓解充电阻塞的问题。第二类定价方案采用动态定价策略，通过调整价格，持续监测系统负载，避免阻塞发生。然而，这对充电站而言，实施这样的定价策略实际上是相当具有挑战性的，因为它们需要集成先进的实时监测和测量设备。

本节提出的框架采用的是短视策略，这种方案介于统一定价和动态定价方案之间。具体来说，定价块 $P(t)$ 的工作原理如下，让

$$\widetilde{\lambda}_{PEV} = \lambda_{PEV}(t) + \lambda_{bl}(t) + \lambda_{rb}(t) \tag{11-1}$$

除非客户到达率 $\widetilde{\lambda}_{PEV}(t)$ 超过某个阈值（即 QoS 目标设定的 λ_{PEV}^*）时，充电站提供所有站都是一样的正常价格 p_{normal}，且假设每个客户都可以接受价格 p_{normal}。在阻塞期间，当 QoS 设定的阈值被超过，即 $\widetilde{\lambda}_{PEV}(t) > \lambda_{PEV}^*$，系统操作员会相应地调整价格，并启用阻塞价格，即 $p_c > p_{normal}$，以便 PEV 可能会更愿意去邻近的不忙的充电站。注意，高峰时段的价格可能会根据系统上的实际客户充电负载而相应变化。

第 7 章描述了充电站在充电网络中的应用。设想一下，充电客户由具有容量 C、能量存储大小 R（在第 7 章中，我们用 B 来表示电池的大小。本章

对其进行了修改，以避免与阻塞概率混淆。我们定义最佳到达率为充电设施性能（阻塞概率）保持在 QoS 目标 δ_{max} 以内的最大的到达水平。这可以按下式计算：

$$\lambda_{PEV}^* = \begin{cases} \max \widetilde{\lambda}_{PEV} \\ \text{s. t.} \quad \mathbb{P}_{BT}(\widetilde{\lambda}_{PEV}) \leq \delta_{max} \end{cases} \tag{11-2}$$

重要的是，QoS 目标 δ_{max} 是在服务水平协议（SLA）中指定的，因此它是一个外生变量。接下来，让我们来定义用于计算定价块 $P(t)$ 的定价策略。如图 11-1 所示，定价块 $P(t)$ 决定了客户在 t 时刻接受价格的百分比，即

$$[\lambda_{PEV}(t) + \lambda_{bl}(t) + \lambda_{rb}(t)]P(t) = \lambda_{ac} \tag{11-3}$$

从而得出

$$P(t) = \frac{\lambda_{ac}}{\lambda_{PEV} + \lambda_{bl} + \lambda_{rb}} \leq \frac{\lambda_{PEV}^*}{\widetilde{\lambda}_{PEV}} \tag{11-4}$$

由上式可知，接受报价的 PEV 比例与充电站总负荷成反比。因此随着到达率 $\widetilde{\lambda}_{PEV}$ 的增加，充电站操作员调高了价格，因此接受新价格的客户数量变少。注意，需求函数满足 $D(p_{normal}) = 1$，表示所有客户都同意这个价格。众所周知，需求函数描述了顾客对价格变化的敏感性。因此，

$$p(t) = D^{-1}\left(\frac{\lambda_{PEV}^*}{\lambda_{PEV} + \lambda_{bl} + \lambda_{rb}}\right) \tag{11-5}$$

其中，$\dfrac{\lambda_{PEV}^*}{\lambda_{PEV} + \lambda_{bl} + \lambda_{rb}}$ 是系统的负载。在文献 [1] 中已经提出了各种需求函数（用于在阻塞网络中提供 QoS 的服务）。在本章中，我们使用了文献 [1] 中提出的需求函数，因此，$p(t)$ 也就是 t 时刻的价格，变成

$$p(t) = \begin{cases} p_{normal} & \text{如果 } \widetilde{\lambda}_{PEV}(t) \leq \lambda_{PEV}^* \\ p_c = p_{normal}\left\{1 + \theta \sqrt{-\log\left(\dfrac{\lambda_{PEV}^*}{\lambda_{PEV} + \lambda_{bl} + \lambda_{rb}}\right)}\right\} \\ & \text{如果 } \widetilde{\lambda}_{PEV}(t) > \lambda_{PEV}^* \end{cases} \tag{11-6}$$

充电站发生阻塞时（即 $\widetilde{\lambda}_{PEV}(t) > \lambda_{PEV}^*$），根据客户负载而确定的资源价格将会提高 QoS。参数 θ 由设施运营商设定，其细节将在下一节中说明。系统组件之间的相互依赖关系如图 11-2 所示。

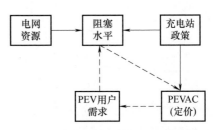

图 11-2 系统组件之间的相互依赖关系

11.2.2 资源分配框架

为了用有限的充电站容量资源服务更多的客户，系统运营商还需要考虑时空需求的变化，将更多的系统资源分配到繁忙地区的充电站。假设在一个服务区布置了 N 个充电设施，$\mathcal{N}=\{1,\cdots,N\}$ 表示充电站的集合。此外，令 $C_{\max}$ 表示公共供电设施可提供给充电网络的发电容量的最大部分，且假设每个站点都配备了存储单元。因此，该问题简化为在 QoS 约束下的电力资源分配问题。具体来说，网络运营商解决了以下两个阶段的资源分配问题。

1. 第一阶段

在第一阶段，对于任意给定的一组 $\{R_i\}_{i\in\mathcal{N}}$ 和 $\{\lambda_i\}_{i\in\mathcal{N}}$，我们解决以下问题：

$$\min_{C} \sum_{i\in N} P_{BT}^{(i)}(\lambda_i, C_i, R_i) \tag{11-7}$$

$$\text{s. t.} \quad \sum_{i\in N} C_i \leq C_{\max} \tag{11-8}$$

$$\delta_{\min} \leq P_{BT}^{(i)}(\lambda_i, C_i, R_i) \leq \delta_{\max} \tag{11-9}$$

$$C_i \in \mathbb{Z}_+, \tag{11-10}$$

$$\delta_{\min}, \delta_{\max} > 0 \tag{11-11}$$

每个充电站的到达率设为 $\lambda_i, i\in\mathcal{N}$ 通过对于一个给定空间的车辆分布进行离散事件测算（将在下一节讨论）。注意，对阻塞概率目标设置了一个较小的下限，如式（11-9）所示。这个下限通常设置为 $\delta_{\min}=0.01$，其目的是防止系统规划者过度配置电网容量。上述优化问题的解决方案将给系统操作员一个功率分配向量 $C=[C_1,\cdots,C_N]$，但实际上，这一结果的应用可能受到电网运行约束的限制。假设一个位于一个繁忙的交通枢纽的充电站需要 $C=15$ 个单位，考虑到一个典型的直流快速充电桩需要 50kW 的电力，这样一个电站的部署可能是不合适的。因此，需要对总容量施加额外的约束。在此基础上，过剩电量在相邻充电站之间的分布与充电站之间的物理距离成反比。按照这种分配策略，通过上一节介绍的基于价格的引导策略，最近的充电设施将会满足客户需求。

$$C^{\text{excess}} = C_{\max} - \sum_{i\in N} C_i \tag{11-12}$$

2. 第二阶段

接下来，让我们将 $\psi\in\mathcal{N}$ 定义为由第一阶段产生的过剩电量的充电设施的子集。假设充电站 $j\in\psi$，具有过剩电量 C_j^{excess}，然后在第二阶段中，相邻充电站 $k\in\mathcal{N}/\psi$ 从充电站 j 接收额外的电量 C_{kj}^{extra}。因此，第二阶段的分配问题可以

表述为

$$C_{kj}^{\text{extra}} = \lceil C_j^{\text{excess}} w_k \rceil, \text{其中} w_k = \frac{1}{d_{kj}^2}\left(\sum_{z \in N/\psi} \frac{1}{d_{kj}^2}\right)^{-1} \quad (11\text{-}13)$$

其中 d_{zj} 为 z 站与 j 站之间的物理距离。为了进一步阐明上式（11-13），接下来讨论一个简单的例子。假设一个社区有 4 个站点，而 1 号站点有 6 个单位的过剩电量，其余 3 个电站没有多余的电量，根据式（11-13），它们将共用这 6 个单位的电量。假设 1 站与 2 站、3 站、4 站之间的距离为 $d_{21}=1$、$d_{31}=2$、$d_{41}=2$，然后过剩的电量分配如下：$C_{21}^{\text{extra}}=4$，$C_{31}^{\text{extra}}=1$，$C_{41}^{\text{extra}}=1$。由于 2 号站是离 1 号站最近的一个站，所以在充电阻塞期间，可以用最少的奖励措施引导乘客转到 2 号站。

11.3 充电站网络分散控制

在本节中，我们将介绍分散控制框架，它的目标是在确保 QoS 质量而不需要进行重大升级的情况下，为大量 PEV 客户服务。为此，我们提出了一个博弈论的 PEV 框架来平衡附近充电站之间的 PEV 充电需求。同样，与斯塔克尔伯格游戏类似，玩家包括网络运营商和 PEV 驾驶人。自利型 PEV 驾驶人的首要目标是在保证 QoS 范围内对车辆进行充电，且要最小化服务成本，而服务成本与充电价格、到充电桩的行驶距离成正比。另一方面，系统运营商的目标是最大限度地增加服务客户的数量，如有必要，通过奖励 PEV 驾驶人进行合作，并将客户的需求转移到附近利用率相对较低的充电站。

如图 11-1 所示，该框架依赖于双方互通的能力。假设每个充电设施都可以与一个中央控制器进行通信，该控制器可以将定价信息转发给移动 PEV 客户，并影响其选择偏好。另一方面，顾客对这些信号作出反应，并根据最佳反应策略采取行动。

11.3.1 博弈公式

在提出的框架中，充电网络的所有者作为主导者，在跟随者（PEV 客户）选择策略之前，就可以提交策略。为此，使用斯塔克尔伯格游戏（也称为主导者-跟随者游戏）对系统进行建模。首先，游戏中定义其战略形式 $\Gamma = \{\mathcal{N}, \mathcal{K}, \{\mathcal{P}_k\}, \{\mathcal{X}_k\}\}_{k \in \mathcal{K}}, \{U_n\}_{n \in \mathcal{N}}, \{U_k\}_{k \in \mathcal{K}}$，其中 $\mathcal{K} = \{1, \cdots, K\}$ PEV 的集合要求在给定的时间内充电。接下来讨论每组参与者的指定策略。设 $\{\mathcal{P}_k\}$ 为系统运营商向客户 k 提供的 $1 \times N$ 价格向量。注意，为了设置价格向量，网络运营商需要为每个结点设置 θ。设置参数 θ 的基本原理来自这样一个事实：说服驾驶人改变他们的充电站偏好，要求高峰/非高峰小时（或阻塞/非阻塞小时）的比例应大于 1。因此，将参数 θ 设置为维护客户的这种激励。PEV 驾驶人的策略 $\mathcal{X}_k$ 是从 $\mathcal{N}$ 中选择一个充电站，U_k 是玩家 k 收益的效用函数。图 11-3 展示了这个游戏的扩展形式。接下来，我们将详细描述游戏的组成部分。

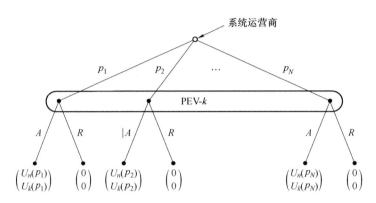

图 11-3　斯塔克尔伯格游戏的扩展形式

11.3.2　PEV 用户（跟随者）

正如前面提到的，在非高峰时段，每个 PEV 用户都会选择就近的充电站进行充电。然而，当每个站点的负载增加时，网络运营商的目标是通过提供相对较低的价格（如果必要的话）将 PEV 分流到附近负载较轻的其他站点，同时需要避免提供较差的服务质量（阻塞的 PEV）。PEV 用户要么接受去一个不太繁忙的充电站，要么拒绝，冒着被阻塞的风险去最近的充电站。显然，PEV 用户的决策会受价格波动的影响。因此，应该有足够的激励措施来影响 PEV 用户改变其充电决策行为。考虑到这一点，下面给出了 PEV 策略。

$$\text{PEV 策略} = \begin{cases} 接受, & 如果 \begin{cases} c_{k_{near}} - c_{k_{desrd}} \geq c_{k_{inctv}} \\ P_{BT}^{desired} \leq \delta_{max} \end{cases} \\ 拒绝, & 其他 \end{cases} \tag{11-14}$$

PEV 策略的组成如下。假设客户 k，对于 $k \in \mathcal{K}$，计划在最近的 n 站给自己的电池充电（$n \in \mathcal{N}$），选择最近充电站的费用为 $c_{k_{near}} = p_n + c(d_{nk}^2)$，其中 p_n 为在充电站 n 的服务费用，$c(d_{nk}^2)$ 为 PEV k 开车到充电站 n 的费用。需要注意，当距离最近的充电桩 n 没有阻塞的情况下（例如 $\tilde{\lambda}_{PEV}(t) \leq \lambda_{PEV}^*)p_n$ 等于

$p_{nnormal}$,阻塞时候的阻塞价格 p_n 见式(11-6)。同样,当网络运营商需要将一辆 PEV 引导到另一个站点时,它需要计算成本 $c_{k_{desrd}}$。如上所述,激励措施应该足以让驾驶人多开几 mile 到新的站点。为了将客户行为纳入这个方案中,我们假设 PEV k 只有在至少获得 $c_{k_{inctv}}$ 的收益后,才会同意去别的不那么繁忙的站点。考虑到当前的电价,应该有一个合理的收益水平(例如 10%~15% 的收益)。

PEV 的收益由一个实用函数表示,该实用函数包含以下因子:QoS 度量 P_{BT},每站充电价格 p_k,以及到每个站点的物理距离 d_k。注意,效用函数的每个分量对应一个 $1 \times N$ 行向量,其中每个元素的位置与对应充电站参数(QoS、服务价格、距离)相关联。则 PEV k 的效用函数为

$$U_k(\boldsymbol{P}_{BT}, \boldsymbol{d}_k, \boldsymbol{p}_k) = h(\boldsymbol{P}_{BT})\boldsymbol{e}_n \{\boldsymbol{p}_k + c_k(\boldsymbol{d}_k) + f_k(\boldsymbol{d}_k)\} \tag{11-15}$$

其中 $h(\boldsymbol{P}_{BT}) = e^{\xi(P_{BT}-\delta)}$,函数 h 代表由于经历了高阻塞概率带来的负效用,δ 是 QoS 的目标,ξ 是一个常数,反映了客户评估服务的价值多少(迫切需要充电服务的时候,价值更高)。此外,引入参数 ξ 以提供给曾经被拒绝服务且又重试请求服务的 PEV 客户一些灵活地改变。在这种情况下,没有参数 ζ,当阻塞概率高,它可以进一步催生负效用。用这些因素来反映由高阻塞概率而导致的客户不满。注意,

$$\xi = \begin{cases} 0, & \lambda \leq \lambda^* \\ \xi \in \mathbb{R}^+, & \lambda > \lambda^* \end{cases} \tag{11-16}$$

PEV k 选取一个站 $n \in \mathcal{N}$,其中 $\boldsymbol{e}_n$ 表示一个列向量,除第 n 个位置为 1 外,其余均为 0。同样,$\boldsymbol{p}_k$ 是网络运营商提供的定价向量。效用函数的第二项反映了开车去充电站的成本。最后,$f_k(\boldsymbol{d}_k)$ 表示 PEV k 在驾驶人选择额外行驶里程实现充电时引起的不满。即使总成本降低,也会带来一定程度的不满,因为客户需要花额外的时间来驾驶额外的里程(例如时间成本)。因此,PEV 充电的优化问题是一个映射 $\mathbb{R} \to \{拒绝, 接收\}$,生成一个向量 $\boldsymbol{e}_n$,其中"接收"将第 n 个位置设置为 1,而其他所有位置对应于"拒绝"都保持为 0。注意,目标是将总成本降到最低。这可以表示为

$$\min_n h(\boldsymbol{P}_{BT})\boldsymbol{e}_n\{\boldsymbol{p}_k + c_k(\boldsymbol{d}_k) + f_k(\boldsymbol{d}_k)\}$$
$$\text{s.t. } n \in \mathcal{N} \tag{11-17}$$

式(11-17)中使用的成本函数如下。驾驶成本为 $c_k(\boldsymbol{e}_n\boldsymbol{d}_k) = p_{dr}d_{kn}^2$,在经典的 Hotelling 分析中提出了二次成本函数。其他部分则反映了 PEV 客户因额外行驶里程产生的不满。采用线性不满意模型:$f_k(\boldsymbol{e}_n\boldsymbol{d}) = p_{dis}(d_{kn} - d_{\text{nearest}})$,其中 p_{dis} 为行驶单位距离的成本,$d_{kn} - d_{\text{nearest}}$ 为总额外行驶里程。这个成本组成的

目的是捕捉驾驶人的行为，因为客户不太可能为了有限的节省而驾驶大量的额外里程。最后，上述优化问题以 PEV 有足够的储存电量行驶到第 n 站点为条件，这也是我们假设的情况（储存电量为 $1 \sim 2\text{kW} \cdot \text{h}$）。

11.3.3 充电网络运营商（主导者）

在游戏设置中，网络运营商具有先发优势，可以通过设置每个站点的充电价格来影响 PEV 的偏好。网络运营商作为主导者，协调非合作客户的行为，使充电网络的利润最大化。主导者的策略是调整每个站点的定价参数向量 $\boldsymbol{\theta}$。因此，所提供的价格向量成为向量函数 $\boldsymbol{\theta}$ 即 $\boldsymbol{p}_k = h(\boldsymbol{\theta})$。此外，假设隐私政策禁止系统运营商利用客户位置，向充电水平较低的客户索要更高的价格。同样，网络运营商也可以忽略那些多次试图重新进入阻塞充电站点的客户，所以网络运营商的效用函数可表示为

$$\max(\boldsymbol{\theta}) = \boldsymbol{p}_k(\boldsymbol{\theta})\boldsymbol{q} - p_B \boldsymbol{q}_B$$
$$\text{s. t.} \quad \boldsymbol{p}_k, \boldsymbol{q}, \boldsymbol{q}_B \in \mathbb{R}^N, p_B \in \mathbb{R}^+ \tag{11-18}$$

其中，$\boldsymbol{q}$ 由式（11-17）计算，$\boldsymbol{q} = \boldsymbol{e}_n$。同样，

$$\boldsymbol{q}_B = \begin{cases} \boldsymbol{0}, & \text{接受服务} \\ \boldsymbol{e}_n, & \text{拒绝服务} \end{cases} \tag{11-19}$$

价格向量 $\boldsymbol{p}_k$ 与式（11-17）中的价格向量一致。最后，p_B 是一个标量，表示阻塞发生时所要支付的价格。

11.4 数据结果

11.4.1 空间车辆分布

上述车辆引导策略的主要动机是空间车辆分布不均匀从而导致站点的服务能力和客户需求可能不完全一致。另一方面，收集车辆行驶轨迹是一项具有挑战性的成本高昂的任务。为了在模拟中反映交通轨迹，我们使用了华盛顿州西雅图市的公交车运动轨迹。由于城市公交网络广泛，5000km^2 区域内有 1200 辆公交车，因此假设这些数据与实际的车辆形态相似。此外，我们使用工作日的高峰时段数据（上午 7 点到 9 点和下午 5 点到晚上 7 点）。采用 ARENA Input Analyzer 软件将数据拟合到一个空间分布中。首先，对位置坐标 (x, y) 进行规范化，下面展示的计算结果的均方误差为 0.6。得到的分段分布为

$$f(x) = \begin{cases} 44 \times B_e(4.42, 0.763), & 0 \leq x \leq 44 \\ 44 + 137 \times B_e(0.752, 4.7), & 44 \leq x \leq 188 \end{cases} \quad (11\text{-}20)$$

和

$$f(y) = \begin{cases} 150 \times B_e(2.42, 0.799), & 0 \leq y \leq 150 \\ 150 + 121 \times B_e(1.07, 5.44), & 150 \leq x \leq 270 \end{cases} \quad (11\text{-}21)$$

式中，B_e 是数据分布；x 和 y 坐标的相关系数计算为 0.06。

11.4.2 仿真设置

下面的仿真场景展示了之前提出的客户引导策略的应用。该充电网络由位于 30×30 单位面积内的 5 个充电结点组成。1~5 站的设施坐标分别为 (5，25)、(10，10)、(25，25)、(15，15) 和 (25，5)。充电站布局如图 11-4 所示。选择这些位置是为了显示引导策略的有效性，因为站 2 和站 3 的交通流量较大，而其他站点的交通流量较小。站 1 与站 2、站 3 之间的物理距离小于站 2、站 3（繁忙）与站 4、站 5（占用较少）之间的距离。更准确地说，以百分比计算，充电站 1~5 的总需求分别为 1%、50%、42%、2% 和 5%。在这种情况下，站 2 和站 3 将有比较高的客户拒绝率，而其他站点会表现相对较好。

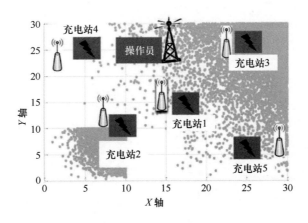

图 11-4 充电站布局

站点设置如下。电力公司提供 $C_{max} = 39$，每个站点可以接收到 $C^{limit} = 13$。根据式 (11-7) 和式 (11-13)，最优资源分配得到网络中 5 个站点 $C = [6, 13, 13, 3, 4]$。注意，站 2 和 3 的过剩电量（即 $C_2^{excess} = 5$，$C_3^{excess} = 2$）作为 [5, 3, 1] 传输到站 1、4 和 5。电荷率 $\mu_1 = \cdots = \mu_5 = 2$，而局部能量存储单元的参数相

同，设为 $v_i = 3$。同样，对于所有 $i \in \mathcal{N}$，每个存储单元的大小 $R_i = 8$。

阻塞目标值设置为 $\delta = 0.05$，所有客户的不满意度设置为 $\xi = 0.1$。根据站点设置，式（11-2）中给出的最佳到达率计算为 $\boldsymbol{\lambda}_i^* = [6.7, 23.4, 23.4, 3.3, 5.0]$。当到达率超过最优率时，充电站开始提供奖励，以引导顾客。非高峰时段的服务价格为 $p_{\text{normal}} = 4$，如果 PEV 被阻塞，则站内运营商需支付 $p_{\text{block}} = 6$ 的惩罚性费用。两种类型的阻塞的系数设置为 $\gamma_1 = 0.45$ 和 $\gamma_2 = 0.55$。驾驶人可能有不同的激励水平，因此 c_{kinctv} 为区间均匀分布的随机变量 $[0.75, 1.0]$，p_{dis} 为区间内（单位距离）均匀分布的随机数 $[0.02, 0.05]$。

为了更好地说明客户引导策略，我们对网络进行了模拟，以汇集总到达率在 $[30, 60]$ 范围之内。在交通量较少的情况下，站 2 和 3 可在指定的服务质量限制下提供充电服务。然而，随着需求的增加，更多的客户被分流引导到站 1、4 和 5。图 11-5 描述了这一趋势，图中显示 25% 的客户需求是从繁忙的站点引导到附近的站点。在此基础上，对三种情况下的阻塞概率性能进行了评价：一个基本场景里所有站点是相同的，并且不需要执行任何功率分配或客户引导策略；一个应用了功率分配的场景；以及电源分配和客户引导一起应用的场景。如图 11-6 所示，所提出的模型优于其他两种情况，并为更多的客户服务。同样重要的是，在高流量机制（例如 $\sum_i \lambda_i = 60$）下，因为需要升级储能能力或需要从电网获取额外电力，这违反了 QoS 政策。最后一个评估是比较上述三种情况下的系统收益（见 7.3 节）。图 11-7 所示的结果表明，尽管提供了激励措施，但网络运营商通过给更多的车辆服务而获得了更多的利润。

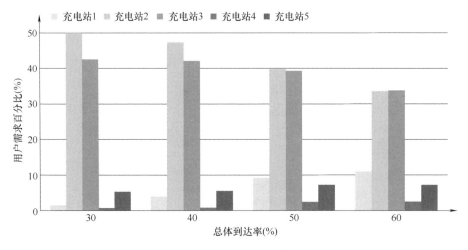

图 11-5　充电站网络中的负载均衡

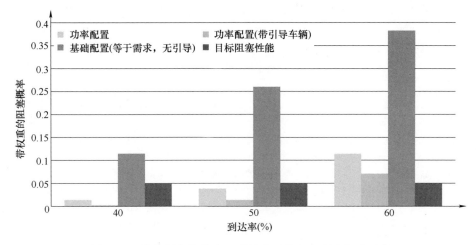

图 11-6　计费网络性能在三种情况下的加权阻塞概率比较

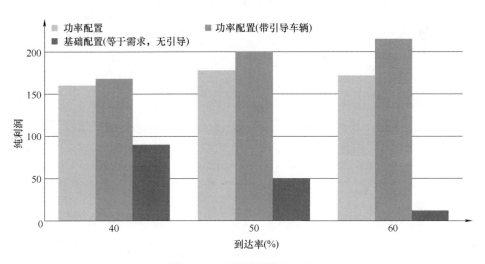

图 11-7　电网范围收益对比

11.5　本章小结

在本章中，我们介绍了一个基于定价机制的客户引导策略，以匹配大量移动 PEV 用户的需求。所提出的分散机制应用斯塔克尔伯格游戏规则，在该游戏中，充电站运营商充当主导者并设定每个站的充电价格，以影响客户决策，从而满足更多用户需求。另一方面，客户作为跟随者，通过选择服务站来降低成本。数值实验表明，将用户分流引导到较不繁忙的站点可以满足更多的 PEV

客户充电需求。引导策略是电网容量规划中的关键元素,因为它们可以减少额外发电的需求。

参 考 文 献

[1] Bayram, I. S., Michailidis, G., and Devetsikiotis, M., "Unsplittable Load Balancing in a Network Of Charging Stations Under Qos Guarantees," *IEEE Transactions on Smart Grid*, Vol. 6, No. 3, 2015, pp. 1292-1302.

[2] Bayram, I. S., et al., "Decentralized Control Of Electric Vehicles in a Network of Fast Charging Stations," *IEEE Global Communications Conference*, Atlanta, GA, Dec. 2013, pp. 2785-2790.

[3] Yuan, W., Huang, J., and Zhang, Y. J. A., "Competitive Charging Station Pricing for Plug-in Electric Vehicles," *Proc. IEEE International Conference on Smart Grid Communications*, Venice, Italy, Nov. 2014, pp. 668-673.

[4] Yang, H., Xie, X., and Vasilakos, A. V., "Noncooperative and Cooperative Optimization of Electric Vehicle Charging Under Demand Uncertainty: A Robust Stackelberg Game," *IEEE Transactions on Vehicular Technology*, Vol. 65, No. 3, 2016, pp. 1043-1058.

[5] Hampshire, R. C., Massey, W. A., and Wang, Q., "Dynamic Pricing to Control Loss Systems with Quality of Service Targets," *Probability in the Engineering and Informational Sciences*, Vol. 23, No. 2, 2009, pp. 357-383.

[6] Bayram, I.S., et al., "Electric Power Allocation in a Network of Fast Charging Stations," *IEEE Journal on Selected Areas in Communications*, Vol. 31, No. 7, 2013, pp.1235-1246.

[7] Faruqui, A., & Sergici, S., "Household Response to Dynamic Pricing of Electricity: A Survey Of 15 Experiments," *Journal of Regulatory Economics*, Vol. 38, No. 2, 2010, pp. 193-225.

[8] Faruqui, A., et al., "Will Smart Prices Induce Smart Charging of Electric Vehicles?", 2011, available at SSRN 1915658.

[9] Lau, V. K., and Maric, S. V., "Mobility of Queued Call Requests of a New Call-Queueing Technique For Cellular Systems," *IEEE Transactions on Vehicular Technology*, Vol. 47, No. 2, 1998, pp. 480-488.

[10] Hotelling, H., "Stability in Competition," *The Collected Economics Articles of Harold Hotelling*, 1990, pp. 50-63.

[11] Jetcheva, J. G., et al, "Design and Evaluation of a Metropolitan Area Multitier Wireless Ad Hoc Network Architecture," *Proc. Fifth IEEE Workshop on Mobile Computing Systems and Applications*, Monterey, CA, Oct. 2003, pp. 32-43.

第12章

V2X系统

12.1 概述

为了降低 PEV 的购买成本,在高峰期、停电和其他紧急情况下利用 PEV 电池作为能源的想法受到越来越多的关注。依靠 PEV 电池作为动力源的技术叫车辆对 X (Vehicle-to-X,V2X) 技术,它表示从 PEV 电池到 X 的电力方向,其中 X 可以代表网(G)、楼(B)、家(H)或车(V)。

在本章中,我们详细介绍 V2G、V2B、V2H 和 V2V 应用及其系统架构,以及相关的成本和效益分析。根据这些技术以及配电网和输电网相互作用的性质,可以将 V2X 技术分为表前和表后两大类技术。V2G 技术是 PEV 使用配电和传输网络向电网回馈电力,所以属于表前技术,PEV 与调度员或系统操作员在辅助服务市场进行能源交易。相比之下,V2B、V2H 和 V2V 技术属于表后技术,因为在这些技术中,PEV 位于客户场所,电池放电仅用于满足客户需求。在这组技术中,车辆电池与本地能源管理系统进行通信。

这些技术还可以根据能量交换量进行分类。V2G 技术因受到电网辅助服务的最低功率限制将需要更高的能量,而 V2B、V2V 和 V2H 技术所需的能量较少,这主要由它们所服务的负载性质决定。原则上,与其他 V2X 系统相比,将会有更多的车辆参与 V2G 系统,例如商业建筑中使用的典型 V2B 系统需要 5~6 辆车,而 V2H 系统用于一个家庭,仅需要 1~2 辆车。在接下来的几节中,我们将讨论每种技术的细节。

12.2 V2G

V2G 技术有潜力通过实现 PEV 和电网之间的双向能量交换,为系统运营商提供更大的灵活性并增强稳定性。当大量的 PEV 连接到电网中，并且通过软件解决方案将它们聚合为单个电源时，它们可以充当电网中的一个大电池。从系统运营商的角度，V2G 技术的优势是多方面的，包括提高发电过程中的旋转储备、调峰、负载均衡和校准等。此外，V2G 技术可以提高电能质量，帮助同步感应电动机启动，调节有源滤波和总无功功率。从用户角度，主要体现在货币激励上。此外，用户还可以在电价较低时使用 PEV 电池来补充电能，并在高峰时段或停电时段使用储存的电能。值得注意的是，PEV 大部分时间处于静止和停放状态，因此，V2G 操作不会影响 PEV 用户使用。

V2G 技术的理念正在逐渐实施和实现，而不是停留在概念阶段。2016 年，一个由丹麦多家公司组成的财团创建了一个 V2G 集成网络，其中有 10 辆 PEV 参与（10kW 的 V2G 机组），以让驾驶人能够参与辅助服务。V2G 技术在丹麦尤其受到关注，因为丹麦的风能发电量占总发电量的很大一部分，通过将电池集成到系统中可有效地提高电网效率。同样，在英国，日产与当地电力公司合作部署 V2G 站；在美国，特拉华州大学设计并演示了一个展示柜，该展示柜在 PJM 市场上运行，详情见 12.3.4 节。实验表明，通过建立足够的通信和信息基础设施，系统运营商可以有效地控制电网和 PEV 电池之间的电力交换过程。

V2G 概念是通过 PEV 和电网运营商之间的数据通信来控制和管理 PEV 而实现的。系统架构规定了电网和 PEV 之间的通信模型，可以是直接架构，也可以是间接架构。如图 12-1 所示，在直接架构中，电网运营商和 PEV 之间存在直接通信路径。在这个架构中，每个参与者都可以投标和执行辅助服务，尽管看起来可以很容易地实现，但是现实中实现起来仍然存在困难。具体地说，在传统的辅助服务中，系统操作员通过自动发电控制（AGC）信号与合作商进行交互，应在几秒钟内采取适当的措施予以响应。此外，AGC 的设计目的是与地理位置有限的地区的大型电源（如 100kW 或更高功率）进行通信。因此，直接通信体系架构的长期可扩展性是一个需要仔细解决的问题，因为运营商必须定期监控和更新数千辆车辆的连接、合约、电源和充电状态，且这些车辆是动态地进入和离开 V2G 系统。

相反，在间接架构中，加入了聚合器，聚合器作为一个单一的可控制电源负责协调分区的 PEV 组，如图 12-2 所示。在这类架构中，聚合器投标并参与 V2G 系统，并向协议车辆发出指令。此外，每个聚合器管理的 PEV 数量相对较少，显著降低了通信压力，降低了调度和资源管理的复杂性，并促进了可扩展的体系结构。

第 12 章 V2X 系统

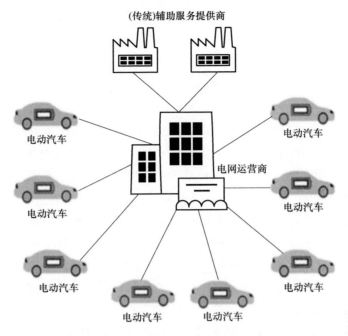

图 12-1 V2G 系统架构图（每一辆离散的 PEV 会单独与电网运营商有物理连接）

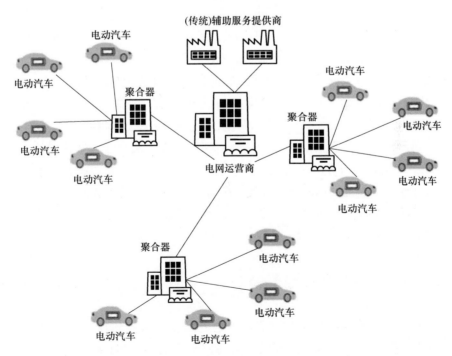

图 12-2 V2G 系统间接架构（PEV 汇集到聚合器，在由聚合器与电网运营商通信）

任何辅助服务提供商的关键要求就是具有高可用性。可用性系数（Availability Factor，AF）衡量发电机组向电网提供服务的时间比例。在传统的发电机组中，可用性系数不仅受燃料类型的影响，而且受电厂设计和使用年限的影响。这些因素决定了停机事件的频率和持续时间，以及必要的计划内和计划外的维护流程。根据北美电力可靠性委员会（North American Electric Reliability Council）的数据，发电机组的 AF 应为 92.91%，以满足辅助服务协议。在 V2G 系统中，可用性主要受 V2G 站可使用 PEV 的影响，还取决于每天的 PEV 出行次数和持续时间。文献 [3] 中基于全国家庭交通调查的数据，研究了车辆停放在家里或工作场所的概率。调查表明，在下午 3 点至早上 7 点之间，车辆停放的概率至少为 90%，在晚上 12 点至凌晨 4 点之间停放的概率为 100%，对于其他间隔，概率在 83% ~ 90% 之间变化。因此，平均可用性系数至少为 91%，这使 V2G 系统成为美国辅助服务的合适候选项。

可靠性是用于评估 V2G 系统是否适合参与辅助服务的另一个指标。在辅助服务中，系统操作员发送 AGC 信号，要求合作商（PEV 车队）提供 10min 规定容量。可靠性计算为 10min 周期内 PEV 车队持续提供 100% 所需能量的比例，否则 PEV 车队将被视为未能履行合同。例如，考虑一个场景，在 $n=4$ 个合同期中，PEV 车队完成 $n=3$ 个 10min 的任务，在这种情况下，可靠性为 3/4（75%）。类似的措施也用来量化频率调节过程的性能（在 12.3 节中阐述）以及相应的性能奖励和支付。根据加利福尼亚州系统运营商（CAISO）的收费标准，"CAISO 将每 15min 对每个 4s 调节间隔的资源的自动发电控制设定点进行求和，且每 15min 汇总每 4s 调节的自动发电控制设定点的总偏差。CAISO 将资源自动生成控制设定点的总和减去资源的总偏差之和再除以资源自动生成控制设定点的总和。CAISO 将结果百分比应用在资源端指定的里程上，用于计算资源的规范绩效收益"。尽管辅助服务市场的规则和规定对于传统发电机是明确的，但为了适应 V2G 系统，可能需要修改这些规则。例如，典型辅助服务的最小功率要求为 1MW，但在短期内，由 PEV 车队提供这样的最低功率是不可行的。因此，为了促进 V2G 系统的集成，需要降低 PEV 产生的最小功率和相应的奖励。

12.3　电力系统辅助服务概述

除了满足终端用户的用电需求外，电力系统运营商还提供一系列辅助服务，以提高系统的可靠性。美国联邦能源监管委员会（Federal Energy Regulatory Commission of the United States）将辅助服务定义为"有必要根据控制区的义务，支持从卖方向买方传输电力，并在这些控制区内支持公用设施传输，以维持电网及交互系统的可靠运行"。辅助服务是电力系统运行中不可缺少的组成部分，负责在严格的公差范围内实时平衡电力供应与需求。根据运营法规、负载配置的属性和发电资产，不同市场的服务类型和支持持续时间可能不同。在当前较为宽松的市场中，辅助服务通常由独立实体例如区域输电运营商（RTO）或独立系统运营商（ISO）进行运营⊖。一般而言，与 PEV 运营相关的辅助服务可分为两类——频率监管和储备（即转动类型和非转动类型）。

12.3.1 法规

最常见的辅助服务是频率调节（又叫主动调节）。频率调节是为了将电网频率保持在较窄的公差范围内（例如在 50 或 60Hz 频率的 0.1% 范围内）。虽然大容量储存电力仍然不可行，供应端必须以高精度、低延时、连续地满足需求。但是，供给侧或需求侧的意外波动将影响系统频率⊖。如图 12-3 所示，当发电量高于需求量（发电量过量）时，系统频率就会增加。另一方面，如果需求高于供给，系统频率就会降低。系统频率的波动导致区域间振荡和系统断电（例如 2003 年美国东北部的停电）。频率调节可以通过下面描述的控制方法来维持。为了描述与频率调节相关的挑战，后续我们采用 PJM 市场使用的术语，因为 PJM 在全球拥有最大的辅助服务市场，这一术语可能与其他国家或地区不同。

惯性响应（IR）：大型同步发电机可以抑制供需平衡的瞬时变化。IR 是自然发生的，且无法控制。发电机在负荷增加时减速，在负荷减少时加速。

频率偏差（FB）：FB 是系统操作员在 1~10s 时间段内输出或吸收能量的职责。频率偏差由两部分组成——调节器响应和感应负载响应。调节器响应是指发电机输出功率的变化，感应负载响应是指工业感应负载（电机）随频率变化而变化。

监管控制（RC）：在系统运营商从辅助服务市场购买电力时，PEV 可以参与监管控制。供应商在即将到来的时间段投标电力量和单位成本，电网运营商对投标进行分类，并确定以最低成本满足所需供应的市场结算价格。频率调节有两种类型：一种类型的调节信号在几十秒内产生，因此称之为快速调节；另一类型的调节发生在几分钟内，因此称之为慢调节。

⊖ 例如，美国有七个实体：加利福尼亚 ISO、中西部 ISO、新英格兰 ISO、纽约 ISO、安大略 ISO、PJM（宾夕法尼亚州、泽西州、马里兰州）RTO 和得克萨斯州电气可靠性委员会（ERCOT）。

⊖ 供给侧波动由设备故障引起，而需求侧波动由人类活动差异引起。

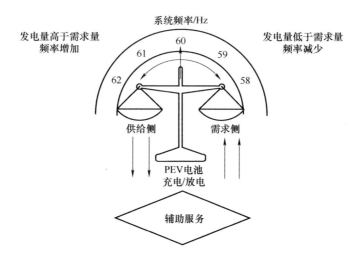

图 12-3　基于 PEV 的辅助服务频率调节

经济控制（EC）：当负荷变化不能通过上述措施补偿时，就要使用经济控制。在这种情况下，系统操作员将发电机的输出移动到新的设定点，经济控制时间通常在 5min 以上。

参与频率调节将为 PEV 用户提供财政激励，参与的价值和激励取决于市场清算价格。为提供更多详情，2015 年 11 月至 2016 年 10 月期间的平均市场清算价格如图 12-4 所示，图中数据来自 PJM 数据库。尽管市场平均价格为 18 美元/MW，但小时费率在不同季节在该平均值附近波动很大。价格通常在高峰时段较高，在非高峰时段较低。

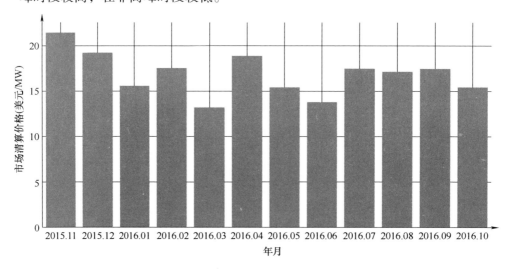

图 12-4　用于频率调节的 PJM 平均市场清算价格

12.3.2 储备

储备容量是补充发电容量,用于补偿发电损失或负荷预测误差。储备容量分为两类——旋转(同步)储备或非旋转(非同步)储备。旋转储备是积极的发电机组,有能力根据市场信号调整其输出功率。另一方面,非旋转储备是离线发电机,但它们是快速响应的发电机,可以在需要时及时提供电力。通常,径流式水轮机、泵送式水轮机和燃烧式水轮机用于非旋转储备。有时,应急启动服务被视为非旋转储备的一部分,应急启动发电机在停电时提供输出以恢复电网。

运营储备的响应时间一般小于 10min,支持时间一般长达 2h,PEV 电池能够提供如此快速的响应时间和较低的总能量输出。此外,与 1 年 25~50 次的规定相比,储备需要的充电和放电请求更少,这一规定的速度足够慢,不会降低电池的寿命。旋转储备的市场价值通常小于频率响应。2011 年,PJM、加利福尼亚、得克萨斯、纽约、美国中西部和新英格兰地区的储备容量平均市场价值分别为 10 美元/MW、7.2 美元/MW、22.9 美元/MW、7.4 美元/MW、2.8 美元/MW 和 1.0 美元/MW。

12.3.3 电动机起动

同时起动几台大型感应电动机需要快速注入大量无功功率。如果无功功率来自配电网,电动机起动可能会导致配电网附近总线的电压下降等干扰。电压下降会降低电压质量,并可能损坏客户的电器。3% 的电压下降会导致照明灯光闪烁,系统操作员不允许电压下降超过 6%。电动机起动阶段的电压下降程度是涌入电流、电力系统阻抗和电机阻抗的函数。PEV 可用于降低电动机起动引起的电压骤降。带交流/直流逆变器的 PEV 充电机可以提供无功功率以补偿电动机起动过程中的功率需求。在局域网内提供无功功率有利于电力系统运行,因为无功功率的传输被消除,因此配电线路不会出现阻塞。AC/DC 变换器的使用也减少了使用起动电容器的需要,起动电容器主要用于感应电动机的硬起动。取消电容器将降低系统设计成本,并将电动机起动后通常因电容器未断开而发生的过电压风险降至最低。

12.3.4 PJM 和 CAISO 区域 V2G 示范

2013 年 4 月,特拉华大学与 PJM Interconnection 合作,让 PEV 可以作为官方电源为电网提供服务。通过这种合作关系,开发了系统软件作为调度员来协调 PJM 内 15 辆 PEV 的充电和放电速率。由于辅助市场的最低功率要求（100kW），至少要使用 9 辆 PEV。系统操作员在频率响应程序中使用车辆电池来稳定电网。这种方法消除了对火力发电厂进行循环操作的需要，这种循环操作通常更昂贵、响应时间慢、碳排放量也更高。另一方面，每辆车获得 150 美元的奖励，而每辆车的电力成本约为 40 美元。因此，每个参与者 PEV 每月获得大约 110 美元的利润⊖。

如 12.3.1 节所述，当发电量超过需求量时，PJM 向 PEV 电池充电以储存冗余电量；当需求量高于发电量时，储存的电量将回馈到电网。这一点隐含地依赖于这样一个假设，即驾驶人没有完全用光电池。为了说明 V2G 的操作，我们提供了两天内 PEV 的电池充放电循环数据。在图 12-5 中，V2G 操作的分辨率为 30s，垂直轴的上侧代表 PEV 向电网供电的情况，下部显示电池的充电率。图 12-5 中显示，PEV 可以在辅助服务中发挥主动作用，并支持稳定电网。

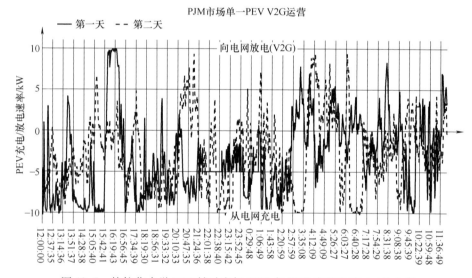

图 12-5 特拉华大学 PJM 辅助市场 2013 年 V2G 实施的充电/放电率

美国国防部也有兴趣开发 V2G 技术用于军事基地的能源安全。在洛杉矶空军基地的一个实验项目中，29 辆 PEV 为 CAISO 提供频率调节。充电站由 Level 2 充电桩（高达 15kW）和直流快速充电桩（15kW~50kW）组成。该模型的关键组成部分是由伯克利国家实验室开发的车队调度、优化和控制软件，使 PEV 能够参与 CAISO 的辅助服务。美国国防部的 V2G 软件架构如图 12-6

⊖ 计算不包括电池退化的成本，因为它取决于电池类型、使用年限和第 4 章中解释的其他因素。

所示。车队管理系统[①]收集出行需求并制订时间计划，共同优化 PEV 充电和监管投标能力。投标和奖励通过开放标准通信系统与 CAISO 进行通信。请求响应自动服务器（DRAS）支持接收和响应调度指令[②]。DSAR 接收 CAISO 信号，并通过开放式自动需求响应协议（OpenADR）将其转发给车队管理软件。OpenADR 是一个开源标准，用于实现配电装置和系统运营商之间基于 IP 网络的通信。OpenADR 也广泛应用于需求响应程序中。在分布式能源客户采用模型（DER-CAM）中[③]，对车队充放电进行了优化，该模型是最初为微电网规划设计的可再生能源的决策和调度工具。为了管理 V2G 系统，DER-CAM 的关键输入是 PEV 可用性、能耗估计、SOC 要求、电价和奖励，而其输出是 PEV 充放电时间计划表和监管投标。

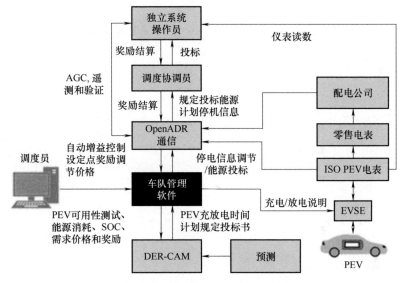

图 12-6 美国国防部的 V2G 软件架构示意图

AGC—自动发电控制 SOC—荷电状态 DER-CAM—分布式能源客户采用模型
EVSE—电动汽车充电设备

12.4 客户端应用

前一节中描述的 V2G 系统主要侧重于通过对电池充放电来辅助电网运行。

---

① 使用博世软件 eMobility 解决方案车队管理软件。
② 由 Akuacom 公司开发。
③ 由劳伦斯伯克利国家实验室开发。

PEV 电池也可以部署在表后的客户场所，并提供减少充电需求、整合可再生能源和降低电力成本等服务。如果与其他政策相结合，可以进一步推广应用。例如，加利福尼亚州的"自我发电激励计划"为客户提供 1 美元/W 的先进储能部署。有三组系统属于这类系统，即 V2B、V2H 和 V2V 互联系统。值得注意的是，由于没有与电网的交互，表后系统的实现比 V2G 系统的实现要简单，因为系统可以在相对较短的时间内实现，图 12-7 展示了电表后端应用概览图。

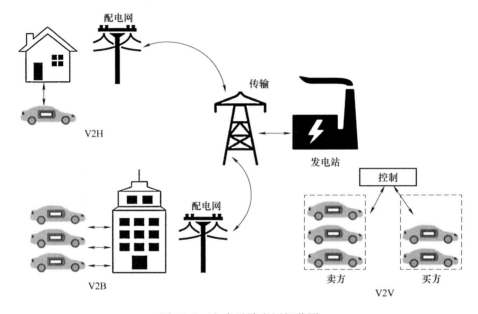

图 12-7　电表后端应用概览图

12.4.1　车-楼互联（V2B）

V2B 系统使用多个 PEV 电池来满足楼（建筑物）的电力需求，特别是在高峰时段。V2B 系统还可以提供应急备用，降低建筑物的能源成本。除了按消费支付的电能充电外，需求充电占客户成本的很大一部分。需求充电适用于大多数商业和工业客户，在较小程度上适用于住宅客户⊖。由于公用事业公司必须纳入额外的基础设施（发电、输电和配电），以维持其对此类客户的持续服务，因此需求充电适用于以较高费率（峰值需求）消耗电力的客户。例如，在北加利福尼亚州，商业客户的平均消费时间间隔超过 15min。如果最大需求量超过 499kW，则向客户收取需求费。

⊖　截至 2016 年，美国有 19 家公用事业公司使用住宅客户的需求充电。

V2B 系统对酒店和工作大楼场所等建筑有利。图 12-8 所示为一家大型酒店使用 PEV 充放电以避免出现需求充电的模拟结果。在这个特定的例子中,系统存储需求是 140kW 和 560kW·h。PEV 电池在一天中使用两次,一次在早上(上午 9 点到上午 10 点),另一次在晚上(晚上 8 点到晚上 11 点)。在案例研究中,酒店每年可降低 2 万美元的电力成本。值得注意的是,成本降低取决于电价定价和建筑的负荷情况。此外,PEV 电池还可以参与 V2G 活动以获得额外利润。V2B 系统还可以支持零能耗建筑,即使用现场可再生能源的发电电量。部署 V2B 系统所获得的收入取决于能源消耗和需求的减少,可以写成

$$Revenue = \underbrace{E_{shift} \times (p_{onpeak} - p_{offpeak})}_{Energy} \times d + \underbrace{p_{dcharge} \times (P_{max} - P_{V2B})}_{Demand} \quad (12\text{-}1)$$

式中,E_{shift} 是从高峰时段到非高峰时段的转换能量(kW·h);p_{onpeak} 和 $p_{offpeak}$ 是高峰时段和非高峰时段的电价;d 是一个月中的天数;$p_{dcharge}$ 是需求充电的单位成本;P_{max} 是 V2B 服务之前的大楼电力需求;P_{V2B} 是 V2B 之后的电力需求。V2B 的输出也取决于电力电子设备的效率水平,可以表示为

$$P_{V2B} = P_{vehicle} \times \eta_{charger} \times \eta_{inverter} \times \eta_{others} \quad (12\text{-}2)$$

式中,$P_{vehicle}$ 是 PEV 的输出功率;$\eta_{charger}$,$\eta_{inverter}$,η_{others} 分别是双向充电器、逆变器和其他因素,如功率损耗和电池自放电的效率水平。注意,式(12-2)也适用于 V2G、V2H 和 V2V 系统。此外,在所有的 V2X 应用中,应考虑电池衰减成本。电池退化率取决于电池寿命、SOC 水平、DOD 水平和环境温度等因素。因此,衰减成本随情况的变化而变化,并且通常是复杂的,第 4 章详细讨论了电池衰减。

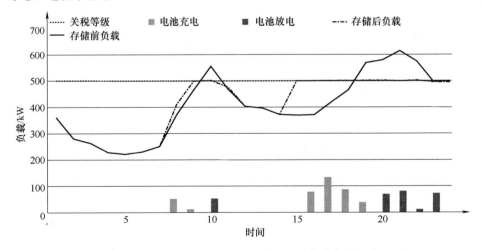

图 12-8　旧金山一家大型酒店 V2B 应用使需求充电减少

12.4.2 车-家互联（V2H）

第二个电表后端应用是 V2H 系统。与 V2B 系统类似，PEV 电池由双向充电器进行充放电。在 V2H 系统中，PEV 的输出不与电网同步，但也可以为非交流电网负载供电。V2H 和 V2B 的区别在于它们的规模，典型的 V2H 系统由一个家庭和一辆 PEV 组成。V2H 系统的主要应用是在电网中断或配电系统短时故障期间使用 PEV 电池作为紧急备用电源为房屋供电。在该系统中，PEV 作为备用存储单元和可控负载。采用 V2H 系统将促进光伏屋顶一体化，减少需求充电，降低客户的电力成本。V2H 和 V2B 系统可在自然灾害（如地震和龙卷风）后发挥重要作用，提供应急电源。

下面讨论具有光伏发电、使用时间定价以及需求充电的 V2H 系统，其可量化效益取决于家庭负荷概况、太阳能强度、光伏输出以及更为显著的电价。如图 12-9 所示，针对亚利桑那州典型的家庭和光伏产出情况进行评估，定价策略来自于盐河项目（亚利桑那州）电价。定价策略如下，除使用时间定价外⊖，如果需求充电超过 3kW，将收取 8.03 美元的费用；如果需求超过 7kW 阈值，将收取 14.63 美元的费用；额外需求将收取 27.77 美元的费用。在本案例研究中，目标是增加当地的光伏消费，并减少室内的峰值消费。如图 12-9 所示，电池在非高峰时段充电，并在高峰时段放电。值得注意的是，成本节约还依赖于光伏输出、需求情况和电器的灵活性。例如，一个典型的日本家庭的峰值需求约为 6kW，而由于对制冷的高需求，海湾合作委员会（GCC）地区（如卡塔尔和科威特）的两居室公寓的峰值需求可能高达 11kW。V2H 架构还可用于降低停电成本和提高电力可靠性。表 12-1 总结了美国停电平均成本。功率可靠性通常通过以下三个指标来衡量。系统平均中断频率指数（SAFI）测量停机频率，并通过将每年的停机总数除以客户总数来计算。美国的 SAFI 指数在 0.8~1.3 之间变化，平均值为 1.2。系统平均中断持续时间指数（SAIDI）测量停电持续时间，并按停电总持续时间除以客户总数计算。美国的 SAIDI 指数在 63~131 之间，平均值为 106。为了量化客户的停电，客户平均中断持续时间指数（CAIDI）描述客户在一年内经历停电的平均分钟数，CAIDI 的计算

⊖ 1）5 月、6 月、9 月、10 月分时电价：下午 1 时—晚上 8 时（高峰时段）19.57 美分/kW·h，其余时间（非高峰时段）：7.38 美分/kW·h；2）7、8 月分时电价：下午 1 时—下午 8 时（高峰时段）22.26 美分/kW·h，其余时段（非高峰时段）7.41 美分/kW·h；3）11 月—4 月分时电价：上午 5 时—上午 9 时和下午 5 时—晚上 9 时（高峰时段）10.20 美分/kW·h，其余时段（非高峰时段）7.11 美分/kW·h。

方法是将 SAFI 除以 SAIDI。在美国，每个客户的平均 CAIDI 时间为 88min。

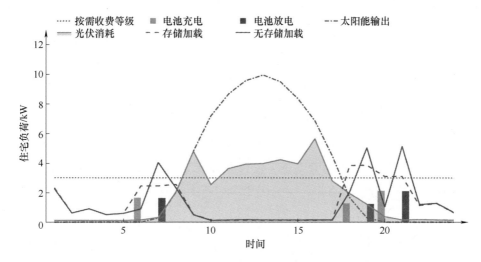

图 12-9 V2H 应用：亚利桑那州凤凰城的住宅账单管理和需求充电场景（盐河项目）

表 12-1 美国停电平均成本 （单位：美元/kW）

客户类型	停电时间					
	15min	30min	1h	2h	4h	8h
住宅	0.05	0.60	2.60	3.95	5.30	5.60
小 C&I	8.65	16.01	23.37	48.91	117.76	189.23
大 C&I	4.79	7.46	10.12	17.96	36.94	68.36

注：1. 数据来源：电力研究所。
   2. C&I 即商业和工业客户。

V2H 和 V2B 系统都需要标准来实现硬件和软件兼容性。尽管行业缺乏针对这两个系统的标准，但有两个相关标准可应用于这些系统。一个标准是 IEEE 1547 标准，它定义了配电资源与电网互连的标准。此外，SAE J3072 标准规定了授权车辆放电所需的内部连接要求和通信。

12.4.3 车-车互联（V2V）

在 V2V 系统中，当多辆 PEV 靠近停车场时，它们相互交换能量，该进程通过聚合器或控制器进行管理。V2V 系统的典型应用是当 PEV 在高峰时段急需充电时，在这种情况下，PEV 可以按约定的价格从其他 PEV 那里购买电力。在 V2V 系统中，有多个卖方和买方，但双方的参与者数量不一定相同。从分析的角度来看，可以通过拍卖机制来模拟，在这个框架中，买方公布需要的能量，卖方竞价购买他们愿意交易的能量和单位成本。停电时使用 V2V 系统的另一种场景，因为这时电网不可用。在 V2V 电力传输中，充电状态和预计离开充电位置的时间是影响 V2V 运行的主要因素。V2V 还减少了从电网中获取能量的需求，并通过储存可再生能源产生的额外能量来增加 V2G 系统的储存容量。V2V 系统的缺点是车辆之间交换能量时伴有能量转换损失。由于电力成本低、电池容量有限以及能源转换有损失，人们对 V2V 应用的兴趣很少。例如，在文献 [19] 中的研究提出了 V2V 充电站的分布式算法，其模拟结果表明，每一辆 PEV 作为卖方参加一次能源交换过程，其利润为 0.1 ~ 0.15 美元，这是可以忽略的。因此，V2V 应用可能只在紧急情况下发生。

12.5 本章小结

到目前为止，我们已经在书中讨论了优化充电站设计、PEV 需求侧管理工具以及优化的充电站位置技术。本章重点介绍反向能量传输应用，即 V2G、V2B、V2H 和 V2V。这些应用对 PEV 用户和电网运营商都将带来益处。我们已经证明，PEV 可以参与频率调节、旋转储备以及其他服务，如电压支持和应急电机启动等。参考文献 [3，5，6] 表明，大部分货币收益会参与频率调节服务。我们还介绍了 V2B 和 V2H 的案例研究。在这两种情况下，释放出的电池电量不会送回电网，而是在客户端消耗。主要目标是减少需求充电、促进光伏采用、降低电力成本。我们还提供了一些有关 V2V 的内容，但是，由于电力转换过程中的能源损失和低电力收益，V2V 的应用非常有限。

参 考 文 献

[1] Tan, K. M., Ramachandaramurthy, V. K., and Yong, J. Y., "Integration of Electric Vehicles in Smart Grid: A Review on Vehicle to Grid Technologies and Optimization Techniques," *Renewable and Sustainable Energy Reviews*, Vol. 53, 2016, pp. 720-732.

[2] Ehsani, M., Falahi, M., and Lotfifard, S. (2012). "Vehicle to Grid Services: Potential and Applications," *Energies*, Vol. 5, No. 10, pp. 4076-4090.

[3] Quinn, C., Zimmerle, D., and Bradley, T. H., "The Effect of Communication Architecture on the Availability, Reliability, and Economics of Plug-In Hybrid Electric Vehicle-to-Grid Ancillary Services," *Journal of Power Sources*, Vol. 195, No. 5, 2010, pp. 1500-1509.

[4] Quinn, C., Zimmerle, D., and Bradley, T. H., "An Evaluation of State-of-Charge Limitations and Actuation Signal Energy Content on Plug-In Hybrid Electric Vehicle, Vehicle-to-Grid Reliability, and Economics," *IEEE Transactions on Smart Grid*, Vol. 3, No. 1, 2012, pp. 483-491.

[5] Zhou, Z., Levin, T., and Conzelmann, G., "Survey of US Ancillary Services Markets (No. ANL/ESD-16/1)," *Argonne National Laboratory (ANL)*, 2016.

[6] http://www.srpnet.com/prices/pdfx/April2015/E-27Pb.pdf.

[7] Conformed fifth replacement California ISO Tariff as of Oct 1 2016, https://www.caiso.com/rules/Pages/Regulatory/TariffArchive/Default.aspx.

[8] Fitzgerald, G., Mandel, J., Morris, J., and Touati, H., "The Economics of Battery Energy Storage," *Rocky Mountain Institute*, Boulder, CO, 2015.

[9] Rastler, D. M., "Electricity Energy Storage Technology Options: A White Paper Primer on Applications, Costs And Benefits," *Electric Power Research Institute*, 2010.

[10] University of Delaware, "Vehicle-To-Grid", http://www1.udel.edu/V2G/Tools.html.

[11] https://vehicle-grid.lbl.gov/project/los-angeles-air-force-base-vehicle-grid.

[12] Nissan, Enel and Nuvve Operate World's First Fully Commercial Vehicle-to-Grid Hub in Denmark http://www.enel.ru/en/events_and_news/news/15588/.

[13] http://www.pjm.com/markets-and-operations/ancillary-services.aspx.

[14] Marnay, C., "Los Angeles Air Force Base Vehicle to Grid Pilot Project," *Proc. ECEEE 2013 Summer Study on Energy Efficiency*, Hyeres, France, 3-8 June 2013.

[15] Tuttle, D. P., et al.,"Plug-In Vehicle to Home (V2H) Duration and Power Output Capability," *Proc. IEEE Transportation Electrification Conference and Expo*, Detroit, MI, Jun., 2013, pp. 1-7.

[16] Ancillotti, E., et al., "Using Electric Vehicles to Improve Building Energy Sustainability," *Proc. IEEE International Electric Vehicle Conference*, Florence, Italy, Dec., 2014, pp. 1-7.

[17] Pang, C., Dutta, P., and Kezunovic, M., "BEVs/PHEVs as Dispersed Energy Storage for V2B Uses in the Smart Grid," *IEEE Transactions on Smart Grid*, Vol. 3, No. 1, 2012, pp. 473-482.

[18] Ghaderi, A., and Nassiraei, A. A. F.,"The Economics of Using Electric Vehicles for Vehicle to Building Applications Considering the Effect of Battery Degradation," *Proc. Annual Conference of the IEEE Industrial Electronics Society*, Nov., 2015, pp. 003567-003572.

[19] Wang, M., et al.,"A Semi-Distributed V2V Fast Charging Strategy Based on Price Control," *Proc. IEEE Global Communications Conference*, Austin, TX, Dec., 2014, pp. 4550-4555.

[20] Wang, Y., et al., "A Game-Theoretic Approach to Energy Trading In The Smart Grid," *IEEE Transactions on Smart Grid*, Vol. 5, No. 3, 2014, 1439-1450.

第13章

超越技术的集成——社会和经济维度

尽管目前正在推动典型 PEV 推广应用的激励计划,但是自 2010 年以来,PEV 的部署还没有达到预先设定的目标。前几章重点介绍了 PEV 所面临的技术挑战以及应对这些挑战的具体措施。本章旨在阐述 PEV 应用所面临的社会挑战,值得注意的是,消费者是 PEV 应用的关键参与者,但是技术设计往往低估了这些角色。具体来说,社会、经济因素与技术一样,都是加快推进 PEV 应用的重要方面。对于大多数消费者来说,PEV 的一些不确定性对购买 PEV 的决定会产生重大影响。社会科学在吸引终端用户和解决此类问题方面发挥了重要作用。为此,在本章中,我们概述了决定 PEV 推广应用的主要因素,并运用理论工具来解释消费者行为和评估当前的政策。

在第 3 章中,我们讨论了 PEV 发展面临的一些技术挑战,例如电池成本高、续驶里程有限以及广泛充电基础设施的需求。这些因素在不同的地区中的重要性不同。例如,美国南部地区由于其幅员辽阔,城市布局以及公共交通系统相对有限,因而对个人交通的依赖性更大,因此续驶里程成为推广 PEV 时的最大问题。而在有碳减排目标的地区(例如加利福尼亚州),推广 PEV 的积极性更高。具体来说,文献 [1] 中研究了美国驾车者的日常驾驶行程,并根据满足驾驶需求的能力评估市场上的 PEV 产品,结果表明,在车库为 PEV 进行单次通宵充电可以满足 90% 的出行需求。美国不同州的人均交通能耗差异很大,文献 [2] 中使用具有高分辨率 GPS 数据对 PEV 满足驾驶人的通勤需求能力进行了分析,经过对行程数据分析得出结论——更经济的 PEV 产品可以支持 87% 的不同州之间的出行。值得注意的是,由于欧洲国家每日行驶里程相对较短,因此这一比例预计会更高。综上所述,技术挑战不应成为 PEV 大规模应用的主要障碍。这一结论与政府提供的财政激励措施(见第 3 章)

结合起来表明，PEV 普及率应明显高于当前的普及率。在本章中，我们探讨分析影响 PEV 渗透率的社会经济因素。

从社会经济的视角洞察消费者的行为，有利于更好地指导政策制定者出台相关政策和激励措施。本章分为三节。在 13.1 节中，我们详细概述了通过实地、在线和电话调查进行的实证研究，描述了当前对顾客的认知和他们的短期购买行为。在 13.2 节中，概述了用于分析消费者行为及其购买 PEV 意图的理论框架，重点是创新扩散理论、计划行为理论和理性选择理论。在 13.3 节中，我们提供了前两节的案例研究，影响 PEV 推广应用的主要因素如图 13-1 所示。

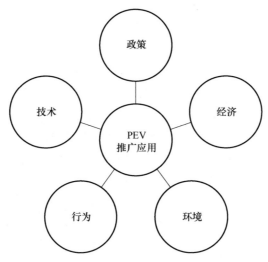

图 13-1　影响 PEV 推广应用的主要因素

13.1　消费者对 PEV 的认识与实证研究

为了形成更加适用于 PEV 推广应用的政策，就要充分收集和分析消费者的意见，实现的方式包括在线、上门或电话问卷调查等，调查范围通常取决于进行调查的可用资源。小规模调查主要在校园、工作场所或社区进行，大规模调查则采用抽样技术来收集代表一个社会或地区的足够多样化的调查参与者。

最早的一项基于调查的研究是在 2011 年在美国进行的，当时主要制造商还没有公布他们的 PEV 产品。此次调查覆盖分布在 21 个主要城区的 2302 人，调查的主要目的是评估早期购买 PEV 的意愿和目的。超过三分之二的受访者认为，续驶里程、充电时间和价格存在重大不利因素。PEV 的主要优势包括燃油经济性和技术创新，而 PEV 有利于环境并不是重点关注的问题。在被调查对象购买意愿方面，采用十分制的打分方式，其中，1和10分别代表最小和最大可能，全国平均的购买意愿分值为2.67，圣荷西和旧金山地区的分值最高为3.72。此外，调查研究还表明，早期购买者可能是环境保护意识很强的用户。

与上一调查类似，文献[4]在美国开展了一项关于消费者对PEV认知的广泛调研。这项研究于2015年2月进行，由国家可再生能源实验室委托的民意调查公司通过电话采访1015户家庭的形式进行，调研内容主要集中在影响PEV渗透的4个主要议题：

1）车辆购买行为：家庭车辆拥有状况是衡量购买PEV趋势的重要指标。一个拥有多辆汽车的家庭可能会购买PEV，因为PEV可用于日常出行，而传统汽车可用于长途旅行。研究显示，60%的家庭拥有两辆以上的汽车。当然，购买车辆与家庭中希望驾驶的车辆类型是相关的，目前大多数PEV车型都是乘用车。53%的受访者表示他们最后一次购买的是乘用车，48%的受访者计划下一辆车购买乘用车。研究表明，PEV制造商可能需要引入差异化的系列车型以增加其市场份额。此外，59%的受访者在过去3年内购买了一辆汽车，其中50%的受访者计划在未来3年内购买汽车，这个趋势将有助于PEV的销量增加。

2）PEV认识程度：为了实现提高PEV的销量，应该让消费者多了解这些技术。该文献的第二部分就调查了受访者对PEV的了解状况和接受程度，近48%的受访者能够说出一个PEV的品牌和车型（热门车型包括雪佛兰Volt、丰田Prius、特斯拉Model S和日产Leaf），其他人则不能。同时，受访者被问到是否见过PEV，57%表示接触过PEV（亲身驾驶、乘坐或在停车场/邻居家见过），其他人则表示从未接触过PEV。这两个问题至关重要，因为这些数据描述了PEV的社会传播程度，并可在未来用于研究和分析某些创新的传播程度。为了评估用户接受度，让受访者将PEV与内燃机汽车进行比较，52%的受访者认为PEV更具有优越性，45%的受访者认为这两种技术相似。

3）PEV接受障碍：与第3章提出的技术障碍相似，本次调查识别出有限的续驶里程范围、充电站的便利性和初始电池成本是推广PEV时的主要障碍。为了了解客户对车辆续驶里程的需求，该研究对受访者预期的PEV续驶里程进行了调查，其中27%的受访者表示需求为1~100mile，14%的需求101~200mile，15%的需求201~300mile。因此，为了满足50%受访者的需求，PEV电池应提供至少200mile的续驶里程。

关于作为第二道屏障的充电站的便利性，被访者对于日常出行路途中对PEV充电站的熟知程度显示，绝大多数受访者（79%）不知道有充电站，而其他人在附近的商店和工作场所看到过充电站。此外，53%的受访者表示，他们可以在家里使用现有的电源插座进行充电。对于购买下一辆车的预算范围，70%受访者愿意花费3万美元或更少，42%的受访者希望支付2万美元或更少。通过考虑美国联邦政府提供的7500美元的税收抵免，日产Leaf的价格在46%的人口预算范围内，而雪佛兰Volt的价格在33%的人口预算范围内。

4）PEV接受度：调查的最后一部分将前三部分作为输入，旨在了解促进PEV推广的因素。对于了解公共充电站或可以使用车库充电的受访者更有可能购买PEV。其中，24%的受访者考虑购买PEV，20%受访者考虑买纯电动汽车。图13-2和图13-3给出了每组受访者的特征。

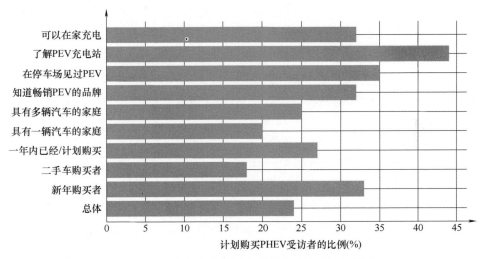

图13-2　愿意考虑购买插电式混合动力汽车的调查

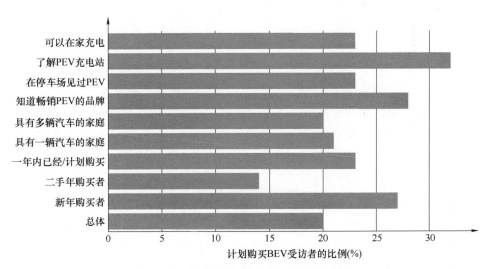

图13-3　愿意考虑购买纯电动汽车的调查

在美国进行的研究和调查发现，PEV 的认知率和接受度没有得到提高，2011—2015 年保持在 20%~27%，短期内 PEV 与内燃机汽车相比没有优势，PEV 对主流消费者不具有吸引力。因此，文献 [5] 建议将重点放在商业用途的市场中，例如早期购车用户、邮政车、共享汽车等，以加快 PEV 的推广应用速度。

下一项调查证实了相同的结果，在这项调查中，数据从位于某科技大学校园较小的群体中收集的，该群体由学生、教师和其他工作人员组成，与平均水平相比，这些人更有可能成为 PEV 的用户。调查发现，他们对 PEV 的认知度高于普通用户，53% 的受访者对替代燃料汽车有一定的了解，此外，38% 的受访者表示他们对 PEV 具有浓厚的兴趣，43% 的受访者表示他们对 PEV 感兴趣。结果表明，政策聚焦于早期购车用户或技术爱好者，将对 PEV 的推广普及产生更广泛的影响。该文献同时介绍了在丹麦、英国、比利时、德国和荷兰进行的几项研究，详见文献 [11]。在 13.3 节中，我们回顾了促进 PEV 推广应用的最新举措。

13.2 PEV 推广的理论框架

目前 PEV 技术的渗透率较低，而消费者的评估总是基于他们购买 PEV 的意愿。经济学、心理学和社会学中的各种理论已被用来解释决定购买 PEV 的因素。文献 [11] 里有包括使用规范理论、环境态度、生活方式模型以及消费者情绪的研究。在本节中，我们综述了旨在解释消费者选择及其对 PEV 渗透率影响的最相关的理论。

13.2.1 创新扩散

为了预测 PEV 的市场份额，必须考虑到创新所起的作用和对新产品销售产生的影响。随着时间的推移，创新技术将以不同的速率扩散。PEV 的渗透模型可以用创新扩散模型来描述，这是罗杰斯在 1962 年开创的理论。罗杰斯认为，创新必须被广泛接受，只有达到一个临界点，才能维持生存。创新扩散理论有四个主要组成部分：

1) 创新的特点以及如何与现有产品竞争。
2) 社交媒体、电视、广播和广告等传播产品信息的渠道。
3) 时间决定了创新的传播速度。
4) 阻碍或促进产品推广的社会背景、结构和规范。

此外，罗杰斯将应用者客户群分为五类——创新者、早期采用者、早期多数、后期多数和落后者。

1）创新者是一个技术狂热、见多识广、敢于冒险购买未经验证产品的群体。

2）早期采用者是见多识广、具有较高的社会地位、良好的教育水平和财务流动性。他们的目标是率先使用创新并从中受益。

3）早期大多数人了解创新，但不承担风险，希望对收益充满信心。他们主要依靠其他消费者的建议。

4）后期大多数人对创新持高度怀疑态度。他们也没有多少可支配收入用于创新，这个群体需要看到获得创新的明显收益。

5）落后者是最后采用创新产品的人群。

如上所述，客户群体具有不同的心理和社会经济属性，这决定了他们购买新产品的动机。这意味着单向激励可能不适用于每个客户群，因此针对每个客户群需要应用不同的激励机制。除了上述属性之外，客户群细分的规模也不同。如图13-4所示，创新者是规模最小的群体，由于客户群规模的不同，市场份额呈S形。2012年，在荷兰进行了一项使用罗杰斯模型的综合研究，收集了近3000名受访者的数据。研究显示，创新者和早期采用者、早期多数、晚期多数和落后者的分组结果分别为9.89%、42.23%、38.06%和9.82%。罗杰斯模型也用于许多其他研究，以研究未来电动汽车的推广模式。

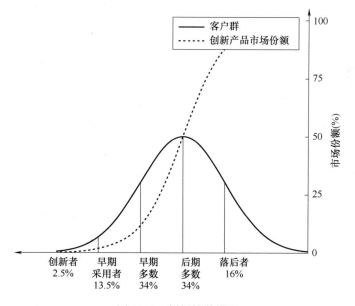

图13-4　创新扩散模型

创新扩散的另一个数学模型是巴斯模型。巴斯模型使用微分方程来确定消费者在一个指定的市场内流向，这个市场由使用者和非使用者相互之间因排斥、接纳以及彻底相反而形成的子组组成。巴斯将创新扩散描述为一个由大众媒体传播（外部影响）建立的传播过程，并通过口碑（内部影响）向前推进。根据聚合模型的方法，创新扩散被测量为从一个潜在市场 M 到当前市场 t 时采用者 $n(t)$ 的流向。这通常被测量为外部偏差参数 p 和内部影响参数 q[⊖] 的线性函数（来自于相关的先前采用者 $n(t)$，$N(t)$ 是 t 时实际采用者的数量）。然后根据文献 [14] 计算采用者的流量，

$$n(t) = \left[p + q\frac{N(t)}{M} \right][M - N(t)] \tag{13-1}$$

估计 PEV 推广的参数 p 和 q 是一个挑战，有大量文献论述了估算参数。例如，文献 [17] 中提出的参数估计，在韩国市场丰田普锐斯（混合动力汽车）的 p、q 和 M 分别为 0.001645368、1.455182 和 2875826。丹麦的一项最新研究给出 p 和 q 估计分别为 0.002 和 0.23。从全球市场来看，丰田混合动力汽车在日本、北美和欧洲的市场潜力估计分别为 1300 万辆、490 万辆和 870 万辆。值得注意的是，由于扩散模型需要详细的数据集才能精确估计，这是导致精度存在差异的主要原因。

13.2.2　计划行为理论与理性选择理论

计划行为理论（Theory of Planned Behavior，TPB）是用于分析市场创新产品的最佳预测理论之一。TPB 结合了由意图预测行为的信念。根据 TPB，意图是由三个不同的过程产生的，即创新的行为态度、主观规范和感知行为控制。行为态度描述了一个人对行为的看法和感受，并表达了他/她的期望。行为态度进一步表明，态度的变化是令人愉快的（例如无噪声驾驶）或是不一定令人愉快但有益的（例如节省燃油和减少排放）。第二个预测因素，主观规范与亲友等个人的亲密社会圈子给予（或不给予）的鼓励有关。主观规范可分为两类：①指令性规范，表明一个人的社会群体是否激励他/她，使其有利于某种行为（例如购买 PEV）；②描述性规范，表示一个人的社会圈子是否履行了行为规范（例如购买 PEV）。第三个预测因素是感知行为控制，它是对执行行为有多容易或困难的感知。例如，感知行为控制可能会受到充电桩数量、每日行驶里程和充电时间的影响。图 13-5 展示了 TPB 的组成部分。文献 [10, 20, 21] 中有几项研究使用 TPB 研究了 PEV 的使用意图。文献 [20, 21] 中研究收

⊖　参数 p 和 q 很少被称为创新和模仿系数，而是扩散模式的驱动力。

集了来自比利时 1202 人的数据，并认为消费者受个人因素而非社会因素的影响。

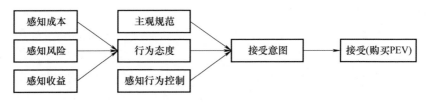

图 13-5 计划行为理论（TPB）的组成部分

与计划行为理论类似，理性选择理论（Rational Choice Theory，RCT）指出，消费者作出谨慎和理性的决定，以对给定选择集的效用最大化。第 6 章、第 7 章、第 8 章、第 9 章和第 11 章中的讨论与 RCT 有关，因为用户作出决定（例如选择一个站点）以最大化功能效用（例如总成本）。研究认为，PEV 应用是一种理性行为，并使用 RCT 测量了用户的意图。在这些研究中，消费者将 PEV 的续驶里程、速度、初始成本和运行成本等属性与内燃机汽车进行了比较，形成合理的决策。RCT 假设消费者是理性的，避免了生理、情感和社会因素。

13.3 PEV 应用场景的案例研究

在本节中，我们概述了用于促进城市地区推广 PEV 的政策措施。城市交通电气化的情况取决于几个因素，例如汽车密度、公共交通系统的作用和份额、道路和停车位的拥堵程度以及噪声和空气污染水平等。例如，上海的乘用车市场占有率为 20%，洛杉矶的乘用车比例则接近 80%。此外，鹿特丹的交通方式以步行、自行车和其他城市交通方式为主。下面我们将阐述一些国家实施的创新解决方案、变革性政策、商业模式和项目。

13.3.1 受控排放的区域

超低排放区（Ultra Low Emission Zone，ULEZ）是指所有车辆（汽车、摩托车和公交车）都应满足排放标准或根据车辆排放不同而支付相应的旅程费用。与 ULEZ 类似的法规旨在将一个地区转变为 PEV 密集区。在这些地区，PEV 比传统汽车更具优势，即鼓励居民购买 PEV。此外，欧洲的低排放区（Low Emission Zone，LEZ）数量也在不断增加，10 个国家的 200 多个城市已经建立或正在启动 LEZ，也称为 Umweltzonen、Milieuzones、Lavutslippssone、

Miljozone 和 ZTL Ambiente。有关这些区域的更多信息，可以到欧盟委员会的城市交通法规网站进行查询，英国伦敦超低排放区地图如图 13-6 所示，德国柏林低排放区地图如图 13-7 所示。

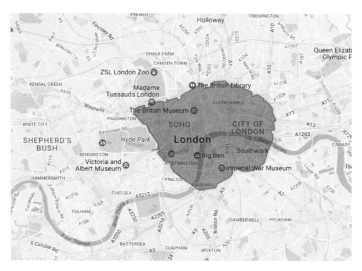

图 13-6　英国伦敦超低排放区地图

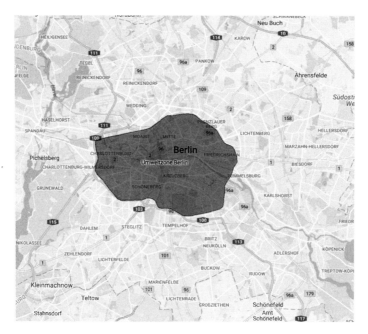

图 13-7　德国柏林低排放区地图

13.3.2　哥伦比亚波哥大的电动出租车

波哥大是南美洲最大的城市之一。在哥伦比亚，约有75%的人口生活在城区，出租车是波哥大最常见的交通方式之一，而运输业占总碳排放量的44%。2013年，波哥大发起了一项倡议，用电动出租车取代高里程出租车。该车队不仅减少了碳排放，而且还降低了高里程车辆的高维护和燃油费用。该项目初期投放50辆电动出租车，预计将来达到2250辆。

13.3.3　菲律宾马尼拉的电动三轮车

亚洲开发银行（Asian Development Bank）和菲律宾能源部（Philippine Department of Energy）推出了一个推广电动三轮车的项目。该项目希望为低收入群体节约成本，并使交通对价格波动的敏感性降低。官网已经投资5亿美元部署10万辆电动三轮车，项目目标是每年节约1.85亿美元，每年排放量将减少40万t。

13.3.4　意大利罗马的绿色公共交通

尽管公交车是一种有效的公共交通工具，但它们也是城市空气污染的主要来源。罗马城拥有最大的公交车车队之一，每年为超过9亿乘客提供服务。当地管理人员专门为电动公交车设立了限制性的出入区，从而减少了排放和噪声。研究统计显示，电动客车的能耗比混合动力客车低65%，比柴油客车低75%。

13.3.5　法国巴黎的汽车共享

Autolib公司在法国巴黎推出了电动汽车共享服务，共享网络包括大约4000辆汽车和6000个充电点。事实证明，共享汽车是解决汽车使用成本增加和大城市（例如巴黎）专用停车位受限的一种有效解决方案。共享PEV也意味着个体用户不需要面临高购买成本和电池退化等问题。共享汽车受到了广泛的关注，Autolib正在向里昂、波尔多、伦敦和印第安纳波利斯等其他城市拓展业务网络。

13.3.6　美国的工作场所充电设施部署行动

作为美国能源部EV EveryWhere计划的一部分，工作场所充电挑战计划旨在促进在工作场所部署PEV充电设施，PEV在工作时间充电使每天行驶里程增加1倍，目前已有300多家公司加入了该计划。截至2014年，80%的员工享受了PEV免费充电服务，平均每个工作场所有11个充电设施和26辆PEV。

此外，工作场所提供充电服务有效地促进了 PEV 的推广应用。在提供充电服务的工作场所，员工驾驶电动汽车的可能性是普通员工的 20 倍。

13.3.7 美国的零排放车辆计划

零排放车辆（ZEV）计划由美国加利福尼亚州空气资源委员会管理，已在 9 个州（康涅狄格州、缅因州、马里兰州、马萨诸塞州、新泽西州、纽约州、俄勒冈州、罗得岛州和佛蒙特州）开展该项计划，以促进 PEV 的销售。汽车制造商有义务在这些州销售一定数量的电动汽车。每个汽车制造商都被分配代表 PEV 销售的 ZEV 积分，由于续驶里程不同，每种 PEV 车型的积分等级也不同。例如，200mile 电动续驶里程的特斯拉可获得 3.3ZEV 积分，而 84mile 电动续驶里程的日产 Leaf 可获得 1.8ZEV 积分，10mile 纯电续驶里程的 PHEV 也可获得 0.1 积分。在 2018 年，ZEV 积分要求为 4.5%，到 2025 年增加为 22%。例如，如果一家汽车制造商销售 10 万辆汽车，该公司需要获得 4500ZEV 积分，其中至少 2000ZEV 积分应该来自 PEV。

除上述项目外，市政当局和公用事业机构还为 PEV 的推广应用提供了进一步的优惠措施，如无限制的 HOV 车道、免予检查、免费停车、免费充电以及家用充电设施安装的许可等。文献［27］中综述了所有出台的 PEV 激励措施（包括第 3 章所述的激励措施），并根据其对 PEV 使用的就绪程度对美国主要城市进行排名。排名前十的城市有波特兰、华盛顿、巴尔的摩、纽约、丹佛、洛杉矶、亚特兰大、芝加哥、奥斯丁和旧金山。值得注意的是，大多数城市都坐落在开展 ZEV 计划的州。

13.4 本章小结

在本章中，我们介绍了与 PEV 推广应用相关的一些社会经济和政策方面的因素。很明显，如果消费者对 PEV 缺乏信心，当前的财政激励和补贴可能对 PEV 推广的影响很有限。为了阐明这一点，我们对最近的一些实地调查研究进行了详细的概述，并得出结论，PEV 成本仍然是大多数驾驶人购买 PEV 的主要障碍。此外，我们还提出了行为经济学的理论框架，用以研究 PEV 是如何传播的。以往的创新技术应用经验表明，PEV 会吸引一些早期采用者，如技术发烧友和梦想家，绝大部分人则需要几年时间才会接受 PEV。因此，政策制定者应关注早期采用者，而不是主流客户，以促进 PEV 销售。本章的最后一节重点介绍了一些在全球不同地区推广 PEV 的项目。

参 考 文 献

[1] Kempton, W., "Electric Vehicles: Driving Range," *Nature Energy*, Vol. 1, 2016, pp. 16131.

[2] Needell, Z. A., et. al., "Potential for Widespread Electrification of Personal Vehicle Travel in the United States," *Nature Energy*, Vol.1, 2016, pp. 16112.

[3] Kezunovic, M., Waller, S. T., and Damnjanovic, I., "Framework for Studying Emerging Policy Issues Associated with PHEVs in Managing Coupled Power and Transportation Systems," *Proc. IEEE Green Technologies Conference*, 2010, pp. 1-8.

[4] Singer, M.,"Consumer Views on Plug-in Electric Cehicles, *'National Benchmark Report (No. NREL/TP–5400-65279). NREL (National Renewable Energy Laboratory (NREL)*, Golden, CO (United States), 2016.

[5] Green, E. H., Skerlos, S. J., and Winebrake, J. J., "Increasing Electric Vehicle Policy Efficiency and Effectiveness by Reducing Mainstream Market Bias," *Energy Policy*, Vol. 65, 2014, pp.562-566.

[6] Sierzchula, W., et.al, "The Influence of Financial Incentives and Other Socio-economic Factors on Electric Vehicle Adoption," *Energy Policy*, Vol. 68, 2014, pp. 183-194.

[7] Carley, S., et. al., "Intent to Purchase a Plug-in Electric Cehicle: A Survey of Early Impressions in Large United States Cites," *Transportation Research Part D: Transport and Environment*, Vol. 18, 2013, pp. 39-45.

[8] Rogers, E. M. (2010). *Diffusion of Innovations*, 2010, Simon and Schuster.

[9] Massiani, J., and Gohs, A., "The Choice of Bass Model Coefficients to Dorecast Diffusion for Innovative Products: An Empirical Investigation for New Automotive Technologies," *Research in Transportation Economics*, Vol. 50, 2015, pp. 17-28.

[10] Egbue, O., and Long, S., "Barriers to Widespread Adoption of Electric Vehicles: An Analysis of Consumer Attitudes and Perceptions ," *Energy Policy*, Vol. 48, 2014, pp. 717-729.

[11] Rezvani, Z., Jansson, J., and Bodin, J., "Advances in Consumer Electric Vehicle Adoption Research: A Review and Research Agenda ," *Transportation research part D: transport and environment*, Vol. 34, 2015, pp. 122-136.

[12] Jensen, A. F., Cherchi, E., and Mabit, S. L., "On the Stability of Preferences and Attitudes Before and After Experiencing an Electric Vehicle ," *Transportation Research Part D: Transport and Environment*, Vol. 25, 2013, pp. 24-32.

[13] Peters, A., and Dutschke, E. (2014). "How Do Consumers Perceive Electric Vehicles? A Comparison of German Consumer Groups," *Journal of Environmental Policy & Planning*, Vol. 16, No. 3, 2014, pp. 359-377.

[14] Kiesling, E., et. al., "Agent-based Simulation of Innovation Diffusion: A Review," *Central European Journal of Operations Research*, Vol. 20, No. 2, 2012, pp.183-230.

[15] Bockarjova, M., Rietveld, P., and Knockaert, J., "Adoption of Electric Vehicle in the Netherlands-A Stated Choice Experiment", *Tinbergen Institute Discussion Paper*, 2013.

[16] Bass, F. M., "A New Product Growth for Model Consumer Durables," *Management science*, Vol. 15, No. 5, 1969, pp. 215-227.

[17] Park, S. Y., Kim, J. W., and Lee, D. H., "Development of a Market Penetration Forecasting Model for Hydrogen Fuel Cell Vehicles Considering Infrastructure and Cost Reduction Effects," *Energy Policy*, Vol. 39, No. 6, 2011, pp. 3307-3315.

[18] Jensen, A. F., et. al.,"Predicting the Potential Market for Electric Cehicles," *Proc. In Transportation Research Board 93rd Annual Meeting*, No. 14-3855, 2014.

[19] Ajzen, I., "The Theory of Planned Behavior," *Organizational behavior and human decision processes*, Vol. 50, No. 2, 1991, pp. 179-211.

[20] Moons, I., and De Pelsmacker, "Emotions as Determinants of Electric Car Usage Intention," *Journal of Marketing Management*, Vol. 28, No. 3, 2012, pp. 195-237.

[21] Moons, I., and De Pelsmacker, P., "An Extended Decomposed Theory of Planned Behavior to Predict the Usage Intention of the Electric Car: A Multi-group Comparison," *Sustainability*, Vol.7, No. 5, 2015, pp. 6212-6245.

[22] Krupa, et. al.,"Analysis of a Consumer Survey on Plug-in Hybrid Electric Vehicles," *Transportation Research Part A: Policy and Practice*, Vol. 64, 2014, pp. 14-31.

[23] Lieven, T., Muhlmeier, S., Henkel, S., and Waller, J. F., "Who will buy electric cars? An empirical study in Germany," *Transportation Research Part D: Transport and Environment*, Vol. 16, No. 3, 2011, pp. 236-243.

[24] EV City Casebook: 50 Big Ideas Shaping the Future of Electric Mobility, 2014, International Energy Agency .

[25] Urban Access Regulation in Europe http://urbanaccessregulations.eu/.

[26] U.S. Department of Energy's EV Everywhere Workplace Charging Challenge Progress Update 2014: Employers Take Charge, http://www.afdc.energy.gov/uploads/publication wpc_2014_progress_report.pdf.

[27] Clark-Sutton, K. et. al., "Plug-in Electric Vehicle Readiness: Rating Cities in the United States," *The Electricity Journal*, Vol. 29, No.1, 2016, pp. 30-40.

附录 缩略语

BEV 纯电动汽车
HEV 混合动力电动汽车
ICEV 内燃机汽车
IEEE 美国电气电子工程师学会
ISO 独立系统运营商
PEV 插电式电动汽车
PHEV 插电式混合动力汽车
QoS 服务质量
RTO 区域电网传输运营商
SAE 美国汽车工程师学会
SOC 荷电状态
SOH 健康状态
V2B 车-楼互联
V2G 车-网互联
V2H 车-家互联
V2V 车-车互联
ZEV 零排放车辆

关于作者

Islam Safak Bayram 博士是哈马德·本·哈里发大学科学与工程学院可持续发展部的助理教授，也是卡塔尔环境与能源研究所的科学家。2007 年 6 月，他在土耳其伊兹密尔的多库兹埃卢尔大学获得电子电气工程学士学位，于 2010 年 8 月获得匹兹堡大学电信硕士学位，2013 年 12 月获得北卡罗来纳州立大学计算机工程博士学位。2015 年 3 月，他在第三届 IEEE 智能电网通信国际会议和第一届 IEEE 可再生能源和智能电网研讨会上获得最佳论文奖。2014 年 1—12 月，他在得州农工大学（Texas A&M University）卡塔尔分校担任博士后研究科学家。他的研究领域包括随机过程、排队理论、优化模型、经济学模型及其在插电式电动汽车、需求侧管理、智能电网和通信网络中的应用。

Ali Tajer 博士是仁斯利尔理工大学电气、计算机和系统工程的助理教授。在 2007—2010 年间，他在哥伦比亚大学获得了统计学硕士学位和电气工程博士学位，并在 2010—2012 年间在普林斯顿大学担任博士后研究助理。他的科研兴趣包括数理统计和网络信息理论，以及在无线通信和电网中的应用。他是 IEEE 会刊在通信方向和智能电网的编辑，也是 IEEE 信号处理杂志的客座编辑，以前是 IEEE 智能电网专刊《复杂系统理论在智能电网中的应用》的客座主编。他是 IEEE 的资深成员，并在 2016 年获得了杰出青年教授奖。

Copyright© 2017 ARTECH HOUSE

This title is published in China by China Machine Press with license from Artech House. This edition is authorized for sale in China only, excluding Hong Kong SAR, Macao SAR and Taiwan. Unauthorized export of this edition is a violation of the Copyright Act. Violation of this Law is subject to Civil and Criminal Penalties.

本书由 Artech House 授权机械工业出版社在中华人民共和国境内地区（不包括中国香港、澳门特别行政区以及中国台湾地区）出版与发行。未经许可之出口，视为违反著作权法，将受法律之制裁。

北京市版权局著作权合同登记　图字：01-2019-0960

图书在版编目（CIP）数据

插电式电动汽车及电网集成/（美）伊斯兰萨法克·拜勒姆（Islam Safak Bayram），（美）阿里·泰杰（Ali Tajer）著；熊永华等译．—北京：机械工业出版社，2020.5

（汽车先进技术译丛．新能源汽车系列）

书名原文：Plug-in Electric Vehicle Grid Integration

ISBN 978-7-111-65159-8

Ⅰ.①插… Ⅱ.①伊…②阿…③熊… Ⅲ.①电动汽车-电网电源-研究 Ⅳ.①U469.72

中国版本图书馆 CIP 数据核字（2020）第 049409 号

机械工业出版社（北京市百万庄大街22号　邮政编码100037）
策划编辑：赵海青　责任编辑：赵海青　谢　元
责任校对：张　征　封面设计：鞠　杨
责任印制：孙　炜
北京联兴盛业印刷股份有限公司印刷
2020年6月第1版第1次印刷
169mm×239mm・13印张・2插页・229千字
0001—1900 册
标准书号：ISBN 978-7-111-65159-8
定价：99.00 元

电话服务　　　　　　　　　　网络服务
客服电话：010-88361066　　　机　工　官　网：www.cmpbook.com
　　　　　010-88379833　　　机　工　官　博：weibo.com/cmp1952
　　　　　010-68326294　　　金　书　网：www.golden-book.com
封底无防伪标均为盗版　　　　机工教育服务网：www.cmpedu.com